魏智渊/编著

教师阅读地图

——新教育实验教师专业阅读项目用书

JIAOSHI　YUEDU　DITU

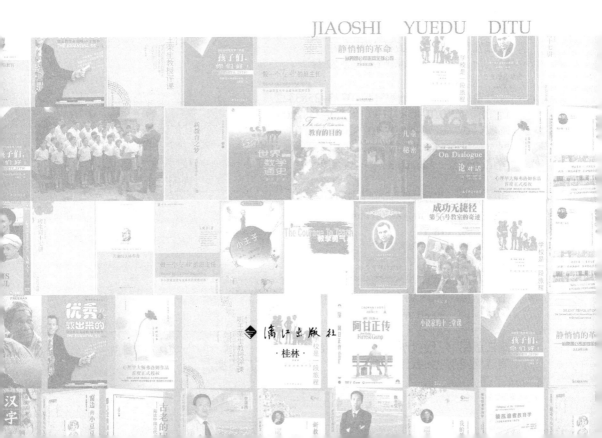

漓江出版社

·桂林·

图书在版编目（CIP）数据

教师阅读地图 / 魏智渊编著 . —2 版 . —桂林：
漓江出版社，2021.5
新教育实验教师专业阅读项目用书
ISBN 978-7-5407-8645-8

Ⅰ . ①教… Ⅱ . ①魏… Ⅲ . ①中小学—教师—阅读辅
导—师资培养 Ⅳ . ① G635.12

中国版本图书馆 CIP 数据核字（2021）第 071667 号

教师阅读地图
——新教育实验教师专业阅读项目用书

编 著 者　魏智渊

出 版 人　刘迪才
策划组稿　文龙玉
责任编辑　文龙玉
封面设计　石绍康
责任监印　黄菲菲

出版发行　漓江出版社有限公司
社　　址　广西桂林市南环路 22 号
邮　　编　541002
发行电话　010-65699511　0773-2583322
传　　真　010-85891290　0773-2582200
邮购热线　0773-2582200
网　　址　www.lijiangbooks.com
微信公众号　lijiangpress

印　　制　北京中科印刷有限公司
开　　本　710 mm × 960 mm　1/16
印　　张　18.5
字　　数　300 千字
版　　次　2021 年 5 月第 2 版
印　　次　2021 年 5 月第 1 次印刷
书　　号　ISBN 978-7-5407-8645-8
定　　价　39.80 元

《教师阅读地图》

——新教育实验教师专业阅读项目用书

《新教育文库》编委会

主　任： 朱永新

副主任： 卢志文　许新海　干国祥

编　委：（按姓氏笔画）

马　玲　　何小忠　　李庆明

李镇西　　陈连林　　张荣伟

章敬平　　储昌楼　　魏智渊

目　录

第三章　根本书籍的研读

第四章　教师阅读之本体性知识重点图书

第五章　教师阅读之专业知识重点图书

第六章　教师阅读之人类基本知识重点图书

如何使用本书

本书系新教育实验（简称新教育）教师专业发展项目实验用书，是专业阅读项目指导手册，可供中小学教师专业发展研究使用，也可供相关研究者参考。

新教育教师专业发展对阅读的理解

不止一次有人问笔者：新教育教师专业阅读对阅读的理解，与通常意义上对阅读的理解究竟有何不同？

这种不同完全可以从学理上仔细澄清，但这种澄清，也可能是对形成教师专业阅读根本性东西的含混，我宁可用一个蹩脚的比喻：

在新教育教师专业发展项目看来，专业阅读是一场真诚而深入的恋爱。

它不是一种冷冰冰的索取利用，也不是出身、外表及家产的交换算计，更不是"天亮以后说分手"的感情消费，甚至不是一味飘在云端不食人间烟火的那种浪漫，而是与真正值得热爱的人之间的全心以待。它需要以自己全部的生命热烈地投入，为之喜，为之泣，为之狂，为之怨，以一颗诚恳而谦卑的心去聆听对方，感受对方，去勇敢地经历痛苦、怀疑、冲突，当然也包括令人战栗的惊喜，直到从对方身上认出自己并融为一体。

与学院派所强调的阅读相比，新教育教师专业阅读不重视抽象的"体系"，强调以问题解决为核心，与实践相互贯通，在贯通中逐渐形成自己的"结构"；与消遣性阅读相比，它是提升性的，强调深度阅读，强调用经典阅读构筑健全的知识结构，反对肤浅阅读对思考力的损害；与纯技术性的阅读相比，它反对单纯地将知识客观化、信息化，反对使阅读仅仅成为知识的提取、储存和转移的过程，强调让阅读通过浸润读者的生命来发挥作用；与随机的、偶然的、碎片式的阅读相比，它是基于完美模型的阅读，强调通过一定的路径与方法，构筑具有丰赡的知识结构的专业头脑。

本书的结构

本书由七章构成。

第一、二、三章集中阐释新教育教师专业阅读的基本理念，从理念与实践方面提供了构筑合宜的专业大脑的路径，致力于清除最近数十年来教师专业阅读方面存在的种种误区，并基于以下假设：

1. 对于任何一个具体的专业领域而言，存在着一个最合理的知识结构；

2. 专业发展，必然会经历一种"浪漫—精确—综合"的有机过程；

3. 每一门类知识的掌握，都存在着一条由浅入深的路径；

4. 对每一个教师而言，都存在着一条独一无二的阅读路径；

5. 在特定的发展阶段中的具体教师，面对特殊的场景，一定有一本最适合他阅读的书。

这五条假设意味着，新教育教师专业阅读，是建立在对教师知识结构、专业发展基本规律、学科知识难易序列、个体认知理论以及阅读与实践关系的研究之上。

在五条假设的背景之下，新教育教师专业阅读强调对根本书籍的研读，强调知性阅读，强调提高教师自身的理解力和思维水平。而为了更有效地进行知性阅读，又特别强调通过共同体共读的方式——"如切如磋，如琢如磨"。

最重要的是，新教育专业阅读强调解决问题，因此前三章中附录了大量的案例，来解释专业阅读如何与教育实践相结合，以阅读促进实践，以实践深化阅读。此外，对于读书会如何组织，亦有相应的建议和案例。

第四、五、六章主要提供了专业阅读书目并对其中部分书籍进行了评述，也简略交代了书目的使用方法。第七章提供了部分优秀电影的评介。

书目分三部分。

本体性知识重点图书介绍部分，有意识地针对从小学至高中的语文教学，略微侧重小学语文，因此可供所有语文老师使用。专业知识重点图书介绍部分，是针对所有学科所有年级老师推荐的，力求为理解教育以及职业奠定基础。人类基本知识重点图书介绍部分，也针对所有老师，虽然是超越职业的人类基本知识，但仍然考虑到与教师职业的关联性，在选择上侧重于和教育教学相关联。

选择图书时，本书目严格控制了数量，宁缺毋滥，其中每一本书都经过项目组认真阅读。

此外，我们选择了近30部经典电影，分为儿童电影、教育电影以及人类电影重点推荐，并对这些电影的主题以及与教育的关联进行了评述。

本书的主要概念

本书中有一些主要概念，是理解新教育专业阅读的基础，兹作说明。

教师专业阅读地图

新教育教师专业阅读地图，是指融结构、路径、书目及评介、阅读方法、使用案例等于一体，永远处于开放之中的全息阅读地图。

也就是说，这张地图是一个有机的"生命体"，带有自己的基因和生命密码（新教育实验基本理念），它拥有自己的"四肢"，即一个比例适宜的匀称的结构，具有自己的"大脑"，即拥有自己的"思考方式"，体现为具体的方法路径，并且拥有自己的"记忆"或者说"经验"，即不断丰富的案例库。同时，它具有一定的交往性，强调通过共同体互动发展。最重要的是，它不是封闭的，而是始终面向未来，永远处于更新变化之中。也就是说，它既有自己的框架，又是优秀实验者不断创造的结果。它会不断地经历一个新陈代谢的过程，这包括书目的淘汰与补充、根本书籍解读的贯通与深化、专业发展路径的逐渐清晰与丰富、读书会组织的日益成熟和有序等。

知识结构

知识结构，是指教师处理教育教学问题所需知识的构成及相互关系。

新教育实验认为，教师的知识结构由三部分组成：本体性知识（即所教学科专业知识，约占50%）、专业知识（即教育学、心理学以及职业知识，约占30%）、人类基本知识（约占20%）。这三部分不是各自孤立，而是相互支撑，有共同的知识观和价值背景。对于新教育而言，在知识观方面，强调知识与生命相关联，与实践相关联，最终以解决实际问题和发展教师生命为指归。这决定了在我们的价值系统中，活的知识远高于死的知识，基于实践的知识远高于强调系统的知识。整个知识结构，应最大限度促进教师教育生活的幸福完整。

根本书籍

根本书籍，也称原典型书籍，是指奠定教师精神及学术根基，影响和形成其专业思维方式的经典书籍。此外，那些大多在童年至青年期出现过的，深刻地影响人的生命以及精神气质的书籍，也被称为根本书籍。

不是所有的经典书籍都能成为某位教师的根本书籍。成为一个人的根本书籍意味着，你深刻地理解了这本书，而这本书也成为你思考教育教学问题以及阅读其他书籍的原点。构成一个教师思考原点的根本书籍的高度，往往会影响到这个教师的学术高度。可惜的是，许多甚至大部分教师终其一生，都缺乏属于自己的根本书籍，只是不自觉地被时代风尚所影响，漂浮在词语之中而缺乏根基。

本书提供了一批有可能成为教师个人的根本书籍的优秀图书。

与根本书籍相联系的，是根本概念。根本书籍中往往包含一些根本概念，这些根本概念在根本书籍中被最深刻地揭示出来，并成为教师把握教育问题的根本概念。若无对根本书籍的透彻研读，教师便无法具备属于自己的经过反思的"根本概念"，便容易形成双重概念系统，一是人云亦云的外显概念系统，例如主体性、生成、对话等等；一是自己甚至也意识不到但实际发挥作用的概念系统，例如基于不自觉的行为主义的经验系统。许多教师言说时与教育实践时运用的概念系统不一致，即由此产生，这导致部分教师认为阅读无用。

知性阅读

知性阅读，是一种带有咀嚼性质的研读方法。是指阅读者通过对书籍的选择、聆听、梳理、批判，在反复对话中，将书籍中有价值的东西吸纳、内化到阅读者的结构之中，从而使原有结构得到丰富、优化或者重建的过程。

知性阅读，类似于传统的精读，但又有所不同。精读侧重于细读，但即使在泛读中，如果读者能够迅速抓住一本书的核心以及框架并开展对话反思，也属于知性阅读。与知性阅读相对应的是感性阅读，指带有消遣性质的快餐式的阅读，阅读者仅凭感觉去感受书中的信息而不加以反思咀嚼。

新教育实验强调知性阅读，而知性阅读是以对根本书籍的研读作为基础的。进一步的，新教育实验建议通过学校读书会以及网络读书会等方式开展教师共读，这是提升知性阅读能力的有效途径。在这一方面，新教育实验教师专业发展项目组也通过网络提供了强大的支持力量。

如何使用本书

本书是一个整体，隐含着一个理想的活生生的"大脑"。虽然推荐的每一本书都是精挑细选的好书，但本书并不是将一批好书拼凑在一起。因为那些好书有相似的背景，基于相同的目标，并且是按一定的结构编排起来的，它是一个有机体。如果仅仅记下书名然后买回来（这当然也是重要的），是典型的买椟还珠。除书目外，本书至少还可能给读者下列启发：反思自己以往选择书籍的尺度，用新的眼光来选择图书；反思自己的阅读习惯，尝试知性阅读；借鉴阅读地图的基本思想，重新规划自己的专业发展道路。总之，本书竭力使读者反思自己的专业结构，并努力构筑合适的知识结构。

对于学校来说，这本书提供如下协助：给学校充实图书馆提供参考；帮助学校确定教师共读书籍选择范围；为学校组织读书会提供参考。如果是新教育实验学校或者读书会项目学校，必要时可向项目组求助，以获取进一步的资源支持。

对于教育行政部门而言，这本书可用于师资培训、组织区域性共读活动，以及构筑名师工作室使用。

尽管本书可以提供上述帮助，但本书最大的魅力是它的成长性，它会以一定的速度不断自我更新。因此，使用本书最好的方法是，与本书共同成长。例如可以成为新教育教师专业发展项目的实验者，进入网络共同体，与全国各地认同新教育理念，有志于专业发展的实验者一同成长，并可能为本书注入新鲜血液。学校亦可以加盟新教育实验以获得更多支持。

第一章　教师专业阅读的误区

朱永新教授曾经说过，一个人的阅读史，就是他的精神发育史。那么同样的，一个教师的专业发展史，在一定程度上就是他的专业阅读史。如果说最好的投资是投资大脑的话，对教师而言，投资大脑最根本的途径就是进行合宜的专业阅读。

一份购书清单

什么样的阅读是适宜的专业阅读？这是某教师（语文教师兼班主任）近几年的购书清单，我将书单进行了初步归类。透过这个书单，你发现了什么？

类别		书目	比例
教育及心理类	教育管理	《班主任兵法》 《做最成功的父母 ——赏识孩子的55个细节》 《把孩子培养成财富： 知心姐姐卢勤成功家教秘诀》 《问题学生诊疗手册》 《做最好的老师》	44%
	宏观教育评论	《创造力危机：中国教育现状反思》 《给教师的101条建议》 《教育的理想与信念》 《素质教育在美国》	
	心理学	《心灵困境： 焦虑与忧郁的解剖》	
	其他	《破译教育的密码》	
学科教学类		《好课是这样炼成的》 《优秀小学语文老师 ——定要知道的7件事》 《朗读手册 ——大声为孩子读书吧》 《人生若只如初见》 《听窦桂梅老师讲课》	20%
人文及科学类		《明朝那些事儿》	4%
励志类		《24小时改变孩子的一生》 《卡耐基成功全书》 《30天改变你的人生》 《靠自己去成功》 《细节决定成败》	20%
其他		《不跪着教书》 《窗边的小豆豆》 《学习的革命——通往二十一世纪 的个人护照》	12%

警惕流行书籍与庸俗成功学

这份书单，以流行图书为主，励志图书占了相当的比重。先来看其中一本流行图书《做最成功的父母——赏识孩子的55个细节》的目录：

第一章　赏识与赞扬
第二章　赏识与激励
第三章　尊重与信任
第四章　宽容与理解
第五章　赏识造就孩子的好品格

以第一章为例，共包含如下细节：（其他各章类似）

细节1　赏识孩子应该发自内心
细节2　赏识孩子的努力而不是聪明
细节3　及时赞扬孩子的成就
细节4　善于发现孩子的努力
细节5　通过别人赏识孩子
细节6　在错误中发现孩子的优点
细节7　重视孩子的每一个问题
细节8　欣赏孩子的新奇发现
细节9　欣赏孩子的淘气
细节10　赏识孩子的大胆怀疑
细节11　在别人面前赞扬孩子

我们再看序言中的例子：（限于篇幅，有删节）

一个 10 岁的男孩在一家工厂做工。他一直想当一名歌星，但是，他的第一位老师却说："你五音不全，不能唱歌。你的歌简直就像是风在吹百叶窗。"

回到家里后，他很伤心，并向他的母亲——一位贫穷的农妇哭诉这一切。

母亲用手搂着他，轻轻地说："孩子，其实你很有音乐才能。听一听吧，你今天唱歌时比昨天乐感好多了，妈妈相信你会成为一个出色的歌唱家的！"

听了这些话，孩子的心情好多了。后来，这个孩子成了那个时代著名的歌剧演唱家。他的名字叫恩瑞哥·卡素罗。

卡素罗回忆自己的成功之路时这样说："是母亲那句肯定的话，让我有了今天的成绩。"

也许，卡素罗的母亲从来都没有想到过她的儿子能成为一代名人，根本没有指望过靠那三言两语去改变她儿子的命运，然而，事实上，正是她那句赏识的话成就了那个时代最伟大的歌唱家。

心理学家威廉·杰姆斯曾说过："人性最深层的需要就是渴望别人的赞赏，这是人类之所以区别于动物的地方。"

成功是每一个孩子都非常渴望的。运动员每一个细小的进步，都需要人们的喝彩和掌声，孩子在成长道路上也是如此。只有每一次小成功累积起来，才能渐渐铺就孩子的大成功。每一个细小的成功都能够带给孩子无限的信心和动力，孩子就是在不断的成功中不断学习、更上一层楼的。而赏识正是催人奋进的因子，它可以开拓失败者前进的空间，不断激励胜利者昂扬的斗志。

因此，请多给孩子一些赏识，哪怕所有人都看不起他，我们都应该眼含热泪地去欣赏他、赞扬他、信任他、鼓励他，努力挖掘孩子身上的亮点，为他们感到自豪和骄傲，帮助他们充分树立起自信，保持良好的心态，让他们在人生的长河中自信自强，脚踏实地，一步步迈入成功的殿堂。

在这个故事中，不妨设想一下：假如这个小男孩不是卡素罗，而是一个真的没有音乐天分的孩子，他会在这种赏识之下成为著名的歌剧演唱家吗？

假如这个孩子确实有天赋，母亲的那句肯定的话，真的是他成为音乐家的关键吗？退一万步讲，如果真的是母亲的那句话起了作用，那么那句话是在怎样的情况下发挥了作用？这让我想起一个笑话，有一个人饿了，一连吃了七个饼子，终于吃饱了，然后他很遗憾地说，早知如此，我就直接吃第七个饼子了。如果说赏识是第七个饼子的话，许多读者吃了，却极少有人真的因此吃饱——除非他正巧先吃了六个饼子。而真正的专业发展，恰恰是要让读者看到七个饼子是如何联合发生作用的。

因此脱离情境地讲赏识，往往流于肤浅。在生活中，也有多少孩子因为类似"你五音不全，不能唱歌。你的歌简直就像是风在吹百叶窗"这样的讥讽而奋发向上。或许在另外一本强调逆境出人才的流行书籍里，这个例子就可以如此书写，那么，卡素罗成为音乐家的奥秘究竟在哪里？至少这篇文章中并未说清楚。

教育其实从未离开过赏识，许多教师的教育手段，无非是"胡萝卜加大棒，最后一招请家长"，如果仅仅是"棒棒棒，你真棒；行行行，你真行"就能够让一个孩子一天比一天变得更好的话，教育就实在太简单了！而如果不说清楚何为真正的赏识，赏识教育便不过是用许多故事包装起来的心灵鸡汤式的概念。

而以真正专业化的眼光来看，我们要反对的，恰恰是对赏识的简化。极少有老师真正明白赏识一个孩子的含义，大多数教师都将赏识孩子视为一种策略，一种手段，甚至是一种等待收回投资的交易，一旦不能收到预期效果，便立刻转向大棒政策。真正的赏识不是教育的手段，而是发自内心对孩子的信任。这种信任，是对孩子未来成就的坚信，无论孩子犯多少错误，要经历多少反复，这种信任始终不变，唯有如此，赏识才能够发挥作用。这种信任所带来的，可能恰恰是对孩子的严格要求，包括批评甚至必要的呵斥。

我无意于否定此书，我相信，对于那些相信"棍棒底下出孝子"或者习惯于挖苦讽刺孩子的家长来说，此书不无裨益，或许这本书的读者对象就是这类家长。但是对于相对专业的教师而言，此类书籍就不够专业，读得太多，甚至可能有害。因为这是典型的心灵鸡汤式文字，它有戏剧性的逆转，即通过转变前后的鲜明对比来制造一种戏剧化效果引人注意，从而将复杂问题简单化。许多教师从少年时代就喜欢这样的文字，这样的文字或许能够抚慰心灵，但最终却可能不会促成专业发展。不但如此，还可能因简单化而阻断了真正理解诸如"爱"、"信任"、"尊重"等重要概念的内涵。

为什么这类作品可能有害专业发展？

从结构上来讲，这类作品大多是故事性的，而其中大量的故事都是虚假的，属于"假语村言"，比如关于美国总统的故事就会特别多。即使是真实的故事，也往往经过编辑或者精心选择，过滤了那些不利于制造对比效果的但可能真正起作用的部分，最终形成了一种"灰姑娘结构"，即一个身处底层的毫不起眼的灰姑娘（身处底层为教育教学问题所困的小人物的投射），经过一场王子的舞会（一个人，一本书，一句教诲，一个诸如"爱"、"信任"这样的神奇的词语），然后变成了光彩四射的新娘（与美国总统、成功人士相对应的卓越教师）。于是教育的复杂性与艰巨性便被消解了，教师们似乎无需奋斗（尽管这类书也会强调奋斗，但不过是个标签而已），只需要拥有类似"爱"这样的魔法棒，喊一声"变"，教室里便会井井有条。其实即使在《灰姑娘》这个经典童话中，真正起作用的不是王子，而是灰姑娘在漫长岁月中所经受的一次又一次的考验和磨难。没有日复一日的泪水浇灌，没有一次一次努力的经历，没有漫长岁月中的信念，灰姑娘即使遇到了王子，也不会成为王后，秘密不在于王子，而在于灰姑娘自身。教育的秘密不在逆转的那一刹那，而是隐藏在岁月之中。

从接受者角度来讲，教育教学实在是很困难的事情，即使那些功成名就的成熟教师，也经常会有一种挫败感，因为教育教学中充满了太多的不确定性和意外之事。在这种情况下，一个教师可能会有两种反应，一是积极迎接挑战，承认教育乃至于生活的不确定性，在与问题的搏斗中发展自己的专业水平。一是消极回避，转移目标，或者逃避，希望有外在的力量（魔法）来帮助自己摆脱困境，特别是不想付诸努力或者缺乏足够的自信去应对的时候。而许许多多流行的教育图书，迎合的其实就是这种读者的心理。它会告诉你要自信，但那常常是一种虚假的不解决实际问题的自信；它会告诉你简单不二的法则，但那其实不过是加了故事"论证"的箴言，是一些流行的大众哲学的教育模式而已。它由美好的词语堆积而成，但这些词语却并未真正穿越你的生命被你捕获——其实作者也没有捕获。

更重要的是，在这种流行作品的背后，往往有一种简单幼稚的因果思维或者二元思维，这种思维因为因果关系简单或者黑白对比鲜明易于传播和接受，但是遮蔽了事物的真相，也妨碍了培养复杂性思维能力的可能，而培养复杂性思维能力，正是专业发展的目的之一。

不但如此，流行书籍尤其是励志类图书背后的根基，是庸俗的成功学。

这种以名利为诱饵，以速成为噱头的成功学，不但是现代社会的毒瘤，也与新教育实验的方向背道而驰。

励志当然是必要的，教师是一个很辛苦的职业，需要不断的激励才能够鼓起勇气。但是绝大部分流行的励志书籍根植于庸俗的成功学，无非是"吃得苦中苦，方为人上人"的现代模式，或者是心灵鸡汤式的教育。这类书籍，过多宣扬外在的成功，例如公开课、发表论文及出版著作、各类奖项、特级教师称号、应试成绩等，尤其是一些名师的成长经历，既有值得学习的一面，也包含了转型期个人奋斗中所带有的若干有待清理的毒素。这类成功学的泛滥，进一步加剧了教育界的浮躁。需要指出的是，这类图书为了迎合市场，往往通过精心选择材料进行编织，甚至使其达到一种戏剧化效果，使人相信成功其实很简单，而忽略了对教育复杂性与艰巨性的揭示。

我们认为，真正的激励应该来自真实的成就感，来自将教室里的事情做到尽可能卓越之后所获得的一种自我肯定和自我认同。激励是内在的，外在的所谓成功，往往只是额外的奖赏，而不应该成为追逐的目标。一个学科教师的成功，来自让自己的学科在教室里散发出迷人的魅力；一个班主任的成功，来自建成真正优秀甚至卓越的班级；一个校长的成功，来自打造出真正优秀的学校。外在的成功视他人为绊脚石，即使强调合作，也只是作为策略。而内在的成功，则强调人与人之间真正的真实的合作，强调通过共同体共同发展。

人要靠粮食而不能靠激素成长，过多地阅读脱离真实的教育教学的励志型书籍，会让人始终处于亢奋与迷乱甚至幻觉之中，从而更加浮躁。而教育，更需要"润物细无声"的安静润泽，只有在安静润泽的状态下，才会有真正的思考，也才会有真正的教育，并获得真正的幸福完整。

新教育教师专业发展非常重视职业认同，比如《爱心与教育》、《教学勇气》等书籍，或细致呈现教育全过程，让人看到一个优秀的教师是如何一步一步成长的，或直面教师职业乃至于心灵中的诸多真实问题并进行梳理，这样的书才是真正值得推荐阅读的。

伪技术把教育管理简单化

这份书单中，还有一些是标称解决问题的技术类书籍。

新课程改革以后，或许是"时势造英雄"吧，一大批技术类书籍纷纷出笼，不少图书迅速占领了市场，高居排行榜前列。这些书籍中，不乏一些真正的好书，如王晓春老师的一些作品。但更多的作品，要么宣扬大而无当的屠龙之术，要么是传统的兵法谋略的拙劣翻版，或者是对新课程改革的简单图解，不但不可能真正解决问题和推动专业发展，反而为早已经被新课程否定的教育思想招魂，与新课程改革的方向背道而驰。这类作品中，有代表性的是风行于网络的《班主任兵法》。

我们不妨来看《班主任兵法》中的一则案例：

秋游前的一天晚上，灵灵来找我，说她放在书包里的八十元钱不见了，丢失的时间是下午。我立刻到班级里展开调查，马上就掌握了大量有价值的情报。

原来下午有两节课是英语分层次上课，灵灵到另一个教室去上课了，别的班级有一些同学到我们班来上课。据同学反映，灵灵的位置上坐的是我们班的旦旦。旦旦是一个外地来的男生，平日里寡言少语，单单凭这点还不能说就是旦旦拿的钱。问题是马上有不止一个同学反映说，上课时看见旦旦在翻灵灵的书包。进一步地调查，我了解到旦旦经常喜欢在课间翻别人的书包或抽屉。旦旦无疑是最大的怀疑对象，但是我还不能确定钱就是他拿的。这时，有好事者过来献言曰，旦旦下午下课后到科技老师那里买了一个一百二十元的船模，而昨天晚上，他还跟同学说，他只有几十元钱，不够买呢。

原来我带的这个班级是六年级的孩子，这个年龄的学生尤其是男生行事还比较幼稚，做事不会拐弯抹角，有什么意图旁人一看便知。这个提供线索的男孩与旦旦的思维同样简单，结果让我破案全不费功夫。作案之人既已明朗，我接下来便只需处理好善后之事即可。献言者还在面前，我却不动声色，对他说，谢谢你提供的情况，老师需要再做一些调查。你刚刚跟老师讲的情况暂时不要跟别人乱说，明白吗？男孩点点头。

为谨慎起见，我又从另外的渠道核实了一下刚刚几位学生反映的情况，证实确凿无误。我心里有了底，事情非常简单：旦旦有随便翻别人东西的坏习惯，最近正好想买一个船模但是缺钱，今天翻灵灵的书包无意中发现八十元钱，一时冲动，竟然悄悄据为己有。

不需要兜圈子了，我直接把旦旦叫出来。老师，什么事？旦旦居然还强作镇定。灵灵今天丢了八十元钱，我说，眼睛看着旦旦，旦旦的脸色已经变了。"我不知道。"他摇摇头。

旦旦的抵抗是在我意料之中的。据说，连动物都有自尊心，更别说人了，人喜欢撒谎的缘故就在于此。旦旦亲眼见到我找好多学生了解情况，他一定已经做好了应对的准备。因此，我需要出其不意，不与他在细节问题上过多纠缠，更要避免与同学当面对质的情形发生。明天就秋游了，灵灵的钱却丢了，她很着急呢。我不动声色地说。"那跟我有什么关系啊？"旦旦高度警觉。

我看着旦旦的眼睛，那双眼睛本应是清澈的，现在却不太透明。旦旦戴着眼镜，由于没有及时清洗，镜片上有些灰尘，也变成了他的一道天然屏障。旦旦及时调整了情绪，在我看他的同时，勇敢地看着我。这个孩子，本来是很聪明的，为什么要做糊涂事呢？我在心里叹息道。

你拿出八十元钱来，给灵灵明天秋游用。我跳开偷钱的话题，直接挑明观点。

"为什么？"旦旦叫起来，"我又没拿她的钱。"

"你叫什么？"我的语气严厉起来，我照顾旦旦的面子，却不能容忍他撒野。"老师说过是你拿的钱吗？"我逼问道，旦旦低下头，不响了。

这样还好说，我心里道，大家心知肚明，事情便好解决。"你平时是不是一直喜欢翻别人的包?"我问旦旦。旦旦点点头。"今天下午上英语课的时候你有没有翻灵灵的书包?"我接着问。旦旦无奈地点点头。

"这就是了嘛!"我说,"这些都是事实,班级里的同学都知道。哎,你没事老是翻别人的包干什么?"旦旦张了张嘴:"我……"却说不出什么话来。

这时,走廊里有人走过,我搂住旦旦的肩膀,把他往角落里揽了揽。"这件事情,老师不想让更多的人知道,也不想再做调查,因为所有的证据都对你不利,这样,你从你的钱里,拿出八十元垫给灵灵,这事就解决了。"我真诚地对旦旦说。

旦旦却不愿放弃,仍要负隅顽抗。"老师,不是我拿的,为什么我要给她钱?"他问得掷地有声,堂堂正正。

我闻听此言,马上变脸,你是真不知道假不知道?我现出生气的表情,说:"老师已经跟你说得明明白白,不再追究是谁拿的钱,让你还钱,并不是说你拿的钱。我问你,你翻别人包对不对?"旦旦摇摇头。

"就是啊,"我接着说,"现在别人丢了钱,只有你动过别人的包,你不是自己给自己找事吗?你不但今天翻了灵灵的包,以前也多次翻过。现在别人就算认定是你拿的,你也没有话说!"我说着说着竟真的有点生起气来,差点想把船模的事情也说出来,终究还是忍住了。"现在老师不愿调查是谁拿的钱,也没人说是你拿了灵灵的钱,但是你总该为你做的错事付出一点代价吧。花八十元钱,买个教训,以后别再翻别人的包了!"

我这番话是精心思考过的,确保万无一失,即便小概率事件发生,那个钱鬼使神差的确不是旦旦拿的,旦旦付出这八十元也师出有名,自认倒霉。更何况,我的感觉非常清楚:旦旦的反驳其实非常虚弱,他的底气明显不足。

"老师,真不是我拿的……"旦旦还在逞嘴上英雄,我打断他:"行了行了,快去拿吧,早拿早还,这件事情早点了断。"

"老师,我没有钱。"旦旦可怜巴巴地说。我一愣,随即警醒过来,哎呀!我竟忘了他的钱已经花掉的事实。我眼珠一转,马上说:"去跟别人借。""啊,"旦旦张大着嘴,"我不知道跟谁借。"

　　哼，我在心里冷笑一声，暗道，今天老师送佛上西天，好事做到底，我对旦旦说："你在这儿等着，老师帮你去借。"

　　很快，我从教室里出来，手里拿着八十元钱，我对旦旦说："这钱是虫虫的，你下周别忘了还他。"旦旦点点头。

　　最后，我把灵灵从教室里叫出来，当着旦旦，我把这八十元钱交给了灵灵。我对灵灵说："旦旦翻了你的包，致使你丢了钱，经过老师的教育，觉得过意不去，因此，他决定赔偿你的损失。"灵灵有些犹豫，不肯接钱。我劝道："没关系的，他犯了错误，受点损失是应该的，你拿着吧。"

　　待旦旦回了教室，我对灵灵说："老师没有查出来到底是谁拿的钱。这个钱是旦旦赔给你的，因此，别的话你就不要多说了。"灵灵点点头。"谢谢老师。"她说。还有，我叮嘱道："以后，你的钱也要放好，自己的东西要注意保管。"灵灵用力地点了点头。

　　这次事件以后一直到我班主任卸任，班级丢钱的事情再也没发生过。旦旦和大家都平安地度过了我和他们相伴的这一年快乐时光。

　　这一章被称为"指鹿为马"（作者应该属于贬词褒用吧）。

　　老师的目的很明确，解决灵灵丢钱问题，"确保一方平安"。说得再简单一点，就是破案，但为了照顾到旦旦的面子，也为了防止小概率事件出现，老师用巧妙的手法摆平此事。而一旦将此类事件仅仅视为需要侦破的案件，那么老师与学生之间的关系，也就演变为警察与小偷的关系。实际上整本书警察思维特别明显：威慑（包括心罚）、拉拢、打击、孤立……确实是传统谋略在教室里的运用，目标是纪律，是"天下太平"。

　　问题是，教育的目的，到底是为了"管"孩子甚至"治"孩子，还是为了教育发展孩子？是着眼于儿童当下的"太平无事"，还是着眼于儿童一生的德行养成？倘若为了后者，那么旦旦还钱不是教育的终点，而恰恰是教育的起点，老师必须让旦旦经过这次"遭遇"获得德行上的发展。否则，不敢保证旦旦下次不会"作案"，或许他汲取的教训只是"下次作案手法要更加隐蔽"。

一个专业化程度很高的老师会如何处理此事？他当然也会有一个合乎程序的破案的过程，因为此事要破案不难，旦旦买船模的钱从哪里来，很容易查到。这只是一小步，进而他会在不伤害旦旦的前提下进行更深入的调查，因为他需要知道，旦旦的偷窃是一个什么性质的问题，是属于心理问题吗？那么问题的源头在哪里？是偶然把持不住吗？那如何让他既获得教训又不留下心理阴影？是经常有小偷小摸的行为吗？那应该采取哪些行为来进行控制？或许这种调查就会涉及家访以及与旦旦的交流。儿童的发展需要一定的外部控制，但更主要的是内在发展，用皮亚杰的话来讲，教师需要培养儿童的，是"不受奖励和惩罚的影响，通过考虑相关因素，自己做出是非判断的能力"，"当一个人考虑了相关因素时，他就不会任意说谎、偷窃、违背诺言、干扰他人或不负责任"。① 而这些，显然不在作者的考虑之列。

不但如此，作者还为自己的做法建立了所谓的"理论"，在理论篇中，作者这样描述他理解中的师生关系：

　　　　所以说，你不是学生，学生也不是你，学生永远不能了解教师们的真实的生活，教师也永远无法真正走入学生的心灵世界。除非我们可以互换角色，亲自去对方的世界体验一番。而这个要等新的科学技术发展了再说。教师和学生永远是属于两大阵营。教师如果对这一点没有清醒的认识，是一定要吃亏的。只不过高明的教师会尽量缩短这两个阵营的距离，求同存异，大家为了同一个目标而共同奋斗；不高明的教师会使这两个阵营完全对立，极端者甚至势同水火，互不相容。②
　　　　……
　　　　对一名新教师而言，与学生保持一定的距离是自保的一条途径。……很多有经验的老教师，是绝对不会让学生靠得很近的。学生对他们可谓既敬且怕，一些平日里不苟言笑对学生冷若冰霜的教师偶尔露出一点笑脸，学生会觉得特别温暖，作文里都会写上。而新教师即使对学生笑得再灿烂，学生可能还不

---

① 《儿童纪律教育——建构性指导与规训》（第四版），［美］Marorie V. Fields，Debby Fields 著，中国轻工业出版社，原著序。
② 《班主任兵法》，万玮著，华东师大出版社，2004 年 10 月第 1 版，第 143 页。

一定买账。①

这些观点，是自从有教师这个职业以来就有的陈腐之谈，即使不走向专业发展，许许多多教师也会模仿老教师或者自发地走上这一条路径。而且这也并非教师职业所独有，是传统的处理人际关系的基本原则，《论语》里早就讲过：唯女子与小人难养也，近之则不逊，远之则怨。原理是一致的。但这种师生观，是专制思维背景下的师生观，是主子对奴才的驾驭之术。②

这种师生观的问题究竟在哪里？从学术背景来讲，这是自觉不自觉地认同行为主义的教育观的结果。行为主义追求当前效果，强调外部控制，运用包括奖惩等方法来迫使儿童就范，对安全以及秩序的追求超过了一切。而新课程改革恰恰基于对行为主义教育观的反思，更强调对话、合作，在师生观上，越来越强调持一种建构主义的态度，即关系为先，预防为先，引领为先。在解决儿童纪律问题方面，认为有一种更为积极的选择，既维护了秩序，同时又帮助儿童发展了积极自尊以及道德自律。在这种背景下，尊重儿童不应该成为一种策略，而应该成为教育最根本的出发点之一。因此，倾听儿童，倾听问题，帮助儿童积极地理解规则，并使教育尽可能地面对产生纪律问题的原因而非结果，才是真正有效的管理。师生关系不是猫捉老鼠的游戏，而是彼此尊重信任共同发展，教室更不是战场，而是共同生活之地。佐藤学在《静悄悄的革命》中这样描述师生关系：

> 在"润泽的教室"里，教师和学生都不受"主体性"神话的束缚，大家安心地、轻松自如地构筑着人与人之间的关系，构筑着一种基本的信赖关系，在这种关系中，即使笨笨肩膀，拿不出自己的意见来，每个人的存在都能够得到大家自觉的尊重，得到承认。"润泽"这个词表示的是湿润程度，也可以说它表示了那种安心的、无拘无束的、轻柔滋润肌肤的感觉。"润泽的教室"给人的感觉是教室里的每个人的呼吸和节律都是那么

① 《班主任兵法》，万玮著，华东师大出版社，2004年10月第1版，第146页。
② 保罗·弗莱雷在《被压迫者教育学》一书中对这种师生关系有精辟的分析，可看。

的柔和。①

这种"润泽"，包含了多方面的含义：尊重和热爱儿童，激发儿童的成就感与责任心，彼此信任……这恐怕才是师生关系的真谛。李镇西老师班主任工作的成功，不是像作者所说的是天才教师，而是因为他从苏霍姆林斯基那里学到了对学生的爱与尊重。

前书作者当然也是热爱学生的，就好像皇帝也会热爱他的子民一样，但爱对于不同的教育观的老师有不同的含义，在许多老师那里，爱是交易性质的，真正基于自由的、创造的爱，必定不会演绎出这样的师生关系来。

这类书的热销，迎合了许多教师急于控制班级的诉求，大家需要简单有效的办法，而全然不顾这种办法所潜伏的危机。但是另一个问题是，这本书真的能够解决你的班级管理问题吗？在阅读快感过后，你的班级真的因为这样的书籍而得到了改善？哪怕是暂时的控制？

答案是不可能。你永远不可能依靠这样的书籍达到目标，就好像千千万万人读了《哈佛女孩刘亦婷》之后，他们的孩子也不会真正发生变化一样，因为教育从来就不是如此简单。这只是一种致幻剂，它缓解了你的焦虑，但不解决问题。教师的个性千差万别，解决问题的原理或许一致，但方法往往是多种多样，个人经验很难移植——除非经验背后的原理被提取出来。而这本书恰恰是背后潜藏的原理出了问题，需要加以检讨。在一项被视为经典的研究中，研究者通过调查教师对不当行为的反应，解释了有序课堂与无序课堂的区别。令他惊讶的是，他发现有效的管理者和无效的管理者的反应十分相似。那么，在课堂秩序方面，什么才是重要因素？是因为前者创建相互关爱、相互尊重的环境，而后者只是训诫。②

因此在一本真正有用的技术类书籍中，课堂管理是基于这样的原则或者说假设的：

1. 成功的课堂管理能培养自律性和个人责任感。

2. 如果教师运用预防性管理策略，大多数课堂混乱的问题都是可以避免的。

① 《静悄悄的革命》，[日] 佐藤学著，长春出版社，2003 年 1 月第 1 版，第 26 页。
② 《小学课堂管理（第三版）》，[美] 卡罗尔·西蒙·温斯坦、安德鲁·J. 米格纳诺著，华东师大出版社，2006 年 7 月第 1 版，第 6 页。

3. 教师对管理的理解方式对其行为有极大影响。

4. 对课堂秩序的需求不应超过对有意义的教学的需要。

5. 不同课堂条件下课堂管理的任务各不相同。

6. 成为一名有效的课堂管理者需要知识、思考、努力和时间。①

这六条原则，对于课堂管理才真正重要，甚至应该成为思考课堂管理的原点或者说基础。真正卓越的教师，绝对不会被某些所谓的技术所迷惑，他要探寻的，乃是技术背后的思想。只有真正地把握技术背后的思想，才能够真正掌握甚至创造出适合自己的技术来。

特别需要声明的是，我并非全盘否定此书，这也不是作者的过错。相反，作者是一个成功的班主任，虽然我认为这成功极其有限。书中的许多方法，也并非不可取或者全无借鉴价值。行为主义的方法如果只是作为一种方法而非原则，在许多时候仍然是有价值的。我也赞赏对学生的严格甚至严厉（如同我赞赏那些对学生温和有加的教师一样），但重要的是，我们打算将学生引向何方？只是维持目前的秩序，还是有更为深远的目标？

在美国，也有许多严厉的教师，例如一位小学五年级教师莱福·艾斯奎斯（又译为雷夫），他给贫民窟的那些基础很差的学生提出非常高的要求，而且延长他们的在校时间，增加假期补课（全部是学生自愿），不但教学生学习，而且教他们做人。他说，大多数课堂都建立在恐惧的基础上：学生对教师的恐惧，对失败的恐惧，以及学生相互间的恐惧。而他的课堂则是建立在信任的基础上，靠的是他的言行一致和善良仁慈。他努力让孩子们明白，做模范公民，不是为了他，也不是为了回报或恐惧，而是因为有自己的为人处世原则。另外一位叫克拉克的专教困难学生的教师，则制订了集礼仪修养、纪律守则和做人原则于一体的 55 条班规。他要求极为严格，但他认为，只有当孩子们变成了一家人——大家都相互尊重，以礼相待，相互支持，学习才会在教室里发生。他建立的这 55 条基本班规，目的只有一个，不是维持秩序，而是让学生建立自信和获得自尊，掌握能让他们受益终身的生活技能。有意味的是，这样的老师，他甚至从不对学生大声说话。他们都将学生带向了卓越，在教室里创造了奇迹。这种奇迹，绝对不是依靠简单的兵法、谋略或规则，而是靠信任、尊重、热爱、全力以赴和严格

---

① 《小学课堂管理（第三版）》，［美］卡罗尔·西蒙·温斯坦、安德鲁·J. 米格纳诺著，华东师范大学出版社，2006 年 7 月第 1 版，第 4—7 页。

要求，他们是上面所说的六条原则的忠实践行者，是真正卓越并且高度专业化的教师。①

也就是说，只有从根本上理解了教育管理，理解了师生关系，才有可能从《班主任兵法》中获益，否则，极有可能在错误的道路上越走越远。

① 这两位老师的事迹，见《在与众不同的教室里》一书，《教师阅读地图》也推荐了此书。

不要迷失在概念词语的丛林中

在前面所提到的书单中，还比较缺乏真正的经典图书，即缺乏能够影响教师思维方式，提升教师思考力的根本图书。缺乏根本图书所导致的最大问题是，教师极易片面地理解名词，结果词语满天飞，教育教学依然是换汤不换药，反而使形式主义泛滥。只要多让学生回答问题，那就是"尊重学生的主体性"；让学生分组讨论问题，就是"小组合作"；原来的课堂上的逐步引导，现在成了靠近学生的"最近发展区"；最可笑的是，许多教师的教学目标，也已经改成所谓的"三维目标"。教师缺乏对教育学以及教学论的基本理解，导致无法使这些概念在自己的大脑中结构化、经验化，成为相互联系相互支撑的一个整体，于是每一个概念的理解和运用便缺乏具体的背景，而真实的背景，仍然是旧的知识系统，这样真正起作用的仍然是原有系统，而许多与新课程相关的概念，只不过成了标签。

新课程推行以来，由于市场的需要，一下子涌现出大量所谓新课程解析、课案集、综合学习课程等图书，这些图书因为缺乏真正的课程实践，并且对课程本身理解也不深而成为泡沫。想想看，新课程推行之初的那些书，现在还有多少教师在看？而这样的泡沫，只要市场需要，出于利益驱动，还会源源不断地制造出来，不可不谨慎。

要真正理解新课程，理解教育教学，就必须从流行阅读中解脱出来，回到经典，回到实践。

但与此相对的，还有另一个误区。虽然只有少数人陷入这个误区，还是不能不说的。这是另一个教师的书单：

编号	书名
1	《陶行知教育文选》
2	《陶行知教育名篇》
3	《爱弥儿》
4	《大教学论》
5	《裴斯泰洛齐教育论著选》
6	《学记评注》
7	《论儿童的教育》
8	《普通教育学》
9	《人的教育》
10	《外国教育思想史》
11	《中国教育思想史》
12	《教育研究方法导论》
13	《学会生存——世界教育的今天和明天》
14	《民主主义与教育》
15	《教育漫话》
16	《中外教育名著选读》
17	《给教师的建议》
……	……

这些书基本都是教育名著，有的书是极适合一线教师的，比如《给教师的建议》，但是大部分图书，虽然属于名著，却并不适合一线教师阅读。

其中一部分名著，只具有史的意义，并不能够改进我们的教育教学。例如夸美纽斯的《大教学论》、卢梭的《爱弥儿》等等。我们既然不是专门的研究者，除非有特殊的兴趣，否则没有必要从孔子或者夸美纽斯一路读下来。专门研究教育史的著作如《中国教育思想史》、《外国教育思想史》等，阅读的意义也不大。另外一部分教育学名著，则倾向于研究教育的普遍规律，如《普通教育学》、《学记评注》之类，一方面对一线教师缺乏实际指导意义，另一方面它们中包含的重要思想，已经被包含在另外的书籍中了，也不必从故纸堆里翻检出来。还有一部分教育名著盛名之下，其实难副，既缺乏原创性和思想深度，又远离今日之教育现实，纵然有一些"名句"，也只好留给学院里的诸公们研究了。当然，有些名著现在阅读也收获巨大，比如杜威的《民主主义与教育》，但是许多一线教师读《给教师的建议》尚且感到有困难，这些著作，难度实在大了一些，我们只能有针对性地给极个别专家型教师适当推荐。

一般教师，在师范大学里，其实往往已经系统地学习过一些教育名著了。但大学里的专业学习与工作以后的专业学习有极大的不同。大学的学习更强调系统性，因为要对本专业有一个基本的理解。而工作以后的专业学习不强调系统性，而是强调以解决问题为核心的学习，许多教育名著远离当下的真实问题，有空时翻翻也可，但不是专业发展的最有效的路径。

在我的经验中，特别热衷于阅读此类书籍的教师有这么几类。一类是功成名就之后的需要镀金者，即要为自己的教育实践找所谓的理论依据，而不是用理论去解决实际问题（他自己也知道解决不了）；一类是有理论冲动的教师，热衷于在词语中漂游（不否认有真正对此感兴趣并颇有功力的教师），但是自己教室里的问题却始终得不到解决。且不说这些书中，大半并不直接针对具体问题，即使是纯粹的形而上的阅读，要达到真正理解，对阅读者的理解力要求也相当高。

教育是实践性很强的领域，只有围绕问题的阅读才真正能够改变实践。即使是对元理论的领悟，在很大程度上也与自身问题息息相关。许多学校里都有这样的教师，理论水平很强，也能够写出漂亮的论文或者承担所谓的课题研究，但是自己的教育教学却表现一般甚至非常糟糕，这些教师大半是这种阅读的受害者。他们其实并未真正理解教育学，只是知道了许多概念，在词语的丛林中迷失了而已。

遗憾的是，许多高校研究者，也热衷于向教师推荐此类书籍。

从第一位教师的书单中，我们几乎可以预测到他专业发展的情形。因为励志类图书太多，他更多的收益可能在职业认同方面。这当然也很重要，是教育的前提。但是要解决越来越多的问题，就显得有些捉襟见肘了。"取法乎上，得乎其中，取法乎中，得乎其下"，阅读不同层次的书籍，决定了问题解决能力的高下。

打个比方，假如我们将感冒视为一个问题，那么受不同书籍影响的人会如何来解决？励志主义者会说，一定要保持好的心情，心情好了，啥病都没有了！有一部分人的病就这么好了。片面的技术主义者会说，吃白加黑感冒药吧，啥感冒都能治好！更多人的病就这么好了。优秀的技术主义者会说，是普通感冒、流感还是上呼吸道感染？不同类型感冒用不同的药。结果感冒的人基本上全好了。一个基于复杂理解的建构主义者会如何思考这个问题？他会先诊断是什么类型的感冒然后使用相应的药物。但他又不止于此，他会进一步追溯感冒产生的原因是什么？如果是因为病人一直心情抑郁，他还会从治疗抑郁入手；如果是病人生活习惯不好，例如为了风度不要温度型的，他会劝病人改变这种生活习惯；如果是病人体质不好，他会劝病人经常锻炼身体；如果是受传染而感冒，他会劝病人注意防护。总之，他的目的已经超越了治疗感冒本身，他不但要解决病人目前的感冒问题，还试图尽可能预防解决病人以后感冒的问题。我们可以看到，在建构主义者这里，励志类和技术类都被整合到解决问题中去了。如果说复杂的教育问题就是感冒的话，那么我们希望教师在专业阅读时，不仅仅是励志主义者或者技术主义者，而是能够运用复杂多元的视角看问题，励志也好，技术也好，都将其变成解决问题的武器。而这种整合的能力，需要比较清晰的专业思维，训练这种专业思维，正是新教育专业阅读的任务之一。

许多教师渴望专业发展，也花了不少钱来买书，许多学校也耗费了大量财力尤其是时间，企图通过专业阅读来提升教师的专业素养。但遗憾的是，尽管购买者很真诚，但没有人对他们说这些书究竟是用来解决什么问题的。各种各样的推荐者甚多，但随意性也极大，更谈不上将专业阅读课程化了。

专业阅读的误区当然远不止这些，这里指出的，还只是书目选择上的误区，更严重的问题在阅读方法上，不过这是后面的内容了。那么，究竟哪些图书能够有效地提高教师的专业化水平？这些图书是如何对教师发挥作用的？不同年级、学科、程度的教师，专业阅读路径究竟有何不同？何种阅读才是真正有效的阅读？

从第二章开始，我们将一起经历新教育教师专业阅读之旅。

第二章　专业阅读地图新思维

职业生涯需要谋划，因为人具有未来性，是我们头脑中不断构筑的未来的"我"的形象决定了今天的"我"的行为方式。专业阅读是否高效，也取决于不断的自我谋划，即需要一张在不断修改中逐渐清晰起来的独特的"阅读地图"，这张地图决定了我们的专业素养以及处理专业问题的思维方式，或者说形成了基于自身经验的"教育学"，也形成了完整的"专业自我"。缺乏谋划的阅读最终容易被市场以及各种未经反思的经验所左右，难以形成自觉的反思意识，更无法形成清晰的"专业自我"，个人应对职业的经验便非常有限，并且破碎和充满错误。

那么，何谓新教育的专业阅读地图？这只是一种比喻的说法，是指融结构、路径、书目及评介、阅读方法、使用案例等于一体，永远处于开放之中的全息阅读地图。

它永远与阅读者保持对话关系，是一套根据各种实际影响因素进行调整变化的综合性发展性的专业阅读服务系统。

更重要的是，这张地图是一个有机的"生命体"。这首先是指它带有自己的基因和密码，即它是基于新教育基本理念的，指向的是教师"幸福完整的教育生活"，它本身严格遵循新教育实验的实验逻辑，是新教育实验基本理论在专业阅读方面的集中体现。其次，它拥有独特的结构，也就是说，它拥有自己的"配方"，具有自己构造合宜的"大脑"以及"思考方式"的功能。第三，它针对不同类型的教师，设计了具体的路径与方法，拥有自己的"行走方式"。第四，它拥有自己的"记忆"或者说"经验"，表现为不断丰富的案例库，任何教师都有可能从中找到自己的榜样，并在榜样的引领下不断前行。第五，它具有一定的交互性，地图本身是田野研究的成果，又根据许许多多一线教师的实践不断地进行修正，这是一个对话的过程，通过对话永无休止地进行新陈代谢，从而不断地丰富和发展。那些最优秀的实验者的成果，将被不断地吸纳到地图中来。并且，随着研究的加深，推荐书目也将定期进行淘汰与补充，包括通过结构调整使之更完备更实用，根本书籍的解读也将进一步贯通深化，读书会等有组织的专业阅读也会日益成熟和有序。

需要说明的是，每一个生命都有自己独特的密码，我们对此深怀敬畏。因此专业阅读地图只是模型，而不是严格意义上的非如此走不可的确定的城市地图。最终阅读者都只是参照模型用自己的经验建构自己的独一无二的"阅读地图"，与这张地图模型"和而不同"。协助阅读者更有效地建构自己的阅读地图或者说阅读经验，才是新教育教师专业阅读地图的真正目标。

总之，新教育试图借助专业阅读地图对流行的关于专业阅读的破碎的理论与实践，以及形形色色的书目在新教育学术背景下进行重新整合以及创造。这种整合与创造是基于如下假设：

1. 对于任何一个具体的专业领域而言，存在着一个最合理的知识结构；

2. 专业发展，必然会经历一种"浪漫—精确—综合"的有机过程；

3. 每一门类知识的掌握，都存在着一条由浅入深的路径；

4. 对每一个教师而言，都存在着一条独一无二的阅读路径；

5. 在特定的发展阶段中的具体教师，面对特殊的场景，一定有一本最适合他阅读的书。

合理的专业知识结构

一 教育专业知识结构

据科学家研究，健康的人体必须具有七种营养素：水、蛋白质、脂类、碳水化合物、维生素、无机盐、食物纤维素等。中国营养协会曾推荐过一个膳食构成标准，每人每月应摄取如下食品：粮食类 14.2 千克、薯类 3 千克、干豆类 1 千克、乳类 2 千克、蛋类 0.5 千克、鱼虾类 0.5 千克、蔬菜类 12 千克、水果类 9 千克、肉类 1.5 千克、植物油 0.25 千克。这当然并非是指每天的饮食必须按比例来进行，而是指一段时间内总体的饮食情况越接近这个比例，人体营养搭配越平衡，身体越健康。

同样的，教育作为专业领域，也拥有最合理的知识结构，这个知识结构可以大致表示如下：

类别	比例
本体性知识	50%
专业知识	30%
人类基本知识	20%

本体性知识，即所教学科专业知识，是从事教育职业的人所必须具备的核心知识。例如对语文教育而言，包括汉语知识、文本解读、学科实践及理论、文学作品等；对数学教育而言，包括数学史、数学与数学教育、数学心

理、数学课程与教学、数学文化及数学哲学、数学科普等。专业知识，是从事教育职业的人所必须具备的专业基础知识，包括教育学、实践教育学及课程理论、教育视野、文艺类教育学素材、教育管理、职业认同、心理学等。而人类基本知识，"则是不仅针对教师而言，乃是应该具备的人类基本知识"，构成了专业阅读更广阔的背景。这里列出的比例只是一种比喻，暗示结构中不同部分的重要性有差异，并非是严谨的阅读比例——那将是荒谬的。事实上，正因为每个人专业知识中不同部分的比例不同，才形成了不同的专业偏向。但是，结构决定功能，越接近这样一个比例，专业发展越健康，一旦比例失调，往往会造成各种各样的问题。

在教育中的不同领域，知识结构也各有不同。例如对班主任而言，这个结构和比例就可能要发生变化：

类别	比例
教育管理知识	50%
专业知识	30%
人类基本知识	20%

而对学科教师而言，这个比例可能为：

类别	比例
本体性知识	50%
专业知识	20%
人类基本知识	30%

这种知识结构，潜在地作用于日常的教育教学，哪怕是上一节课，也是整个知识结构在起作用。课堂上存在的问题，往往与知识结构的缺陷有关。我们不妨虚拟《游园不值》一课的教学，那么有三方面的知识最为重要：

1. 教师的本体性知识，或者说语文素养，即对文本的理解、解读能力。

2. 教师的本体性知识，即对本学科的目标、教学内容和教学特殊性的理解。

3. 基本的教育学及教学原理，即对整体教育目的、学生特点、教学基本流程及规律的理解。

案例一：解读《游园不值》的知识结构

游园不值

叶绍翁

应怜屐齿印苍苔，

小扣柴扉久不开。

春色满园关不住，

一枝红杏出墙来。

解读这首诗涉及的相关知识，至少包括汉语汉字知识、古代文化知识、诗歌鉴赏知识、诗歌史知识以及诗歌积累，一次较为理想的文本解读过程，可能会涉及下述内容：

汉语汉字知识

首先教师要扫清字词上的理解障碍，例如这几个字可能要比较关注：值、应、怜、扉。

"值"在这里要解释为"遇到"的意思。"应"字就比较麻烦，因为有两种解释，一是大概，可能，二是应该，应当。两种解释导致两种翻译，前一种理解，全句翻译为："大概是园主人爱惜苍苔，怕我的木底鞋在上面留下脚印吧。"后一种理解，则有可能翻译为："应该爱惜苍苔，不要让木底鞋在它上面留下脚印。"也可能将两种解释视为同一意思，翻译为："应该是园主人爱惜苍苔，怕我的木底鞋在上面留下脚印吧。"到底选择何种解释，需要利用自身积累结合全诗进行比较判断。学生程度不好的话，还要用到多音字的知识。"怜"是"怜惜"的意思。教师需要具备更多的关于"怜"的知识，比如很快可以让学生与"可怜九月初三夜，露似珍珠月似弓"中的

"怜"进行比较以更好地积累掌握。"扉"是"门"的意思，由"户扇"借代而来，"柴扉"即"柴门"的意思。

古代文化知识

涉及古代文化知识的有"屐"和"柴扉"。

"屐"指木屐，大约有五千年历史，汉魏三国时广为流传，当时新娘已穿彩画木屐。宋代，木屐多为士大夫钟情的便携式休闲鞋；宋代穿木屐主要在南方。以木制鞋底，绳做带。在妇女鞋中有用红色布做鞋面，在鞋上刺绣，称为红绣鞋，还有用青色布为鞋面料的。红绣鞋也有在前部上翘做凤头样式，起装饰鞋的作用。劳动妇女大多穿平头、圆头鞋。宋代以后，着木屐有失士大夫身份，多在中下层民间流行。这些知识可通过工具书得到，对教学有一定的帮助，有利于确定作者身份，学生亦可能感到好奇。

"柴扉"很容易理解。但假如学生问："柴扉是有很多空隙的，通过空隙不是也可以看到满园春色吗？"教师该如何作答？实际上，在当时，有花园者大都是豪门显贵。他们的住宅园林，一般用竹篱围墙围住，围墙上的门是用树枝做成的栅门，内中的花园一般不正对栅门，正对栅门的是一条直通居室的小路。因此，人在柴门外向里观望，不太可能将花园景色尽收眼底。理解这些古代园林的知识，也有助于理解文本。

诗歌鉴赏知识

这是文本解读的核心。解读本诗涉及的诗歌鉴赏知识至少有诗画、结构、虚实、符码、意境（还不包括平仄方面的内容）。

这首诗"诗中有画"，画在虚实之间，尽得其妙，教师要去理解。"春色满园关不住，一枝红杏出墙来"是一幅充满生机的画面，但这两句因何成为千古名句，则不应该仅仅从诗画的角度分析，还应该分析虚实与结构。从虚实的角度讲，"一枝红杏出墙来"的审美力量源于"一枝"，若是"两枝"、"三枝"、"数枝"，则力量逐渐削弱，因为此乃实写一枝，虚写满园，实写的枝数越多，想象的范围便会缩减，若是"黄四娘家花满蹊，千朵万朵压枝低"，便纯粹是实写了。从结构的角度讲，"春色满园"与"一枝红杏"形成鲜明对照，"关"与"出"形成了一个封锁与反封锁的结构，而且特别有力量，因此这种结构便可能迁移到其他场景中，喻指新生事物的发展是封锁不住的。

符码分析是前两句的核心鉴赏知识。因为大量的古典诗歌在选择词语时，都喜欢选择具有暗示意义的词语以表达更多的意义，如"月亮"、"梅花"、"松"等。在这首诗的前两句，也有几个词语具有强烈的暗示意义。"屐齿"具有休闲性质，是士大夫游玩时经常穿的便鞋（前面已经有交代，作用也在于此），因此暗示了诗人的生活态度：隐逸、闲适、雅致。"苍苔"暗示了主人生活的环境是深幽闲适的。古诗中写到苔的颇多："轻阴阁小雨，深院昼慵开。坐看苍苔色，欲上人衣来。""空山不见人，但闻人语响。返景入深林，复照青苔上。""寒潭映白月，秋雨上青苔。""苔痕上阶绿，草色入帘青。"大都表示一种清幽、寂寞、静谧的意境并多与隐逸相关。有教者想当然地把"苍苔"与春天联系起来，是缺乏依据的。"柴扉"当然并不是说主人家很穷，也有教者犯这种低级错误。如同现在有人喜欢做一些仿古建筑一样，这只是体现出主人的审美倾向（自然朴拙）以及生活态度（喜欢隐居生活）而已。因为这种暗示，虽曰未遇，实则已经遇到了，有些神交的意味。因为读者感受到了一种幽静、拙朴、高雅的环境氛围，感受到一种诗化自然的生活方式，知道诗人是向往隐逸生活的，与园主息息相通，甚至能够感受到园主的性格：高蹈避世，孤高雅致，不慕荣利。所以与其说是写"景"，不如说是写"境"，或者说写的其实是心灵之景，这是古典诗歌的特征之一。

前两句的暗示作用与后两句的虚实结构勾连照应，形成了这首诗歌的意境。

诗歌史知识以及诗歌积累

古诗中的许多名句，皆脱胎于前人名句，进行比较研究，有助于对诗歌的解读，例如与"一枝红杏出墙来"有血缘关系的句子有：

一枝红艳出墙头，墙外行人正独愁。（唐·吴融《途中见杏花》）

独有杏花如唤客，倚墙斜日数枝红。（宋·王安石《杏花》）

杏花墙外一枝横，半面宫妆出晓晴。（金·元好问《杏花杂诗》）

一段好春藏不尽，粉墙斜露杏花梢。（宋·张良臣《偶题》）

杨柳不遮春色断，一枝红杏出墙头。（宋·陆游《马上作》）

竹坞人家濒小溪，数枝红杏出疏篱。（金·刘豫的《杏》）

可以选择一部分当成教学资源，例如将"一段好春藏不尽，粉墙斜露杏花梢"与"春色满园关不住，一枝红杏出墙来"进行比较，便会发现前者暖昧而后者坚决，因为"斜"字本身有一种不稳定感等等，这样会拓展学生对诗歌的感受力。

甚至还可以选择现代诗歌进行比较。

深闭的园子

戴望舒

五月的园子，
已花繁叶满了，
浓荫里却静无鸟喧。
小径已铺了苔藓，
而篱门的锁也锈了——
主人却在迢遥的太阳下。
在迢遥的太阳下，
也有璀璨的园林吗？
陌生人在篱边探首，
空想着天外的主人。

前面已经涉及诗词积累，教师积累丰富，还可以引入另外的诗歌比较理解，如：

桂源铺

杨万里

万山不许一溪奔，
拦得溪声日夜喧。
待到前头山脚尽，
堂堂溪水出前村。

此诗对于理解后两句很有帮助，因为原诗的后两句，表达的就是这四句诗的意思。

此外，与此诗相关的异文，以及宋诗重理趣的特征等，亦对理解诗文组织教学有帮助，因篇幅原因，不再赘述。

至此，文本解读可能用到的知识，便可梳理如下：

课题	涉及知识类别	涉及知识内容	涉及专业阅读
《游园不值》文本解读	汉语汉字知识	值、应、怜、扉	《汉字密码》
	古代文化知识	屐齿、柴扉	汉典网 http://www.zdic.net/
	诗歌鉴赏知识	诗画、结构、虚实符码、意境	《唐宋词十七讲》《诗词例话》
	诗歌史知识以及诗歌积累	"一枝红杏出墙来"演变史及相关异文	《宋诗选注》
		宋诗特征（理趣）	相关文学史

如果专业水平更高的教师（例如具备儒释道方面知识背景的教师），还会意识到这首诗对隐士的描写中所隐含的禅道思想，并将之与同样描写隐士的《江雪》中的儒家思想区分开来。而这样的教师，就需要更为广阔的人文背景方面的阅读，如《论语》、《道德经》等等。

案例二：课堂教学《游园不值》分析

拥有合宜的本体性知识，意味着教师对教材进行教学化处理时，能够对文本保持足够的敏锐，并且确定合宜的教学目标及教学内容。以《游园不值》为例，下面是两个教师制订的教学目标。

甲老师的教学目标：

1. 能正确、流利、有感情地朗读古诗。

2. 能用自己的语言说出对具体的字词和诗句的理解。

3. 依据诗句想象古诗所描绘的情景，并在这个过程中逐步体悟古诗的意蕴和诗人的情感。

乙老师的教学目标：

1. 熟读并背诵本诗，并要求读时声音与意义相贴切；准确理解诗的字面意思，积累掌握值、怜、扣、屐齿等词语。

2. 初步学会运用符码、互文、对比等方法鉴赏古诗。

3. 较深入地感受此诗诗意；涉猎并积累若干诗词。

仔细研究一下甲老师的教学目标，会发现不少问题，其中最重要的问题是，他的设计，缺乏清晰合宜的教学内容，他对这首诗究竟应该教什么，缺乏足够的认识。这里的三条目标，似乎不是针对此诗设计的，而可以运用于一切诗歌，至少是相当一部分诗歌。导致这种状况，跟甲老师缺乏课程及教学论方面的知识有关。《语文教学内容重构》中有这样一段内容，不妨摘录于此：

> 所谓语文教材，其实和一般文化课教材似乎没有什么区别。我们语文课本里的那些课文，不都分属于一般人类文化的各个方面、各个领域吗？《松鼠》不是属于生物学的领域吗？《赵州桥》不是属于物理学的领域吗？《苏州园林》不是属于地理学的领域吗？每一篇文章，都可以将它们归属于它们各自的文化领域。那么语文教材与其他教材有什么不同呢？语文教材的独特价值是什么呢？这是一个很复杂的问题又是一个不可回避的问题。

> （一）语文教材的原生价值

> 语文教材是由相互之间在内容上没有必然联系的若干篇文章组成的。这些文章，原本并不是作为教材而编写的，而是作为一种社会阅读客体存在的。它们原本作为社会阅读客体而存在的价值，可称之为"原生价值"。

> 有研究者把课文的原生价值概括为知识传播价值、情意交流价值和消闲价值。其实还可以概括出很多的价值，它们的创作者当时创作的时候怀着各式各样的目的创作了它们，可以说有多少种目的，它们就有多少种价值。但是不管多少种价值，它们的总价值，就是信息价值，他们是为了传递信息而创作它们的。而读者阅读它们，其目的也在这里：或者为了获得一种事实的信息，或者获得一种思想感情的信息，总之，都是为了获得信息。

> （二）语文教材的教学价值

> 但是，这些文章一旦进入语文教材，它们的价值就发生了增值和变化。它们原本所有的传播信息的价值仍然得以保留，但它们又增加了一种新的价值，即"如何传播信息的信息"。这种"如何传播信息的信息"即我们所谓的"教学价值"。

> 事实上，不管是被选进语文教材里的这些文章，还是其他课程

> 所使用的教材，它们客观上都有两种价值，一种是它们"所传播的
> 信息"的价值，一种是它们"如何传播信息"的价值。在其他课程
> 里，人们学习教材，只学前者，不学后者；而在语文课程里，人们
> 主要不是学习前者，而是学习后者。

从这段关于语文教材及教学内容的讨论可以看出，对教学而言，学生学习"如何传播信息"是一个更为本质的行为，这也是"课文无非是例子"的含义。而甲老师的教学目标，几乎全部指向文本内容，是以读懂这首诗为唯一目标（这当然也是重要目标），而缺乏更为明确的语文知识，教师并未明确教授解读诗歌的具体方法（这首诗的特征，也决定了它不宜被处理为定篇，即掌握此文本不能成为主要教学目标）。甲老师不能正确地确定教学目标，也与文本解读能力有关，他缺乏对《游园不值》一诗的精确分析能力。因此仅仅几条目标，他在专业素养方面的匮乏就已经暴露无遗了。

而乙老师则不同，他的教学目标层次分明：目标一是基础目标或者说常规目标，读背全诗，掌握重点字词和全诗的基本意思，而这一点，几乎就是甲老师的核心目标了。目标二才是乙老师的核心目标，侧重于教会学习解读诗歌的基本方法，虽然未必在课堂上出现这些诗歌鉴赏的术语，但至少教师很清楚此课的核心语文价值在哪里，教学的重点在哪里。目标三是延伸拓展目标，在学生掌握了诗歌鉴赏方法之后，再更深一层地感受诗意，并积累更多的相关诗歌。由此可见，设计出这样的教学目标，需要对课程及教学理论有比较深入的认识，还需要有很高的文本解读能力，乙老师的专业素养，也因此远高于甲老师。

二　基本的教育学及教学原理

在具体一节课上起作用的，除了本体性知识，还包括基本的教育学及教学原理，即对整体教育目的、学生特点、教学基本流程及规律的理解，这部分知识始终潜在地发挥着作用。不同的教师上《游园不值》，可能会以不同的方式组织教学。一个文本解读很成功，同时教学内容很合宜的教师，也可能在课堂上遭遇意想不到的问题。课堂永远是一种冒险，因为你面对的是活生生的学生，他们带着不同的知识背景，甚至不同的情绪来到你的课堂上，

你并不完全明白将会发生什么，这需要你临场的应变，而你如何应变，又涉及你对学生的理解，对教育的理解，对师生关系的理解等等。课堂是一个包含着教育学、心理学、伦理学、社会学甚至生物学的复杂的场，是布满暗礁的海洋，教师则要成为有经验的"船长"，去绕开暗礁，顺利地到达目的地。

除了文本解读之外，一个教师在课堂上，无论是否意识到，还要面临下列问题：

你如何理解与学生的关系

这里面涉及很复杂的问题，你希望你与学生建立起怎样的关系？平等对话式的还是权威引领式的？你希望你的教室是什么样的？是秩序第一，还是关系第一？我们其实可以观察到不同教师的不同风格。有的教师是权威式的，他希望学生服从自己，希望自己掌控全局，令行禁止。有的教师则追求一种民主的生活方式，希望班级是相对自治的，学生在教室里能够比较放松，希望构筑一个润泽而非硬邦邦的教室。

你的教学观和教学风格是什么样子的

是灌输式的，还是对话式的？为什么会选择这种理念或者说方式？有的教师会将《游园不值》的知识点进行梳理，希望学生记忆下来以便"储存备用"，有的教师更喜欢学生发表意见，然后让不同的意见进行对话，最后达成共识。教师的见解也作为意见之一，是通过对话被接受而不是被生硬地当成真理灌输。

你如何理解认知规律，并基于此形成自己的教学流程

有的教师并不清楚学生的认知情况，因此或许更注重反复的强化训练，而另外的教师或许有自己的阅读理解，比如自觉地按照认知规律来设计教学以及流程。比如生字生词以及背诵的数量、频率的控制，这与遗忘规律理论有关。再比如可能会将"浪漫—精确—综合"的规律运用于课堂教学，这样就有可能打破通常课堂上轻视精确训练（比如在教课文的时候）弊端，或者反思机械的习题训练，使之回归到一定的知识背景之中。

有专业素养的教师，能够运用专业知识对课堂上的种种细节进行解读，反之，则可能对真实的问题视而不见或者做出错误理解。

有一次笔者在借班上绘本课《活了一百万次的猫》的时候，曾经问过学

生一个问题："假如有一种魔法，能让你活一百万次甚至永远，你愿意吗？为什么？"结果学生纷纷回答："不愿意，因为真正有价值的生命，只活一次就够了。"不少听课教师以为此课极成功，因为学生经过教师的引导，对生命意义的认识已经有了很大的提升。但笔者则很快意识到，学生的回答并非真实的声音，而是在迎合教师。因为在许多教室里，学生都是在用假嗓子发言，而不是用真实的声音与教师交流。学生的学习，很大程度上是揣测教师的意图，而不是用真实的生命去与文本对话。而这一弊病，实际是课堂教学中非常严重的一个问题，既存在于学生身上，也存在于教师身上，特别是在公开课中。笔者的这一判断，也在课后与学生的交流中得到验证。

要理解这些问题，可能另外会有一些图书提供相应的阅读支撑：《教育的目的》、《静悄悄的革命》、《被压迫者教育学》、《教学勇气》、《课程与教学的基本原理》（泰勒著）、《后现代课程观》、《教学原理》（佐藤正夫著）。当然，有些书因为难度问题未必一定要读，如《课程与教学的基本原理》、《后现代课程观》、《教学原理》，这里列出，只是从理想形态来考虑一节课涉及的知识而已。

三 假如阅读结构失衡……

结构决定功能，专业知识结构的均衡与否，直接决定着教育教学的效果。假如阅读结构严重失衡，则往往会形成专业短板，影响到整体功能发挥。仍以语文教师为例，结构性缺失会导致以下类型的教师出现：

文青型教师

这类教师，往往学科知识特别是文学阅读特别丰富，对文本的感受和解读能力非常强，但人文背景不足，教育学、心理学知识近乎空白。大部分深受学生欢迎的语文教师都是文学青年出身，当代名师，基本上都是文青型的。但是如果缺乏课程论及教学论素养，就会导致缺乏正确的教学内容，千人千面，貌似个性各异，实则缺乏统一标准，浪费严重。教师的喜好往往决定了学生的学习重点。教师喜欢诗词，学生在诗歌方面便获益较多；教师喜欢写作，学生便在写作方面容易得到较好的训练。在极端的情况下，教师若喜欢《红楼梦》，学生每学期便有几周时间浸润在《红楼梦》之中。教学内容随意，缺乏必要的专业审查，导致了语文教学表面上五彩缤纷，其实缺乏统一的学科标准。而缺乏教育学、心理学知识，则不利于教师对师生关系、对学生学习的情况进行专业反思。许多时候教师掌握了话语霸权，满堂灌而视学生为容器，便与缺乏这方面的专业素养有关。

因此不妨设想一下，一个文青型的教师讲《游园不值》，会出现什么样的情况？他可能会在教学中大量涉及课外的诗词，扩大学生的视野，丰富学生的诗词积累。同时，因为他对诗歌有良好的感受力，能够引导学生更好地体会诗歌的意境。并且，文青型教师更容易在课堂上调动学生的情绪，有的走过头，便成了煽情。但文青型教师的问题在于，缺乏合宜的教学内容，往往将文本内容当成教学内容，缺乏自觉的课程意识。因为过分注重内容，对文本形式往往缺乏足够的敏感，授之鱼而不能授之渔，导致热闹背后，仍然有相当程度的低效浪费。更有甚者，教学内容取决于教师的兴趣，这是令人遗憾的。

理论型教师

应试教育背景下成长起来的一批教师，因为自幼缺乏文学的浸润，没有形成必要的文学感受力。进入师范院校后，所学到的无非是教育学、心理学以及课程论、教学论等东西，往往具备一定的理论素养，但因为学科教学毕竟是以学科知识的传授为主，因此课堂上无法充分发掘知识的魅力，课堂肤浅而表面化、活动化。至于理论学习教科书化的教师，更是破碎的词语的受害者，说起来头头是道，但无法解决自身的课堂问题。这类教师中，有相当数量朝教科研方向发展，有的热衷于做课题或者发表论文。

一个理论型的教师在讲《游园不值》，往往讲得干瘪无趣，有可能沦为单纯的技术分析。因为对诗歌教学而言，甚至对整个语文教学而言，感受力是第一位的。而真正的理论，也必然建立在感受力的基础之上。

启蒙型教师

这是网络兴起以后催生的一批教师，具备比较丰富的人类基本知识，比较关注相对宏观的问题，具有公共知识分子倾向。后来通过网络进一步完成了民主启蒙，然后相当一部分人陷入启蒙情结不能自拔，专业知识（教育学、心理学甚至学科知识）的匮乏又使之盲目，将专业问题与公共问题混为一谈，热衷于在课堂上灌输所谓的民主政治而不顾专业伦理，愤青气十足。

教育本身就含有启蒙性质，甚至教育本身就是启蒙。但启蒙的含义是广泛的，并且应该以启智为核心，即应该培养学生真正的思维能力、批判能力，而不是灌输某种单一的自以为正确的思想。对启蒙的片面化理解，也不利于学生的发展。而对于专业性的漠视，又使得这一部分教师显得身份可疑。

一个启蒙型教师会如何来讲《游园不值》？或许他会更关注《游园不值》中渗透的隐士文化，然后从中延伸开来。如果再读点刘小枫的书，会抓住拯救与逍遥，从诗中提炼出中国人逃避现实的特征来并加以鞭挞。这当然已经不是在讲诗了，不过是借诗歌兜售自己的私货罢了。

三种类型教师中，文青型要强于理论型和启蒙型，而比较理想的教师，则是文青型与理论型的结合，至于启蒙，乃只是专业之背景。

这里讨论的仅仅是古诗词，那么现代诗呢？哲理散文呢？抒情散文呢？神话传说呢？小说呢？戏剧呢？……仅仅从语文学科看，这张图谱便足够大了。这么多需要掌握的东西，如何能够读完？苏霍姆林斯基在《给教师的建议》中这样说道：

> 一位有30年教龄的历史教师上了一节公开课，课题是《苏联青年的道德理想》。区培训班的学员、区教育局视导员都来听课。课上得非常出色。听课的教师们和视导员本来打算在课堂进行中间写点记录，以便课后提些意见的，可是他们听得入了迷，竟连做记录也忘记了。他们坐在那里，屏息静气地听，完全被讲课吸引住了，就跟自己也变成了学生一样。
>
> 课后，邻校的一位教师对这位历史教师说："是的，您把自己的全部心血都倾注给自己的学生了。您的每一句话都具有极大的感染力。不过，我想请教您：您花了多少时间来备这节课？不止一个小时吧？"
>
> 那位历史教师说："对这节课，我准备了一辈子。而且，总的来说，对每一节课，我都是用终生的时间来备课的。不过，对这个课题的直接准备，或者说现场准备，只用了大约15分钟。"
>
> 这段答话启开了一个窗口，使人窥见了教育技巧的一些奥秘。像这位历史教师这样的人，我在自己的区里只知道有30人左右。他们从来不抱怨没有空闲时间。他们中间的每一个人，谈到自己的每一节课，都会说是终生都在备这节课的。

　　怎样进行这种准备呢？这就是读书，每天不间断地读书，跟书籍结下终生的友谊。潺潺小溪，每日不断，注入思想的大河。读书不是为了应付明天的课，而是出自内心的需要和对知识的渴求。如果你想有更多的空闲时间，不至于把备课变成单调乏味的死抠教科书，那你就要读学术著作。应当在你所教的那门学科领域里，达到如下境界：教科书里包含的那点科学基础知识，对你来说只不过是入门的常识。在你的科学知识的大海里，你所教给学生的教科书里的那点基础知识，应当只是沧海之一粟。

　　一些优秀教师教育技巧的提高，正是由于他们持之以恒地读书，不断地补充他们的知识的大海。如果一个教师在他刚参加教育工作的头几年里所具备的知识，与他要教给儿童的最低限度知识的比例为10∶1，那么到他有了15年至20年教龄的时候，这个比例就变为20∶1，30∶1，50∶1。这一切都归功于读书。时间每过去一年，学校教科书这一滴水，在教师的知识海洋里就变得越来越小。这里的问题还不仅在于教师的理论知识在数量上的增长。数量可以转化为质量：衬托着学校教科书的背景越宽广，犹如强大的光流照射下的一点小光束，那么为教育技巧打下基础的职业质量的提高就越明显，教师在课堂上讲解教材（叙述、演讲）时就能更加自如地分配自己的注意。例如，教师在讲三角函数，但是他的思路主要不是放在函数上，而是放在学生身上：他在观察每一个学生怎样工作，某些学生在感知、思维、识记方面遇到哪些障碍。他不仅在教书，而且在教书过程中给学生以智力上的训练。

　　由此可见，只有长期孜孜不倦地阅读，备课才能够逐渐缩短，教学才能够更加游刃有余，不至于总是处于被动应付的状态，始终为备课问题所困扰。

"浪漫—精确—综合"的专业发展过程

传统教师专业发展认为，教师的发展，是一个线性的循序渐进的过程，拥有在师范时已经修炼而成的理论武器的教师，需要在漫长的职业生涯中将理论武器运用于教育教学实践中，一天天地转化为自己的经验，并在这个过程中继续学习，一直到职业生涯的终结。而在这个过程中要防止的，是"理论脱离实际"。

新教育实验认为，教师专业发展，是一个线性与非线性交替的过程，一个教师成长为优秀教师乃至于卓越教师，不仅仅需要漫长岁月中的潜心修炼，也需要一次又一次或大或小的"遭遇"，例如一个教育或教学事件，一个共同体，一次演讲，一本书等等。这种"遭遇"，既可能导致原有经验的突然飞升，也有可能导致原有经验的突然逆转即自我否定自我扬弃，比如从不自觉的行为主义经验方式向自觉的建构主义经验方式的转向等等。除此之外，新教育实验还认为，在教师专业发展过程中，更为本质的，也同样拥有一个内在的无法逃遁的发展结构或者说节奏，这种节奏，借用教育家怀特海的理论，可以简单地表述为一种"浪漫—精确—综合"的有机过程。

浪漫阶段，是指事物以混沌的面目出现在学习者面前，学习者通过想象等浪漫的方式和这个事物（如音乐、舞蹈、诗歌）游戏的阶段，也是直觉把握学习对象的阶段。精确阶段，是建立在浪漫阶段的基础之上，对已经存在于头脑中的活跃而混乱的思想进行有序的排列，在这个过程中，需要不断地补充新的知识，以促进对原有知识的认识，对混乱散漫的知识进行分析，把朦胧的感觉化为清晰的认识，即一点一点地接受一种特定的分析事实的方法。综合阶段，是指在精确期掌握系统知识后复归浪漫，但又不是简单的回归，而是能够自由运用原理去解决问题的阶段。简言之，浪漫阶段是对事物（知识）的整体的直觉的把握阶段（感受信息），精确期是掌握精确的知识细节进而领悟原理的阶段（掌握知识），综合期是摆脱知识细节而积极运用原理阶段（形成智慧）。

例如在语言学习中，0—11 岁（学前及小学低中段）大致是一个浪漫阶段，学生大量接触优美的语言材料，如童话、诗歌等等，感受人类文明中最优秀的作品；到了 12—15 岁（小学高段及初中阶段）则进入精确期，重点进行语法训练、写作训练并培养精细的文本细读的能力；15—18 岁（高中阶段）则进入主题学习时期，主要进行各种文学的或文化的综合学习，形成良好的语言、文学及文化修养。而对科学学习而言，12—15 岁（小学高段及初中阶段，当然也包括之前的萌芽）是浪漫阶段，儿童主要进行观察、实验以及各种自由探究，并大量阅读科普作品；15—16 岁（高中前期）则是精确阶段，主要是熟悉概念、理解公式和掌握原理。16—18 岁（高中后期）是综合阶段，主要是用讲座的方式向学生阐述科学的主题。而教育的全过程，也是遵循此规律的。0—13、14 岁（学前及小学阶段）是浪漫阶段，儿童学习的主要内容应该是艺术、故事、诗歌、交往等等，强调兴趣、感受；14—18 岁（中学阶段）是精确阶段，强调培养学生的分析、理解、归纳等思维能力，重要的是专注、速度以及思维品质的训练；18—22 岁（大学阶段）则是综合阶段，学生一方面要学习并形成基本素养，一方面要围绕若干主题进行自由探讨，形成主动学习的能力并能够积极运用所学到的知识，养成良好的思维习惯，成为具有创造力的人。

而新教育课程中，儿童课程侧重于浪漫，是诗意的，以丰富儿童生命、构筑智力背景为目标，是感受性和主题性的；而理想课堂则侧重于精确，是强调思的，意在挖掘知识的伟大魅力，让学生系统地掌握知识；这两个课程相辅相成，不断地达成综合，即让师生过一种幸福完整的教育生活。不但如此，知性阅读，也遵循此规律。例如面对一本书籍，浪漫阶段是指感性阅读阶段，熟悉主要内容，对书籍有初步的把握判断以及整体感受；精确阶段是指知性阅读阶段，通过批注、咀嚼、对话等方式，熟悉本书的结构、主题、概念以及基本逻辑；综合阶段是指能够在反复的理解运用中，运用书本中的知识解决问题。而面对一节具体的课，浪漫阶段是指对文本的整体感知，精确阶段是引导学生进行文本细读，综合阶段是指在文本细读的基础上回到全文，综合运用从文本中获得的知识理解和解决另外的问题。

可以说，每一首诗的学习，每一堂课，每一门学科，甚至人的一生，都是由这三个阶段不断交错重叠着的，教育就应该是这样一种不断重复的循环。怀特海在《教育的目的》一书中这样说道：

　　生命本质上是周期性的。它包括日的周期，如工作和娱乐的交替，活动和睡眠的交替；季节的周期，它规定了学校的学期和假期；此外，还包括四季分明的年的周期。这是一些任何人都不能忽视的十分明显的周期。生命中还有一些更微妙的涉及智力发展的周期，它们循环往复，但是每个循环期总是各不相同，尽管每个循环期中都会再次出现从属的阶段。所以我选用了"有节奏的"这个词，它的基本意思是，在一个重复的结构中不同阶段的传送。忽视智力发展的这种节奏和特点是导致教育死板无效的一个主要原因。我认为黑格尔把发展分成三个阶段是正确的，他称这三个阶段为正题、反题与综合。不过，将黑格尔的这一概念应用于教育理论时，我认为他的这些术语不能很恰当地引起人们的联想。说到智力的发展，我要用浪漫阶段、精确阶段和综合阶段来描述这一过程。

　　浪漫阶段是开始领悟的阶段。人们所讨论的题目具有新鲜的活力；它自身包含未经探索的因果逻辑的关系，也以丰富的内容为探索者提供了若隐若现的机会。在这个阶段，知识不受系统的程序支配。这种系统是为特定目的逐渐建立起来的。这时我们处于直接认识事实的阶段，只是偶尔对事实做系统的分析。从接触单纯的事实，到开始认识事实间未经探索的关系的重要意义，这种转变会引起某种兴奋，而浪漫的情感本质上就属于这样一种兴奋。譬如，克鲁索仅仅是一个男人，沙土不过是沙土而已，脚印不过是脚印，岛屿就是岛屿，欧洲是人类忙碌的世界。然而，当你突然认识到与克鲁索、与沙土、与脚印、与欧洲隔绝的荒岛有关的隐约可见的种种可能性时，你就会产生浪漫的遐想。我在说明这点时不得不用一个极端的例子，以便使我的意思明确无误。但是，我把它看作是代表发展循环期中的第一个阶段的象征。从本质上说，教育必须是将已存在于大脑中的活跃而纷乱的思想进行有序的排列：你不能教一个空洞的头脑。当我们构想教育时，往往容易将它局限于循环期的第二阶段，即精确阶段。但我们对教育做这种限制必然会对整个教育问题产生错误的想法。我们应对大脑最初具有的活跃纷乱的思想、对掌握精确的知识以及对随后取得的成果都给予同样的关注。

　　精确阶段也代表一种知识的增加和补充。在这个阶段，知识的广泛的关系居于次要地位，从属于系统阐述的精确性。这是文法规则的阶段，所谓文法，是指语言的文法和科学的基本原理。在这个发展阶段，要使学生一点一点地接受一种特定的分析事实的方法。新的事实不断增加，但这是一些适合于分析的事实。

显然，如果没有前面所说的浪漫阶段，精确阶段是无结果的：如果对事实的一般规律缺乏模糊的理解，前面的分析就是一种毫无意义的分析。它不过是一系列关于单纯事实的无意义的陈述，是人为制造出来的，没有任何更多的意义。我要重复一遍，在这个阶段，我们并不只是停留在浪漫阶段产生的种种事实的范围里。浪漫阶段的事实揭示了可能具有广泛意义的种种概念，而在精确阶段，我们按照有条理的顺序获得其他事实，从而对浪漫阶段的一般内容做出揭示和分析。

最后的综合阶段相当于黑格尔的综合。这是补充了分类概念和有关的技能后重又回归浪漫。这是结果，是精确性训练始终追寻的目标。这是最后的成功。我担心我对明显的概念做出了一种枯燥无味的分析。我必须这么做，因为在下面的评论中，我预先假定我们对由三个阶段组成的循环期的基本特点已有清晰的概念。

教育应该是这样一种不断重复的循环周期。每一节课应该以其自身的方式构成一种涡式的循环，引导出它的下一个过程。而较长的时间则应该得出明确的结果，以形成新循环周期的起点。我们应该摈弃这种观念：为教育确定一种不现实的遥远的目标。如果教师在满足学生有节奏的渴望方面恰到好处地起激励作用，学生一定会不断地为某种成就而欣喜，不断地重新开始。
教师专业发展，必然会经历一种"浪漫—精确—综合"的有机过程。

一　浪漫时期

浪漫时期是专业发展的第一个时期，即指教师感性地、直觉地、自发地进入教育场景，进入课堂，进入学科，进入师生共同构筑的世界。这一时期有三个特性，即丰富、惊奇和热爱。丰富有多种含义，一方面是指生活本身的丰富，即全身心地感受教育生活的方方面面，而不是充当旁观者，将职业视为自身存在的他者。教师所遭遇的一切挑战，无论是成功还是失败，都在丰富自己的教育生活，成为专业发展的重要资源。另一方面，是指学习内容特别是阅读的丰富，例如对一个语文教师而言，这个阶段可能就是大量阅读文学作品并与学生分享感受的阶段。当然，不仅仅文学，哲学、艺术……人类所创造的许多领域都可能被广泛涉猎。之所以能够如饥似渴地涉足众多的领域，源于对世间万物的好奇或者说惊异。当然，对教育生活本身的惊异居于核心地位，或者说与对生活本身的惊异密不可分，这种惊异，乃是创造力的源泉，是探询教育奥秘的原初动力。所有这一切源于，并且最终形成对于职业的热爱。

因为热爱与好奇，教师对学生，对教育本身有一种自发的拥抱。此时，学生也好，学科也好，往往是以不可分割的整体出现在教师的视野中，是具体的而非抽象的，情感的而非理智的，完整的而非割裂的。请大家回忆一下初次做教师时的情景吧！无论是学生还是教材，都让我们充满了好奇之心。尽管还缺乏专业的教育学心理学知识，但我们对学生诚心以待，关怀每一个活脱脱的生命。我们与学生之间建立起了牢固的友谊，彼此信赖。我们或许还不清楚课程理论，但我们倾尽了所有的积蓄，全力以赴，尽可能地让课堂变得生动活泼，将自己对知识的热爱倾注进教材之中。一个诗歌爱好者，可能会在课堂上大量地教给学生诗歌并分享自己的生命体验，而全然不会认为自己是在创制课程。

在这一时期，理想的教育生活，应该像一个童话、一首诗、一件艺术作品，它是感性的、美好的、纯粹的。

在这个阶段，要提防的是"贫瘠"。许多人在专业发展过程中遇到的最大的瓶颈，是浪漫时期涉猎太少，视野太窄，甚至连生活也单调贫瘠。这种单调贫瘠的一大后果，可能是最终丧失了对于事物的惊异，丧失了在职业领域的好奇心，甚至丧失了对教育的热情。而一旦缺乏了丰富、好奇以及热情，专业发展便深受限制，并且很容易迷恋简单的训诫技术。现在许多教师专业发展的困境便根植于此，这是一种非常可悲的状况。

最后，特别需要补充的是，事实上，整个职业生涯之前的所有求学时期，从小学到大学，对专业发展而言，均属于浪漫时期。

二　精确时期

经历浪漫时期之后，如果发展顺利，或者因为某种契机（危机、遭遇、外在压力等），教师会步入专业发展的第二个时期，即精确时期。

其实教师专业发展，主要是指这个阶段。"专业"从某种意义上，就是精确的意思。

在精确阶段，原来只是朦胧的感受与把握的内容，现在逐渐变得清晰起来，原来成为一个整体的，现在逐渐分化细化。一个处在浪漫时期的教师，可能只是凭着对儿童的朴素的热爱以及推己及人去教导儿童。步入精确时期以后，他可能需要进一步理解任何一个活生生的儿童究竟意味着什么。例如他可能涉猎儿童发展阶段理论（精神分析理论、格式塔理论、人本主义理论、行为主义理论、认知主义理论等），并反复演练，力图掌握一些基本的理解和解决儿童问题的方法。如果他同时是一位语文教师，他也将不再只凭借着自己对于教学的热爱或者文学青年的背景去教授自己的学科，而是要系统地阅读学科课程理论和学科教学理论，从王荣生等专家那里去汲取营养，更好地理解自己的学科以及教学。总之，教育教学的方方面面，都要努力进行精确的理解与把握。

因此专业发展，是一个辛苦的修炼过程。渴望专业发展的教师，必须穿越许多理论，才能够最终清晰而深刻地把握教育，理解自己的学科。

在这个阶段，要提防的是"狭隘"，或者说是单眼理性。所谓单眼理性，是指在阅读了某一种理论后，便言必称该理论，以为该理论能够解决一切问题。有人打比方说，手里拿了一把锤子，看什么都是钉子，就是指这种只会用锤的方式去理解和把握世界的状况。例如读了精神分析学，看什么问题都从性压抑的角度考虑，而全然不考虑问题本身、问题背景甚至文化差异。又比如，王荣生教授的语文课程理论切中了目前语文教学少慢差费的要害，是目前语文课程领域最杰出的研究，于是有一些盲目的信徒，便言必称王荣生，只看到教学目标、教学内容，忽略了语文课堂上还包含了更复杂的东西，比如师生关系、课堂气氛、文化背景等等。这种只顾一点，不计其余的思维方式，便源于狭隘的单眼理性，这样的专业发展，便是狭隘的专业发展。

防止狭隘专业发展的方法，首先是要意识到，一种武器只能解决一类问题，不可能解决所有问题。因此针对不同的问题，需要发展不同的武器，专业发展就是要尽可能修炼多种武器。二是要对具体问题始终怀有一种现象学姿态。所谓现象学姿态，就是要充分认识到问题本身的复杂性和整体性，灵活地寻找解决方法，而不拘泥于某套系统或者某种武器。

三 综合时期

综合时期是专业发展的第三个时期。达到这一阶段意味着，教师已经形成了自己的比较自觉的教育哲学，拥有了自己的默会知识，能够合理地解释和解决教育生活中的大部分问题。

这意味着，经过浪漫期的大量积累，经过精确期的专业训练，教师已经形成了新的专业本能。所谓专业本能，是指教师形成了自己行动与思考的程序。就好像经过专业训练的医生或者消防队员，在面对病人或者燃烧的建筑物时，会不假思索地采取行动，但这种行动，是非专业人员无法进行的。一个教师经过长期的教育学、心理学以及学科学习的训练之后，也会在一定程度上达到自动化水平，会对学生问题、学科问题迅速做出鉴别及反应，这是专业发展的最高境界。

在这个阶段，要提防的是"封闭"。也就是说，学无止境。新的情境，新的或许更好的理论不断涌现，要始终保持开放的姿态，不断地丰富、加深以及修正自己的教育哲学。开放的表现是面对问题不断地寻求更为合理的解释，即寻求合理性，并且有勇气扬弃。而封闭的表现则是将自己的教育哲学合理化，放之四海而皆准地应对一切问题。许多教师过早地自我封闭，以一套固定的程式，多年不变地应对学生问题以及教学问题，即是一种综合期的封闭。

用禅宗中的话来讲，看山是山，看水是水，这是浪漫时期；看山不是山，看水不是水，这是精确时期；看山还是山，看水还是水，这是综合时期。贯穿这三个时期的，是思，这三个时期，也可以视为思的不同阶段。

值得注意的是，"浪漫—精确—综合"作为一种发展的有机过程，并不是一种简单的线性的或者更迭出现的过程，而是比较复杂地交织在一起。每一个阶段，其实同时又都包含了"浪漫—精确—综合"这一过程，每一个大的阶段中，同时包含了若干小的有机过程。因为这一过程，乃是基本的认知过程。浪漫时期意味着对事物的整体的初步的直觉式的把握，但这个过程必然马上会部分地进入精确，认识就这样循环不已地向前发展。无论是浪漫时期，精确时期，还是综合时期，均贯穿职业生涯始终。

另外，这三个时期或者说阶段，并无高下之分。有些人过早地进入封闭的综合时期，反不如另外一些人始终处于生机勃勃的浪漫时期。理想的专业发展路径是，拥有足够丰富的浪漫时期，并能够进入足够清晰和深邃的精确时期，最终进入足够丰富和开放的综合时期，形成足够卓越的专业洞察力和解决问题的能力。

如果回到上一节三种类型的教师的比较，我们会发现，文青型教师拥有强大的浪漫期，而理论型教师则只是处于狭隘的精确期。而通常情况下，文青型教师的教学能力远胜于理论型教师，也足以看出对于知识乃至于生命本身的浪漫感受是何等重要。此外必须特别指出的是，无论是对语文教师还是非语文教师而言，大量文学作品的阅读都是相当重要的。因为一个人的生命，首先应该是文学的，优秀的文学作品里，包含了我们生命的全部的密码，而这些将会成为你终生理解教育，理解儿童，理解自我的基础。

由浅入深的专业发展阶梯

许多渴望专业发展的教师，在真正进入专业阅读之后，却时常陷入茫然。能读懂的书往往不够专业甚至没什么用，真正专业的书籍却常常无法读懂，这种状况，经常导致对专业书籍的轻视或畏惧。如果说专业发展好比登山的话，那么不同的台阶，可能意味着不同的书。攻克任何领域，必定要经历一个由浅入深的渐进过程。

我们可以将专业书籍粗分为五类。

第一类是案例型书籍。案例书籍呈现丰富的现象，往往是一线专家型教师活生生的教育教学实践，很适合入门阅读。在这类书中，读者看到的不是被剥离了教育情境的抽象的理论，而是理论在实践中的运用。许许多多的班主任工作手记，名师课堂实录等，均在此列。这些书籍很适合处于浪漫时期的初任教师阅读，他们可以直观地感受到优秀教师是如何教学以及做班主任的，从中找到自己的榜样。然后从模仿入手，逐步寻找自己的教育教学方式。

第二类书籍是经验型书籍。经验型书籍是优秀教师对于自身教育教学经验的总结，也比较适合浪漫时期阅读。这种经验，即使从理论上有所阐释，也不是严谨的学理阐释，而是随想式的，散文化的，具有丰富的进一步阐释的空间。此类图书中的极品，首推苏霍姆林斯基的《给教师的建议》一书。优秀的经验型书籍，既能够增加对教育教学现象的敏感以及理解，也往往为进一步的理论研读提供了丰富的背景，成为可不断阐释的材料。

第三类书籍是分析型书籍，这是精确时期阅读的书籍。这类书籍，往往包含一种或者几种武器并有精当的阐释，例如专门的教育学、心理学书籍，以及对学科核心知识进行清理阐述的书籍。经典的分析型书籍往往需要精读，透彻地把握其要义并通过反复运用掌握书中的基本武器，这是专业阅读的重中之重。

第四类书籍是原理型书籍，这是介于精确时期与综合时期之间的阅读书籍。原理型书籍往往是对某门学科基本原理的概括总结，当然不同的大师会有不同角度的概括。比如皮亚杰的《发生认识论》，杜威的《民主主义与教育》等即属于此类。这类图书的阅读对象往往是专业型教师。

第五类书籍是哲学型书籍，这是综合时期的阅读。其实一切哲学都是教育学，任何学问，如果一直寻根溯源的话，最终都会从哲学这里找到源头。因此最高层次的阅读，必然是哲学阅读，是带着现实问题与哲学大师进行永恒的对话。但因为有了前四类阅读做背景，哲学阅读并不至于玄而空，反而会使前四类阅读变得更为透彻，并因哲学之光的照耀而彼此打通，这是专业阅读的最高境界了。

依此标准，我们不妨设想一下在教育学领域，应该会有怎样的一个阶梯。

阶梯	书目示例
案例型书籍	《孩子们，你们好》、《学校是一段旅程》、《成功无捷径——第56号教室的奇迹》
经验型书籍	《给教师的建议》、《静悄悄的革命》
分析型书籍	《儿童的纪律教育——建构性指导与规训》、《小学课堂管理》
原理型书籍	《教育的目的》、《民主主义与教育》、《教育人类学》
哲学型书籍	一切哲学大师的作品

而在语文本体性知识领域，同样会有一个阶梯：

阶梯	书目示例
案例型书籍	《唐宋词十七讲》、《古老的回声》、名师课堂实录及文学作品
经验型书籍	《诗词例话》、《汉字的魔方——中国古典诗歌语言学札记》、《听王荣生教授评课》

（续表）

阶梯	书目示例
分析型书籍	《诗词格律》、《语文教学内容重构》
原理型书籍	《语文科课程论基础》
哲学型书籍	一切哲学大师的作品

此外，心理学知识、职业知识、人文素养知识、科学素养知识以及其他学科的本体性知识等等，均会有一个由浅入深的阶梯。

我们不妨再假设一下，一位十分热爱教育教学，热爱教师这个职业的师范生，假如他要接受专业发展的指导，从教学生涯的第一天起，就尽可能地少走弯路，那么，在走向卓越的途中，哪些书将穿越他的生命？在这里，我们假设这位教师是中文系毕业生，即将执教小学语文。先要明确的是，这位教师的专业发展，必然是以对日常教育教学的反思为核心，以专业阅读、专业写作和专业发展共同体为路径展开。从阅读总量上讲，这位教师的阅读（必读）将控制在每年 100 万字左右（相当于 10 本薄书）。此外，我们尚不清楚这位教师每跨越一个阶段所需要的时间，因为这取决于他此前的积累、他的资质以及努力程度，包括环境。

一 第一阶段：成长期

惠特曼曾经有这样一首诗：
一个孩子每天向前走去，
他看见最初的东西，
他就变成那东西，
那东西就变成了他的一部分……
其实，对新教师而言，何尝不是如此。失败的师范教育，将越来越多茫然不知所措的年轻人抛到了教室里，许多人终其一生，无非是看着教参和习题集度过，能够看看《读者》或者另外一些流行读物，就已经是好学上进了。他们压根不曾想到，一个人在专业领域，最初的阅读也往往会左右一生发展的可能性。

当我们虚拟的这位小学语文教师步入学校，我们会提供哪些书给他呢？

类别	书名	作者	阅读类型	推荐指数
本体性知识	毛虫与蝴蝶共读书目（36 本）		略读/精读	★★★★★
	大量优秀文学作品		略读/精读	★★★★★
	《唐宋词十七讲》	叶嘉莹	精读	★★★★★
	《名作细读》	孙绍振	略读	★★★★
	《古老的回声》	王富仁	精读	★★★★
	《图画书》	彭懿	略读	★★★
	《听王荣生教授评课》	王荣生	精读	★★★★
	名师课堂实录		略读/精读	★★★
专业知识	《孩子们，你们好》	阿莫纳什维利	共读	★★★★★
	《学校是一段旅程》	特林·芬瑟	略读	★★★★
	《特别的女生萨哈拉》	爱斯米·科德尔	精读	★★★★★
	《小王子》	圣埃克苏佩里	精读	★★★★★
	《新教育之梦》	朱永新	略读	★★★★
	《爱心与教育》	李镇西	略读	★★★★
	《在与众不同的教室里——8 位美国当代名师的精神档案》	李茂编译	略读	★★★
	《今天怎样"管"学生》	李茂编译	略读	★★★
	《成功无捷径——第 56 号教室的奇迹》	雷夫·艾斯奎	略读	★★★★
	《小学课堂管理》	温斯坦	共读	★★★★★
	《优秀是教出来的——创造教育奇迹的 55 个细节》	罗恩·克拉克	略读	★★★★
	《做一个专业的班主任》	王晓春	略读	★★★
	《班主任工作漫谈》	魏书生	略读	★★★
人类基本知识	《教师人文读本》	商友敬等主编	略读	★★★
	《希腊的神话和传说》	斯威布	略读	★★★★
	《圣经的故事》	房龙	略读	★★★★
	《近距离看美国》	林达	略读	★★★
	《青春读书课》	严凌君主编	略读	★★★

成长期最重要的是要保持足够的丰富性，因此大量文学作品的阅读（这

要持续职业生涯始终）尤其是毛虫与蝴蝶重点推荐的共读童书的阅读就显得非常重要。《新教育之梦》是愿景性的，什么是好的教育？理想的教师、理想的学生、理想的教育究竟应该是什么样的？这里提供了诗意的描述。《爱心与教育》的意义，则会让尚在懵懂中的新教师看到，一个教师是如何热爱学生的。而在《成功无捷径——第 56 号教室的奇迹》和《优秀是教出来的——创造教育奇迹的 55 个细节》中，这种热爱则达到了疯狂的地步，并且已经充分展示了课程与方法。这些中外名师们在教室里创造的奇迹，能够给新教师以无限激励。更重要的是，推荐的这些名师们的成功，首先是学生的成功，是教室里的成功，而不是以学生为工具成就自己的所谓名声。而通过《做一个专业的班主任》、《小学课堂管理》这样的书籍，则可以看到具体的教育方法尤其是管理方法。《今天怎样"管"学生》则带有工具箱的性质，可供选择若干具体的技巧。而类似《孩子们，你们好》这样的图书，是真正值得咀嚼的经典，是活的教育学，可供新教师们共读。在成长期，没有艰涩的教育理论，重要的是感受教育的丰富性和复杂性，并从优秀教师那里获得激励，并确立自己一生的榜样。

在学科知识方面，更多的阅读是亲近优秀乃至于伟大的作品。而与文本解读以及学科教学密切相关的书籍中，特别推荐《唐宋词十七讲》以及《古老的回声》，若有兴趣，当然可以顺藤摸瓜，再去阅读叶嘉莹另外几本通俗的诗歌鉴赏著作。在课堂教学方面，阅读或者说研读一定数量的名师课堂实录，是一条不错的路径。在此基础上，精心研读《听王荣生教授评课》，可能会格外有收获。甚至，这样研读这本书是必需的。因为许多名师课堂实录远离真实的课堂，已经成为单纯的表演，若缺乏警惕，可能会将自己的课堂导向错误的路径，变成对形式或者说表演的过度追求，而忘记了课堂乃是传授知识的重要场所，最重要的是发掘知识的魅力。除此之外，再看看《教师人文读本》、《青春读书课》之类的书籍，能够丰富自己的知识背景以及智力背景。

建议订阅三份报刊：《语文学习》、《南方周末》、《散文选刊》。《语文学习》提供鲜活的语文营养；《南方周末》引导关注时事以及对时事的深度分析，有助于开阔视野，提高理解力特别是分析能力，也有助于写作能力的提高；《散文选刊》能够提供最新的美文时文。

这一时期，大约会持续 3—5 年，这位教师就慢慢地走向成熟期了。

二 第二阶段：成熟期

有了前几年大量的浪漫阅读，我们设想这位老师已经能够基本应对日常的教育教学。那么，在接下来的几年中，他要从自发走向自觉，从感性走向理性，还需要阅读哪些图书呢？

我们可能为他设计下面的书单：

类别	书名	作者	阅读类型	推荐指数
本体性知识	大量优秀文学作品			★★★★★
	《汉字密码》	唐汉	略/精读	★★★★
	《简明·连贯·得体——中学生的语言修养和训练》	章熊　缪小放	略/精读	★★★
	《诗词例话》	周振甫	略/精读	★★★★
	《汉字的魔方——中国古典诗歌语言学札记》	葛兆光	精读	★★★★
	《小说家的十三堂课》	王安忆	略读	★★★
	《语文教学内容重构》	王荣生等	略/精读	★★★★
	《巫婆一定得死——童话如何型塑我们的性格》	雪登·凯许登	略读	★★★★
	《永恒的魅力——童话世界与童心世界》	布鲁姆·贝特尔海姆	略读	★★★★
专业知识	《给教师的建议》	苏霍姆林斯基	精读	★★★★★
	《儿童的人格教育》	阿德勒	精读	★★★★★
	《爱的艺术》	弗洛姆	精读	★★★★★
	《三种心理学》	罗伯特·D. 奈	略/精读	★★★
	《西方教育心理学发展史》	高觉敷、叶浩生	略/精读	★★★★
人类基本知识	《儒教》	杜维明	略读	★★★★
	《老子的智慧》	林语堂	略读	★★★★
	《童年的消逝》	尼尔·波兹曼	略读	★★★★
	《大学人文读本》	夏中义主编	略读	★★★★★
	《万历十五年》	黄仁宇	略读	★★★★
	《苏菲的世界》	乔斯坦·贾德	略读	★★★★

成熟期在一定程度上意味着专业阅读走入精确期。在教育学心理学方面，《给教师的建议》、《儿童的人格教育》、《爱的艺术》是三本需要反复

咀嚼的经典读物。《给教师的建议》本身是丰富而浪漫的，这个阶段已经可以比较透彻地把握，使之成为理解教育教学更丰富的基础。《儿童的人格教育》是心理学入门读物，精读此书，是真正专业地把握儿童心理机制的开端。《爱的艺术》则让我们更深刻地思考"爱"的问题，书中关于"自爱"、"父母之爱"、"博爱"等的论述，会成为理解教育中"爱"的问题的新的基础。《三种心理学》对精神分析、行为主义以及人本主义三种最重要的心理学流派有通俗的介绍。《西方教育心理学简史》则既介绍了教育心理学的基本流派以及重要概念，更是一张"地图"，为进一步研读心理学提供了导航。

在本体性知识方面，《汉字密码》几乎是小学语文教师必须要阅读的书籍，只有在深刻理解汉字的基础上，汉字教学才能够真正焕发出魅力，而不是机械僵死；《简明·连贯·得体》是对具体知识问题的详细解析，只可惜此类书尚少；《诗词例话》、《汉字的魔方》都是对诗歌鉴赏常见的概念以及诗歌的语言进行精细分析的作品；《巫婆一定得死——童话如何型塑我们的性格》和《永恒的魅力——童话世界与童心世界》，则是在前面大量童话阅读的基础上，可供进一步理解童话背后的深层意蕴。

在人类基本知识方面，这一阶段，《儒教》以及这一组"世界宗教入门"（还包括另外《印度教》、《佛教》、《道教》、《犹太教》、《基督宗教》和《伊斯兰教》几本小书）是属于典型的"大家小书"，是理解宗教基本知识的很好的读物；《大学人文读本》是目前所能看到的最好的人文读本；《万历十五年》是从另一个视角看历史；而《苏菲的世界》，则可视作哲学入门书籍。

三 第三阶段：卓越期

如果这位教师能够在成熟期真正地理解那些推荐的书籍并运用于教育教学之中，那么更进一步的，他极有可能走向卓越期。这一时期，以下这些书或许是重要的。

类别	书名	作者	阅读类型	推荐指数
本体性知识	大量优秀文学作品			★★★★★
	《人间词话》	王国维	精读	★★★★★
	《中国古典小说史论》	夏正清	略/精读	★★★★
	《金圣叹点评〈水浒传〉》	金圣叹	精读	★★★★
	《给青年诗人的十封信》	里尔克	精读	★★★★★
	《语文科课程论基础》	王荣生	精读	★★★★★
	文学批评类书籍			★★★★★
专业知识	《教育的目的》	怀特海	精读	★★★★★
	《静悄悄的革命》	佐藤学	精读	★★★★★
	《儿童的秘密——秘密、隐私和自我的重新认识》	马克斯·范梅南	略读	★★★★
	《教学勇气：漫步教师心灵》	帕尔默	精读	★★★★★
	《自卑与超越》	阿德勒	略读	★★★★★
	《儿童纪律教育——建构性指导与规训（第四版)》	费尔兹	精读	★★★★★
	《有效的学习型学校——提高学业成就的最佳实践》	杜富尔	精读	★★★★★
人类基本知识	《逃避自由》	弗洛姆	略读	★★★★★
	《第五项修炼》	彼得·圣吉	略读	★★★★★
	《美德的起源——人类本能与协作的进化》	麦特·里德雷	略读	★★★★★
	《〈论语〉今读》	李泽厚	略读	★★★★★

在这些图书中，《教育的目的》中包含了教育中一些十分重要的根本概念，比如"浪漫—精确—综合"以及"自由—纪律"等等；《静悄悄的革命》对当前教室里出现的主体性神话有深入精到的剖析，作者佐藤学走访了数以千计的学校，从细节处生发出许多教学中的根本问题，切中了东亚教学中的许多弊病，值得研读；《教学勇气》则是对自身职业认同的反思检讨，促使我们重新认识教学，认识自我，非常重要；《儿童的纪律教育》比较适合幼儿园以及小学低段教师研读，这是基于建构主义来研究儿童道德教育的著作，丰富的案例和细致的分析均令人赞叹；《有效的学习型学校》则完全立足于学习型学校的建设，是学校管理者特别是校长的必读书籍，有志于建立学习型组织的任何教师也都值得阅读。

《金圣叹点评〈水浒传〉》是古典名著中最好的批注本，可供揣摩文本细读以及批注的方法；《语文科课程论基础》代表了语文课程方面研究的最高水平，为语文课程研究树立了框架，奠定了良好的基础，精读此书，有助于从理论上高屋建瓴地认识语文课程问题，为课程开发提供可靠的基础；《人间词话》是研究诗词的巅峰之作，若要透彻领悟，则需要具备一定的诗词功底和背景。

《逃避自由》是相对通俗但非常经典的心理学名著，其对积极自由与消极自由的精辟阐述，构成了理解这个社会以及许多事物所必需的营养；《第五项修炼》是探讨学习共同体的杰作；《美德的起源》则从多学科的角度，对人类道德问题进行了深刻而独到的探讨；《〈论语〉今读》是《论语》注解中相对比较好的注释本，也值得关注。

当然，如果有足够的水平，一个卓越的教师完全可以不止于此。在教育心理学方面，他还可以继续阅读诸如《民主主义与教育》、《教育的哲学基础》、《教育人类学》、《学习的快乐——走向对话》、《动机与人格》、《后现代课程观》、《复杂性理论与教育问题》、《课程与教学的基本原理》、《课程与教师》、《教学原理》等书，而在语文本体性知识方面，也是学无止境，完全可以继续研习各类批评理论，如俄国形式主义、布拉格学派、新批评、诠释学、现象学、接受理论、读者—反应批评、符号学、后结构主义、解构主义、话语行为理论、心理学批评、原型批评、马克思主义理论和批评、法兰克福学派、新历史主义和文化唯物主义、后殖民主义、女性主义、同性恋理论等等。但是越往高处，阅读者越清楚他要阅读哪些经典书籍，也就不用一一推荐了。

这里所列出的书籍，都具有举例性质。但毫无疑问，最基础的书籍，已经基本被列入了。此外，每个教师还应该根据自己的实际情况拥有自己的"自由书架"，因为阅读是一个无休止的过程，而每个生命，又总是有着不同的密码。

属于你自己的合理阅读路径

一　关于阅读地图和阅读史的讨论

前面列出的，只是一个粗浅的协助理解的模型。事实上，每个教师的专业发展路径都各不相同。理由很简单，即使教同样的学科同样的年级，每个教师的智力背景、生活经历、知识积累、兴趣爱好等都不一样，因此每一条路注定是独一无二的。

新教育实验专业阅读地图，只是一根多功能拐杖，提供阅读模型、阅读理念、阅读方法以及基本书目等，朝哪里走和能够走多远，都取决于阅读者自己，因为每个生命都有自己独特的密码。完全按照模型提供的书籍阅读，肯定不是最佳的路径，因为阅读者阅读哪些书籍，从很大程度上取决于面临哪些问题。

儿童课程是一张阅读地图；教师专业发展也是一张阅读地图。若儿童课程做到高中（少年课程）；专业阅读从师范大学开始考虑，那么它们就联缀为完美教师的一生课程。但儿童课程不止为未来教师计，未来的医生、未来的战士、未来的诗人与农民，都应从此课程中诞生。所以，新教育儿童—少年课程是为未来公民做精神与思维之奠基（作为学科课程之整合和弥补）。

而教师专业阅读地图，则是在此基础上，针对教师职业生涯之意义寻求、人生理解、问题解决而设计。

前面说过，人之一生，可以用"浪漫—精确—综合"来划分为三个相互衔接与渗透的时期。三阶段之间不存在着明晰的区分，而理应是有一个漫长的过渡带。而且浪漫期中事实已经在分化，为精确期的职业选择奠定了选择的基础，且浪漫期的阅读、人际，最终影响终身，哪怕最后的综合大成期，也不能例外。而从选择教育为职业那一天起，也即是步入人生精确，步入寻求教育真谛的道路。悟道之日，就是综合之期。但这个悟不是阅读之悟，这个悟是存在之悟，是实践之悟。

由此，浪漫即指职业前的生命阅读，它使人成为人，既是人类之人，也是独特的独一无二的人。而且这种人的阅读必然向后延续终生。精确期就是特定职业或明确理想的聚焦阅读；综合期就是大成之后的呼吸式阅读。它们既使人成为职业之人，也赋予人有限的一生以最终的意义。

浪漫期阅读，如春风化雨，身处戏中，身在局中，越是痴迷，就越是入境；精确期阅读，如庖丁解牛，目无全牛，出入自如，时而举一反三，时而举三反一，能左右逢源就是正道。综合期阅读，一饮一啄，莫非亲切，读海德格尔不觉其玄深，读民间传说不觉其浅俗。

浪漫期阅读，最忌贫瘠。贫瘠有二义：一是数量不够，二是类型单一。

浪漫期阅读，次忌众书平平，没有哪本曾楔入生命。楔入生命、影响人格精神和思维方式的，即所谓根本书籍。如童年的《丑小鸭》，少年的《射雕英雄传》。

精确期阅读，最忌单眼理性，进得去而跳不出来，只一把锤子，视天下万物皆是可敲之钉，于是鲜花瓷器，无不成为粉齑。精确期阅读最需要辩证之心，正题反题，要总能于整合中分辨其偏颇与合理性。

综合期已属难能可贵，但仍需忌走向理论的合理化，即固守自家理论而视天下其他思想为谬论，最终只是自己抱残守缺。

考虑到当前问题的实际，专业发展项目主要聚焦于浪漫期之弥补和精确期之诊断。

浪漫期，从生命诞生便已经开始。父母语言，周遭文化，无不是最初的阅读。我们的研究发现，"故事"（无论是民间故事还是童话故事）是学前最有价值的生命营养。苟在学前多听故事，后面便会有阅读能力与阅读欲望。而电视则可能成为一种对生命的遮蔽与危害。

最初的阅读，往往与故事相伴。但文字还太硬，以前有连环画，现在则有更优秀的绘本，这些正是阅读渐进的台阶。再后面，或童话，或神话，或民间传说，或古典侠忠义，或金庸古龙者流，或今天的哈利·波特……这些阅读，魂在于一个词："故事"。这些阅读，是人生命原型的最初模型，非常重要，因此也不可不慎。新教育儿童课程，正是在这方面下大功夫。

假如生之有幸，小学便可以进入以故事为主体的整本书阅读，以诗歌（描写、抒情、议论）为主体的晨诵课程，以及整合了科学、历史、乡土等元素，并引发多元自由阅读的各种综合小课程。

　　中学阶段，在学科中科学成分加重，而且科学主要不依赖于阅读，所以除了一些实践综合课程外，完全可以依赖学科教学，只需补充少量优秀读物，而应重于实验操作——整个理科都是这样。但文科不然，整个中学阶段正经历完整的青春期，这个时期的阅读事实上决定了一个人的道德、思维、情趣。所以若画完美地图，则四大名著，当代小说（如《平凡的世界》等），外国浪漫主义时期的小说（如《基度山伯爵》、《简·爱》、《悲惨世界》等大量著作），现代诗歌（如艾青、海子等），正可依据其年龄，一一导入。这个时期，人物传记和历史著作应该占有相当的份额。另外，余秋雨、赵金珊、林清玄、周国平等人的哲学入门书，也正可为后面开出文史哲书单做铺垫。

　　大学阶段，无论何种专业，人学，或者说文史哲、艺术鉴赏等，均不可废。现代文学、文论、影评、时政、宗教、科普名著……这些都应该在大学时期不可或缺。以专业为金字塔之高度，以人文背景为金字塔之宽度，方构成一个人的浪漫晚期及精确初期。事实上，大学结束后的相当长时间内，这些阅读应该延续，乃至终生。

　　一般来说，三十岁之前，一个人应该完成自己的浪漫期。

　　而在二十岁之后，从大学专业始，一个人也应该开始了自己的精确期：选择以何为终身理想或一生职业。

　　新教育教师专业阅读地图中的人文科普板块，一是强调上面所说的一生延续的浪漫阅读，二是为弥补事实上大多数教师在浪漫期的错失。无论教何种学科，于人学，或者说人与自然、人与社会、人与自我的核心问题，都应该读得比较通透。人，总得首先是个明明白白的人。

　　新教育阅读地图把自己所任教学科方面的相关知识称为本体性知识，有其深义。即它希望教师在此方面的修养，能够最终达到"我即某课程"的境界。苏霍姆林斯基也曾论述，一个教师，在所教学科方面的知识，应该是实际所教的数十倍。用冰山理论来比喻，就是所讲所教的那一小部分背后，要有更为宽广的沉潜部分做支撑。教语文者，以语文（字词、名篇章、修辞、文体、文学、文化、精神、思想）为本体；教历史者，以历史（史实和史观）为本体；教数学者，以数学（数理及解题）为本体；带班做班主任者，以学生团队管理为本体……新教育教师专业阅读地图目前于语文一块研究很深，几乎可以说是发现一大宝藏。但这个宝藏，无八年抗战式的漫长阅读，寂寞阅读，只怕最终如人无手，入宝山一遭而空回。

　　而教育一事，教学一事，还需理解何为生命，何为教育，何为教学，何为课程。既需理论式的理解，更需实践性的默会性质的理解。所以，还需有专业特有的阅读。但此类阅读不宜多，更不宜泛。因为教师毕竟不是教育理论的研究者，而是教育理论的使用者。这类阅读难的是找到好理论，要务必避免伪理论、假理论和劣理论，难的还在于找到好理论后内化为自己的生命，成为自己理解、解释、解决教育教学的趁手工具，最好纯熟到随心所欲皆中规矩的程度。

以上，就是专业阅读之精确期的基本结构。用这个理想结构去烛照教师们的阅读史，就能发现诸多问题：如因不能解决眼前的教学问题，病急乱投医，大量阅读流行教育书籍，却不知书写者自己也往往是个糊涂汉，除了文笔优美外，事实上并没有真正解决问题。读这样的书，当然不可能对自己有所帮助。更有甚者，还受误导，把自己的精力从知识上转移开去，过度强调师生关系，结果没有成为问题解决专家，倒成了问题制造专家——因没有能够把学生的兴趣、全部生命导引到知识的魅力中，所以师生间、学生间恩恩怨怨特别多。教师所写，也多半是此类教育言情小说与散文。

总而言之，这个阅读地图的结构旨在让你达到如下几个方面的"理解"：

本体性知识——理解所教的学科（以能发掘知识内在的魅力为准绳）；

心理学——理解面对的学生（既是按照科学和心理学理解儿童，更是同情地理解生命）；

教育学、教育教学实例——理解教育、教学、课程（含义、基本结构、特定方法）；

人学——理解自我、理解生命（意义、使命、职责）。

请记住，这些区分在文学作品中原是全息包含的整体，而在教育实践中，它们仍然是全息包含的整体。所以，文学—专业阅读—教育实践，这三者也构成了一个"浪漫—精确—综合"的循环。

我们的研究发现，现在教师们的阅读结构，主要存在的偏失有：

浪漫期贫瘠症——这是最常见的一种阅读缺失症。因时代所限之故，数十年来教育界的盲目与应试所造成的这种贫瘠几乎是几代人不同程度所共患的疾病。对其他学科教师而言，药方可以是读一读文学作品；但对语文教师或者说文科教师而言，这样是远远不够的。因此这要求在阅读的时间分配上，要以文学经典及解读为重点，唐诗宋词、四大名著、童话神话、现代诗、现代小说……缺哪块就得补哪块，而且要有意识地努力靠近文论、史论和哲学宗教。因为已错过浪漫期的浪漫阅读，建议采取知性方式来阅读浪漫，即用精确态度，来面对浪漫。这样或许能同时实现"修补浪漫"和"扩展知性"的目的。

枯涩的精确症——这是一种身份错位，或扮课程专家，或扮专业心理治疗师，或扮课题研究者。以至或者与实践脱节，或者狭隘地理解实践，譬如只以"语文知识"四字来理解整个语文课程，丧失语文整体的生命力与精神气质。

浪漫过度症——身份错位，停留于文学青年的形象，或满足于小资情调。当教育教学有问题时，习惯于把问题推诿于学生。

偏门深入症——身份错位，错把自己当成某一思想的传教士，或自由民主思想之启蒙，或以基督教文化观否定一切传统儒道思想，或以儒教原教旨主义思想否定西方文明……这种问题和枯涩的精确不同，因为枯涩的精确是走向理论一路，而它是在浪漫期晚期的一种过度聚焦。这种类型容易把教育教学问题归咎于社会及体制。

所以，一个新教育阅读地图（包括童年—少年阅读地图和教师专业阅读地图）就是一张生命的地图。也因此，它事实上既是有明确的文化伦理之诉求的教育学，也是有科学方法的教育理论。它既是一个空间的结构，也是一个时间的叙事，更是一些相互支撑的理念体系。上面文字，论述的重点在于结构和理念，而事实上，这更是一个关于时间（岁月）的叙事，即它不是可以一蹴而就的捷径，它是生命内在的穿越，是生命或者说认知结构不断地自我调整的漫长过程，它和一粒种子长成大树一样，原理就这样简单，但困难的是需要足够长的时间。对生命而言，它唯一拥有的就是时间，它最缺少的，恰恰也是时间。阅读史或者说阅读地图，这个关于时间的叙事，就是为了让你反思一下你以往的刻写与叙述，让你谋划一下今天，乃至今后的刻写与叙述。

教师专业阅读地图，它事实上是对处于任何阶段的教师提出两个问题：

你此刻的生命由哪些书籍与经历写就？

你未来的教育生命如何编织与书写？

（这段关于阅读史与阅读地图的讨论，取自干国祥老师文章，特此致谢）

二 案例：点评水心的《我的阅读史》

按：2009年4月，海拔五千——新教育教师读书会布置了一份特别的年度作业，要求每一名实验者递交一份自己的阅读史，项目组逐一进行了批阅，这是其中的一份阅读史。

通过阅读史来反思自己的阅读，寻找自己的生命密码和职业密码是一种非常有效的方式，建议读者不妨一试。

（作者：水心　　点评：干国祥、铁皮鼓）

我对书的嗜好，似乎是天生的，自小便有"书呆子"的"美誉"。【**干国祥**：为什么有人喜欢阅读，为什么有人不喜欢阅读？这难道真的是天生的？答案其实很简单：并非如此。只要细细分析一下，你总能够找到，一个人何以喜欢阅读。虽然喜欢阅读不是人成为卓越与优秀者的唯一要素，更不是充分条件（只要……就……），甚至也不是必要条件（只有……才……），但是，毫无疑问无论从个人成功率还是整个社群的优秀成功程度来说，热爱阅读都是"应该这样"的教育追求。我们可以从水心这个案例来分析一下，一个人何以爱上阅读，乃至于让人产生一种"天生喜爱阅读"的错觉。这个问题，对新教育儿童课程至关重要。】

可是，沉下心来检点时，却发现真正能影响自己——或者说，真正精读的书并不多。于是豁然开朗：这，也是我们这次活动的意义所在吧？回顾、反思、剖析，是为了更好地上路。所以，今天把它赶了出来，渴盼各位名师的评点，以便"对症下药"。【**干国祥**：这次梳理，寻找"根本书籍"是一个；阅读方法——是否具备"知性阅读"习惯与能力是另一个；面向职业的思考阅读的"结构合理性"是第三个；寻找、发现、体认"生命之偶然与神秘"是第四个；为生命寻找完形意义上的"一生的阅读路径"是第五个。】

因为父亲早逝，我的童年是在外婆家度过的（6岁以前）。那时乡村里没有学前教育，也没人专门带我。两个小姨，一个大我十岁，一个大我七岁，便每天背着我去上学，晚上回家便听外祖父摆龙门阵。外祖父年轻时出去当过伙计，做过鞋匠，又善谈，在那一带颇有名气——所讲的多半是他早年的见闻，也有听来的乡间趣事，传统戏文（外祖父是个川剧迷），中间还夹杂着一些中国传统的"民间文化"（也不知是精华还是糟粕，呵呵！），诸如十二生肖、干支纪年、因果报应等。这就是我最早的文化启蒙。而且，老人家有一个固执的念头：万般皆下品，唯有读书高。这个观念对我影响至深。【**铁皮鼓**：6岁以前，儿童一生的人格发展中的大部分因素就已经被写就了，因为儿童会遇到"最初的东西"，这最初的东西会变成儿童最重要的一部分。外祖父的故事，便是对儿童的最重要的型塑。当然，同样重要的，还有游戏，以及足够大空间和足够长时间的自由探索。我们已经无从判断外祖父的故事对于水心老师的意义究竟有多大，但我们至少知道这种意义不可低估。】【干国祥：故事！民间故事！这就是为什么看似一个人天生喜欢阅读的第一个重要原因。有一个会讲故事的母亲——或者是父亲，或者是奶奶爷爷，是多么重要！而没有故事或者说缺少故事的童年，就是贫瘠的童年。故事，是童年最好的营养。是生命之基，是阅读之基。一定要记住：故事比认字更重要！但这个年龄的特殊性，故事事实上并没有能够真正塑造儿童的道德性，但会影响儿童今后的阅读趣味，并因此而决定一个人的道德、文化倾向。如果故事是安徒生，希腊神话，后面读西方文学就容易上路；如果故事是民间故事，后面读新旧武侠就容易对口。】

【干国祥：一幸童蒙有故事戏剧！】

1981年，7岁，我回到妈妈身边上了小学，一所乡镇的中心校。刚开始读的什么书已经记不得了，因为课外书极少。只有镇上的一个私人租书屋，一本本的连环画，装在木箱子里，整整齐齐的，封面都被撕下来贴在墙上，还编了号（这样的书屋，估计七十年代生的人都会有印象吧），门口则是一排排用木条搭的简易"长凳"。2分钱租一本，不能带走，只能在那儿看。只要一有零花钱，我便直奔书屋。就这样，看完了《岳家将》、《隋唐英雄传》系列，最喜欢的是岳云，一个少年英雄，竟然死于非命，为此大哭了一场。【干国祥：岳云不仅是武艺高强，同时他也含有美丽、高贵的意思，所以此哭耐人寻味。】还有一本关于张海迪的，内容记不清楚了，只记得回家写了一篇读后感，被老师拿到高年级去念，还用毛笔写出来展览，颇感荣光。那时大约上三年级，9岁。【干国祥：重要的不是张海迪，重要的是读后感被老师拿到高年级去念。这样偶然的殊荣，极可能造就孩子一生的追求。可惜有许多孩子，一生就从没有过这样的幸福感，这样值得刻写一生的特殊经历。】还有一本印度电影编的连环画《恩珠萍的遭遇》，讲一位涉世未深的富家少女如何被自己的浪子表哥所骗，离家出走，后来又阴差阳错，终于找到真爱的故事。从此对外表英俊、口若悬河的少年多了一分戒备。【铁皮鼓：连环画是那一代人的"绘本"阅读，主要是情节性的，结构感很强，而且偏重于道德及政治教化。】【干国祥：这应该是女孩子比较会在意的书籍。我们的文化，在阅读之前，通过生活，已经在刻写我们的自我认同，刻写我们的人生倾向。这是更广意义上的一种"阅读"，一种隐性课程。】【干国祥：二幸童年有绘本！】

印象中有几本杂志特别喜欢，《儿童文学》、《少年时代》和《小学生优秀作文选》，从老师那儿借的，每每一拿到便如饥似渴，不知身在何处。常常因为看这些书而误了帮妈妈做家事，挨了不少骂。【铁皮鼓：前两本杂志是真正好的儿童阅读，连环画和这两本杂志，塑造了一个嗜书的水心。作文选是个糟糕的选择，它对人的思维以及写作能力的负面型塑，不可小瞧。当然，被老师用来做形式分析的作文是个例外，但可惜当时只是阅读甚至背诵作文，并非基于对形式的精确分析。】【干国祥：作文选虽然利弊参半，但它也有一个好处：可能让人关注到语言形式。和其他阅读不同，它的阅读目的更明确，更为"知性"，但可惜的是，岂有好作文选，值得阅读哉？岂有真从作文选中，读出卓越者哉？如何从孩子在感性阅读中，有知性的态度与方法，这是一个大问题。这也是新教育儿童课程共读项目中的一个隐含的正在解决的难题。这个知性，包括思想之知性，包括语言形式之知性。】

上六年级时，辗转从本队的一个"地主"家庭的伙伴手中借到一本《孟丽君传》，是评书，章回体的，内容也无非是才子佳人的故事（后来发现已改编成黄梅戏《女驸马》）。因为和以前看的书风格迥异，完全入了迷，翻来覆去读了一个学期。"花开两枝，各表一朵""要知后事如何，且听下回分解"，是印象最深的句子。【干国祥：可不仅仅是因为才子佳人，在众多的才子佳人中为何独独是这一个？因为故事是女扮男装，是才女，是女子本身的成就成功。所以，不要小看这本书，这本书其实是一个神秘的符码。"要知后事如何"句，并不表示已经有自觉的语言形式的注意，而仅仅表示，对这个故事，阅读者是沉溺的，是怀着渴望的。】【干国祥：三幸早期阅读中找到了生命原型！】

尽管贫乏，但和其他小朋友比起来，我的阅读量也算比较大的。最喜欢的是作文课，因为每次老师都要拿我的习作当范文。【铁皮鼓：当初好词好句式的作文，以后要花很多功夫去纠正。这种繁花锦簇般的写作，对真正的写作是一种遮蔽。写作本质上是现象学的，应以朴素真实打底，即《论语》中孔子与子夏对话时所说的"绘事后素"。这里涉及形式与内容的关系，语文老师不可不察。因此积极的意义在于被当成范文这样的事件，这在许多时候比作文本身更为重要。】【干国祥：纵观生命初期，直到整个小学，水心真是非常幸运。一幸童年有质量上乘的故事与戏剧，二幸有大量图书可读，三幸有影响人格精神的"根本书籍"，四幸有青睐相加的老师（此种激励不可小觑）。】【干国祥：四幸阅读得到额外的奖赏并因此得以强化！】

1987 年小学毕业，有幸考取了县城的重点中学，离家三十多里，星期一到星期六都住校。脱离了妈妈的严密监管，又来到了个较为繁华的天地，眼界开阔了不少。自然，书，也偷着看了不少。那时候在女孩子中最流行琼瑶的小说，往往租一本回来便会在一个宿舍里传遍了才还。因为时间紧，有时还悄悄打着电筒在被窝里看。最喜欢书中那些带有古典韵味的诗句，如《在水一方》、《翦翦风》、《寒烟翠》等，不仅摘抄、背诵，还想尽办法找到了原文，并因此迷上了古诗词。【干国祥：多少女孩迷恋琼瑶？几个因此而步入诗词？这是幸运还是偶然？究其原因，或取决于前面的生命质量、阅读质量，或取决于周围人譬如老师的影响。】去年给孩子们讲《蒹葭》时，还放了邓丽君唱的"绿草苍苍，白雾茫茫"给他们欣赏——不过，显然孩子们对此兴致不高。至今仍然认为，对于《诗经》中的这首诗，琼瑶的诠释是最到位的。还有那句"恻恻轻寒翦翦风"，已经深深烙在脑子里，抹不掉了。范仲淹的《苏幕遮》，也是那时候背下来的，并由此背了不少其他的诗词。【干国祥：这真是兴发感动啊。】【铁皮鼓：初中阶段，自然而然地被诗词和偏重情感的小说所捕获，这是青春期的密码所致。人生每个阶段各有任务，能够经由琼瑶而熟悉诗词，形成最初的审美感觉，也是一种幸运。当然，若有人引领，径入唐诗宋词，则洋洋乎大哉！琼瑶的意义，在于使诗词复活。她将本来孤立起来阅读可能不感兴趣的诗词，放在人物悲欢的背景之下，而让读者获得了一种理解。这种理解，当然也是一种遮蔽，因此既让读者走近诗词，倘若无进一步修炼，又易窄化诗词。】【干国祥：此处阅读，琼瑶是少女共性处，诗词是水心由此而独到处。】

暑假到外公家，找不到书看，他便去帮我借，或带着我上门去找。乡村的书籍本就贫乏，那附近几个村的书都被我搜罗得差不多了，大多是一些高中、大学的语文教材，依然读得津津有味。【铁皮鼓：这种精神上的饥渴感非常重要。现在许多孩子，在电脑游戏的包围下，已经失去了对阅读的饥渴感，这是非常可怕的。现在要恢复孩子们的饥渴感，就必须努力发掘诗词本身的魅力。（我不喜欢安意如，但她的意义，或许和琼瑶类似，今日少年可观）】【干国祥：无意之中，浪漫阅读在转换成知性阅读——知性阅读的一个表征就是阅读时需要克服某种困难，要解决某些难题。这种阅读的双重自觉，真是人生大幸。我想到的是贫瘠对生命的赠予。今日的少年因为有电视、电脑，所以便不可能再有这样的深潜。我曾说，寂寞中喃喃自语的孩子有福了，这就是一个例证。这是贫瘠时代的赠予，而在今天这个富裕时代，信息膨胀时代，教育如何用其长避其短？不可不察。】【干国祥：五幸环境贫瘠平庸而生命竟未被同化！既不同化于琼瑶之言情从中升入诗词又不沦于无书的环境而毕竟在努力超拔。】

初二时，和许多同龄人一样，不可救药地爱上了武侠小说。金庸、梁羽生、古龙……可能是"七〇后"青春初期共同的"密码"吧！其中，还是偏爱文字唯美的那种，为《萍踪侠影》里云蕾和张丹枫那带有悲剧色彩的爱情沉醉，为"双剑合璧"所爆发的力量惊异，还有那位"苏武牧羊"式的老祖父……我对历史的兴趣就此萌芽。还有一本《杏花·春雨·江南》，大概是古龙的吧，光是书名就引人无限遐想。这个时期的阅读，仍然是大众化的，只是感悟各有不同而已。【铁皮鼓：武侠非常重要，这种江湖世界，以一种整体的浪漫的方式，将"文化"潜移默化至读者的心中。诗词曲赋、儒道佛禅，俱在其中。它为以后精确期的研读，提供了基本素材以及"前感觉"。而且武侠本质上是"中国的"，这是认识古典世界以及我们自身密码的方式之一。武侠小说中的许多原型，又影响了我们的"生存方向"。】【干国祥：武侠是此阶段少年共性，由武侠而对历史的兴趣，又其独特处。】

上了初三，学习任务紧了，但似乎并没有影响我的"不务正业"。从朋友处偶然借到一本《假如明天来临》，好像是一个 20 世纪 60 年代经常写畅销小说的美国作家写的，内容已经模糊不清了，刚才在网上搜了一下，是西德尼·谢尔顿的，主角叫特蕾西，是一个关于复仇的故事，却出人意料地有一个光明的尾巴。第一次接触翻译小说时的那种震惊，至今依然印象深刻：世上居然还有这样的书！于是便四处搜寻翻译过来的小说，前后看过《飘》和《基度山伯爵》，都是看了又看，沉醉其间不能自拔。【铁皮鼓：这是西方版本的"武侠"。】【干国祥：翻译文学其实已经隐含了一种阅读的挑战，所以这一跳，跳得时机极佳。另外这三本书事实上也具备"根本书籍"的作用。在这里，结合上面的《孟丽君传》，这几本书，一则都是个人成功的书籍，二则里面的男性女性的比例也很恰当。】【干国祥：六幸青春期阅读有质有量人生走向终得暗示与指引！】

至今仍庆幸我没读高中，考入了中师（1990 年）。我们的师范校在另一个县城，规模不大，管理较为松散。因为已经顺利地脱了"农皮"，国家包分派工作，还有生活补贴，许多同学的日子都过得自由而懒散。我依然"不务正业"，天天泡在学校的图书馆里，由着自己的兴趣，读各种杂志。一年级快结束时，偶然在报上看到一则关于"自考"的消息，便和妈妈商量，用那年卖油菜籽的钱买了自考的书籍（汉语言文学），从此彻底改变了以前散漫的读书方式。因为要参加考试，有具体的学科要求，我便"按图索骥"，一本本地照着去读。【干国祥：如果说自考是一种多少有些随从有些盲目与功利的"文凭学习"，许多人虽然没有如水心这般在师范便有些自觉的话，那么后面的这种"按图索骥"则是非卓越者而不能——我可以明确地说，这是一个未来卓越者的重大标记，苟有此念，无论身处何境，必定最终"超越"，就像是生在养鸭场里的天鹅蛋。此心，此种追求，便是"天鹅蛋"。】有许多书名，以前连听都没有听过，到图书馆去一问，居然有！那种狂喜自不待言。就在师范剩下的两年里，我读完了《外国文学作品选》、《中国近现代作品选》中罗列的所有小说，最喜欢的还是《红与黑》，并深受影响（后来我被分到村小而没有沉沦，当与此有关）。【干国祥：我前面已经分析，不止与此书有关，它与一系列的书有关。孟丽君、基度山伯爵、思嘉丽、于连，这里有着一个向上的原型，而且事实上前面的人生经历，已经是一个不断自觉向上的人生轨迹。】还有《古代汉语》中所有要求背诵的内容。因为借书勤，也爱护得好（当然嘴巴也甜），图书馆那位拖着长长辫子的"嬷嬷"特别喜欢我，经常开后门，一借就是三五本。那年暑假，借了满满一箱子书回去，其中就有《古文观止》。现在我能侥幸在学校开门名为"国学"的课，其实全是那时候打下的底子。因为有任务驱动，又年轻，记忆力强，所以背得快。有一个小秘诀，抄在一张小纸片上，揣在兜里，到哪儿都念念有词。有一次骑自行车去同学家，30分钟的路程，居然背下了陶渊明的《归去来兮辞》！这期间还爱上了《红楼梦》，反复看了几十遍，里面的诗词几乎都能背下，有一晚和同学聊这本书，居然不知不觉说了一个通宵！【干国祥：有许多偶然的阅读的价值，往往是要由后面的某个经历来点破它的意义的。我曾说过，这种阅读是埋下种子，但何时发芽，则不大一定。如《古文观止》的阅读，就是如此。假如当年读过佛学或玄学方面的书籍，有可能当时不以为意，但忽然某一天因为工作之需要去打开这方面的书的时候，你会发现，神秘的种子竟然已经在不知不觉中萌芽。并不是所有的阅读，都能够当下萌芽，见到好处的；也并不是所有的阅读，一定能够在此生见到好处的。这属于生命的偶然。对此，相信经典会更可靠一些。】【干国祥：七章图书馆与自考课程为青春谱写独特的华章！】

奇怪的是，这样的为考试而阅读，自己并不觉得苦、烦，反而乐在其中。也因此，我在师范校创下了一个纪录：在中师毕业之前，拿到了自考专科文凭。

【铁皮鼓：中师时期这样丰富的浪漫阅读，让人羡慕！为自考而进行的系统阅读，其实仍然是一种浪漫期的阅读。能够反复阅读《红楼梦》而沉迷其中的人，是很了不起的。这意味着浪漫期在不知不觉地完成一种质变。因为从连环画一直到基度山伯爵，甚至许多外国文学，都是情节性的。四大名著中，唯有《红楼梦》是属于真正意义上的文人原创，更重要的是，《红楼梦》的语言是文人语言而非大众语言评书语言，这是对理解力以及审美水平的真正考验。但《红楼梦》至深，水心到底悟到第几层，就不得而知了。】【干国祥：我敬畏的是这种自觉，这种自觉本身是人生的精确。而自考知识，也属于精确一类，虽然这一个精确不算高明，但毕竟有其系统性。所以至此，水心事实上

已经同时具备浪漫、文学上与人生上的精确、足以影响人格精神的根本书籍的阅读这三者。】【干国祥：一憾处。】

1993年毕业后分在了一个村小，教一年级，包班，属自主式教学。学校里就我学历最高，日子过得闲淡，没什么压力，却也无聊。学校有一个小小的图书柜，里面是"普九"时配的书籍，从没人看，我却如获至宝，空闲时便一本本翻出来。一套普及版的《古代文史名著选译丛书》和一本《唐宋词鉴赏辞典》，不知翻了多少遍。还有路遥的那本《平凡的世界》，为孙家兄弟的命运唏嘘。【铁皮鼓：这几本书都是好书。《平凡的世界》对水心影响很大，从这里可以看出，在经历了丰富的浪漫期阅读之后，因为缺乏导师或者共同体，水心的阅读无法再进一步提升。——否则，名著中有许多书都极有可能成为"至爱"。】【干国祥：事实上，是两个方向的延续，一是知性的专业阅读，二是人格精神方面，继续上面的孟丽君、基度山伯爵、思嘉丽、于连这一路子。这一时期因为环境原因，"数量不多"，但也因为数量不多，故能潜得其深，"不知翻了多少遍"句，于我心有戚戚焉。此种阅读，终身受用不尽。所以这些书中，影响最深的，必定是这本不知翻了多少遍的书，虽然这本书的作用，未必能够在后面的生活中真正体现——因为这需要一种奇特的转换。】【干国祥：八幸极度贫瘠中尚有自主的深入阅读，人格与认知皆得不轻易湮灭！】

四年后（1997年）机缘巧合（参加县"自然"学科赛课得了第一名），我一下子从村小调入了县城的重点小学，开始教自然（专职）。迫于无奈开始读科学书籍，连中学时的生物学教材也被我翻了出来。还有《少年百科知识全书》，想起来挺有意思的，呵呵！不过，也好，让我具备了一些基本的科学启蒙知识，不至于误人子弟。除此以外，这期间的阅读有了一定的规范，因为考上了四川师范大学"汉语言文学"的本科（成教、函授），寒暑假都要面授，平时亦有作业，也是"按要求读书"吧！【铁皮鼓：有些可惜。本来很好的步入科学之门的机会，却没有遇到真正的好书，也因此缺乏对科学读物的饥渴感，文青啊文青！】【干国祥：其实水心还并不是文青一路。皮鼓之叹，或是叹文青知识的单薄，但是前路已经密密写就，此处水心转向自然当然也是一条道路，不过这条道路却可能并不真是生命密码所写成处）。】【干国祥：二憾处。】

但"自然"终非我爱，其间向领导请求了N多次转教语文，未能如愿，常常郁闷。开始接触一些佛教的书籍，喜欢《心经》，简洁，安宁。【干国祥：从1993到2001，没有浪费，但也同样没有抓住时机。《心经》虽然精妙，但当前阅读佛经与《道德经》的人，大多是"附庸型"，于文意其实既不深究也难以深究，此种阅读只是一种远离周边尘世的洁癖，一种追慕另一境界的表现。这也可以解释为何许多小资会喜欢《心经》和《道德经》，但是却并不真正进入知性的阅读中。假如这七八年水心能够在一个良好的环境中，身边或有求知良朋，或有大师指点，那么这本可以是水心穷尽千里目的大好时机。当然，水心在此期间，在函授汉语言本科，这多少是一个弥补，可惜这些教材里，岂有真正的文化点拨哉。我们的中小学校，已经丧失了求知共同体的传统——或者从来就没有过，这一点，不能不遗憾。】

又四年后（2001年），又是机缘巧合，因为准备参加县语文赛课的那位老师突然生病，虽教自然但尚属年轻的我便被拉了壮丁临时去参加语文赛课。也许是天助我也，当时语文教改已起步，"兼容并蓄"却一团乱麻，谁也说不清语文究竟该怎么教，我竟然误打误撞得了第一，并顺理成章地转教了语文——而且，当时全凭自己的直觉设计的一堂语文实践活动课《读李白诗歌 品太白遗韵》竟一路"过关斩将"，得了成都市当年的语文赛课一等奖。【干国祥：别人以为是巧合，从阅读史来看只不过是必然。】【干国祥：九幸峰回路转，人生终于步入自我写定的道路！】

接下来，又被安排兼任学校的"科研"工作，开始接触"课题"、"建构主义"等专业名词。虽然课题最终是完成了，心里明白，其实脑袋里对于"研究"还是糊涂的，只是"依葫芦画瓢"罢了。最大的痛苦是写各种课题研究报告，最大的收获是就此养成了在网上闲逛的习惯：搜集课题资料、去各专业论坛潜水（因为插不上话）。见到了不少能人，眼界因此开阔了不少。于是，不太满足小县城里的"按部就班"了，开始对外面的花花世界心向往之……【铁皮鼓：开始转入专业发展，但可惜的是，路径不对，传统课题研究与教育教学是两张皮，基本上是属于伪研究，因此建构主义之类，便难以得其精髓。论坛的游历，对开阔眼界很重要，更重要的是很容易遇到"尺码相同的人"，从而步入共同体。】【干国祥：伪课题误中国教育不浅，但这个过程中，毕竟有少数人，还真因此悟得建构、研究性学习、最近发展区。而这少数人会是谁？还不正是像水心这样自小有所准备的人？苟无前面的积淀，面对这些词语便只能做抄翁，用剪刀糨糊来解决问题。】【干国祥：三憾处。】

又三年后（2004年），终于下定决心辞了公职，来到成都一所国际学校，当班主任，教语文。校长是一位真正的教育专家，智慧，眼睛有"毒"。在她麾下如饥似渴学了不少"实用"的东西（关于教育、关于班主任、关于语文教学）。这期间的阅读变得更"杂"了：心理学的、教育理论的、课程的、文学的……总之，逮到什么读什么。影响最深的还是那本《给教师的建议》，2005年整整一个暑假，就和这本书耗上了——感觉如醍醐灌顶，字字珠玑。还有蒙台梭利的《有吸收力的心灵》，阿莫那什维利的《孩子们，你们好》——而且，开始站在孩子的角度理解问题，突然不那么容易生气了，感觉我的孩子个个都那么可爱！【铁皮鼓：这一段的阅读，路子很正，效果比较好。真正的原因有二，一是工作的转换带来的压力（是私立学校吧?）会令人开始真正讲求实效的钻研，二是遇到了好校长，相当于有了专家引领。能够花一个暑假"耗上"《给教师的建议》，是非常了不起的，这一方面来源于丰富的浪漫期阅读所带来的思维品质的提升，一方面源于对教育教学实践的真正思考。】【干国祥：十幸转于职业呈现大道，前路再无山丘可以为见障!】【干国祥：这才是我前面所说的良好的共同体，这也是真正的专业阅读。但是切记的是，这样的关于教育教学理论的书，永远不在多，而在透。苏霍姆林斯基、阿莫那什维利、蒙台梭利，这都是真正的教育家，和中国的假冒伪劣产品不同。这三人中得一即大幸，得三而精研，实在是太过丰硕。我这里对"感觉如醍醐灌顶，字字珠玑"句尤其有感触，一来我当年读感即是如此，二来我后来才发现，居然有许多老师读不下此书读不懂此书。此书是一分水岭。】

继续在教育在线论坛潜水，看到什么好书，就想办法搜罗。看完了《苏菲的世界》、《万历十五年》、《教师人文读本》、《社会心理学》、余华的《活着》等。【铁皮鼓：这种弥补很重要，事实上前面的阅读少了人文背景这一部分，这时候正好补一补，而且补的这些书均非常好。】【干国祥：水心大幸运！为何？因为许多步入专业阅读之门的人，也容易犯一个我们当年在认识上犯过的错误，即放弃了本体性学科知识与人文背景的阅读。而事实上，这一块的阅读须是终生为重的。水心这些书名，让我回忆起我的2003年。当年，我也正是踏着这些书，慢慢地朝向源头，朝向人类精神深处的。】

2008年开始关注晨读课程，关注"整本书共读"，一本接一本地为学生、为儿子买童书，自己也看。曹文轩的、彩乌鸦系列、谢尔·西尔弗斯坦的……喜欢《人鸦》，喜欢德国的那群老鼠，让我拨开了以前没感觉到的一些东西，因此明白：童书，也能给成人许多启迪！【铁皮鼓：重新回到童年，但这次接触到的是世界顶尖的童书，既有利于学生，也有利于自己。事实上，最优秀的一批童书，一点不亚于任何世界名著，而且为理解教育又提供了新的素材，我宁可称这些童书为"活的教育学"。】【干国祥：为课程而读，其意义有多方面的。可惜这里水心还是不够"自觉"。为何？因为一来没有成熟的课程形态可资直接借鉴，二来没有能够将所有知识打通。事实上，再向前走一步，就能够进入几个领域融会贯通的境界。这时候，童书不童，玄学不玄，在课程中，一切如草木般自然。】

今年年初正式申请加入新教育实验教师专业发展群，眼前出现了一个完全不同的世界：还有这样一群人，在一同读着这样一些书！师范时踏进学校图书馆的那种感觉又回来了，开始在当当网上狂买，一有空闲便开始"啃"，在Q群上听各位的高论，似懂非懂，但却为我指出了一个新的方向：读书，原来不只是读"闲书"才可以这样非功利地读、还有人陪着你一起读。于是，在网上下了订单，便开始盼望书到的日子……【铁皮鼓：或许这是一次转机（因为我不晓得能够坚持多久），意味着真正地进入一种反思的阅读。书写阅读史，本身就是反思的开端。此后每一次的阅读，将有可能站在阅读史、当下教育教学、自我生命特征、核心优秀专业图书的交叉处。更重要的是，将有可能开启一种阅读的革命，这种革命，是以知性阅读和实践性阅读为特征的。】

因为急着交卷，阅读地图还没来得及做出来。还显得有些啰唆，倾诉的欲望太强，见谅！呵呵！【干国祥：此一阅读刚刚开始，还不能撰写呢。苟无时间隔开岁月，我们便看不到真相。专业阅读，也并不是没有凶险。呵呵。】
【干国祥：悬而未决处。优秀已然，卓绝可期。成家不难，成大家难。】

铁皮鼓总评：

水心老师的阅读史，相当的丰富。在童年期有外祖父的影响，职业期又遇到了专家校长，别人陷入应试之中的时候她又在中师，种种机缘合在一起，使她的浪漫期特别丰富，而且有一定的品质。

当然，这还不是理想的浪漫期，这是时代局限，个人也无可奈何。

水心老师列举了三本对她而言非常重要的图书：《红与黑》、《平凡的世界》以及《给教师的建议》。这三本书中，前两本类似于奠定生命和思维的根本书籍，后一本则是奠定职业的根本书籍。我之所以说类似，是我感觉到其实可能并无从根本上影响水心的具体的某一本或者几本书籍。之所以与《红与黑》、《平凡的世界》特别投缘，真实的原因可能是水心骨子里和于连以及孙氏兄弟一样，有一种不甘平庸、超越自我的生命趋向。这种生命姿态很重要，也是这种趋向，使她不断地脱颖而出，甚至辞掉公职。

从根本上讲，水心老师恰恰是缺乏根本书籍的。这是因为她太过于如饥似渴地阅读，走得太快，缺乏在一些重要书籍上真正的"逗留"，换言之，缺乏一种钻研性质的阅读。研读《给教师的建议》是一个良好的开端。

那么，接下来应该怎么走？我的建议是，一方面补足人文科学类阅读，另一方面步入专业精确期。人文科学类阅读也不必泛泛而读，可从与教育最切近的书籍开始阅读，例如《童年的消逝》之类图书，另外对科学也宜涉及一些，如《爱因斯坦的圣经》之类。专业精确期从"相约星期五共读"系列入手，案例、课例以及专业阅读同步进行，对要害的书籍进入深入钻研，如《儿童的人格教育》、《听王荣生教授评课》（甚至《语文科课程论基础》）、《教学勇气》等。

最重要的是，尽可能从实践入手专业阅读，而不能以储备性阅读为主。假如你在开展新教育晨诵课程，可以紧紧围绕晨诵课程来开展相关的阅读，这涉及选诗，阅读相关的诗人传记、背景材料，以及研读诗歌鉴赏类书籍，还包括通过网络研读成熟的晨诵课程，阅读有关晨诵的相关理论材料和案例。这种以课程为中心的专业阅读，是效率最高的专业阅读。其他诸如读写绘、整本书共读包括课堂教学等等，也是如此。任何一个课程，都是一种全息的实践，不但涉及本体性知识，还会涉及教育学、心理学诸内容。如果只是热心于阅读，却疏于课程或教学，就不利于专业发展。错误的阅读，有时候会让人丧失行动的勇气，而对教育教学而言，首要的是付诸行动。

不妥之处，请大家指正。

2009 年 4 月 6 日　星期一

干国祥总评：

水心的阅读史，是我本次点评中，"自我塑造"意识就整个人生来说，最为自觉的一个。如谟祯①于童年有错失，秦政于青年有错失，开东得其诗意失其诗意，寂寞长跑结构合理但丰硕略有不足，花楸树起点极佳但路途还远却已现出结构偏颇，淡墨至今未明历史教学职业之"天命"……

在整个阅读中，我梳理出几条线索。

第一条是精神人格线，这条线索，由孟丽君、基度山伯爵、思嘉丽（郝思嘉）、于连、孙少平兄弟所构成，这几本书，这几个人物，构成了水心的根本阅读，也构成了水心的人格精神之原型。奋斗，向上，卓越，这就是这条线索的密码。

这条线索后的强悍人格，使得水心能够在乡下把高中教材读得津津有

---

① 谟祯、秦政、开东、寂寞长跑、花楸树、淡墨等，均为专业发展实验者。

味，在师范完成专科自考，依据自考教材提示按图索骥寻找原著，完成本科函授……这就是第二条线索，与第一条紧紧交织的知性阅读线索，就上面所提示的这一道路。虽然没有一个极佳的完美的阅读地图，但凭着坚毅，信赖传统，水心硬是在教材中，闯出一条平常人所不可能有的道路来。

第三条，就是其职业之路，村小包班—（自然科获奖）—重点小学的自然学科教师—（语文课获奖）—语文教师—教科研工作与教科研阅读—私立学校与教育名著阅读—儿童课程阅读—专业发展阅读……

当我们把以上三条线索拆开再糅合，就能够发现水心的更多的生命密码。她的奋斗不息，她的向上不止，她的孜孜以求。

若讲生命总有遗憾，就是水心在求学过程没遭遇好的导师，自考以函授，不能代替导师的指点。因此，水心的阅读，虽自觉，虽知性，虽既有浪漫也有精确，但是，经典不够，文史哲的深度与广度不够。此一憾。

二憾就是因为环境所限，在下面小学阶段的七八年，虽不像常人那样白白浪费，但毕竟所得还是有限，既没打开，也没高度提升。好在不甘堕落，总有所获。

往者不可追。

就现在水心的处境来说，是自觉有了，基础有了，起点有了，还需要什么？当然需要足够的岁月，但是岁月不是虚词，这个岁月需要由一个完美的课程来实现。

所以我以为，水心已经达到了可以开发课程的水平，条件已经成熟，一切阅读，可以在课程开发中结合着进行。

一个课程，就是有课程本体知识（如童书课程为童书，晨诵课程为诗词，科学课程为科学）、职业知识（教育学心理学课程形态）、人文背景，以及自己生命的意义追问所组成。水心不妨在这样的课程独创与承担中，步入人生新的阶段。

多么令人羡慕的阅读史，多么神奇的生命。

最适合你自己阅读的书

纵然你有一个一生的阅读计划，但读书，终究得一本一本地开始，而且你很快会发现，自己很难不折不扣地按计划阅读。

因为你无法预测你将会面临的问题。这些问题或许可以分为三类。

一类是当下困扰你的问题。比如你必须命制一份试题，你当然要阅读相关的资料，比如课程标准、考试大纲、教辅资料、与命题有关的专业书籍以及大量试卷等等。再比如你面对一篇具体的课文，假设是鲁迅先生的《〈呐喊〉自序》，你可能要阅读有关鲁迅的传记、评论、鲁迅的思想史、关于《呐喊》一书的研究文章以及若干教案、课堂实录等等。又比如你遇到了一个棘手的问题学生，你又要阅读另外一批书籍，来思考如何处理眼前的问题。这些阅读，是属于应急性阅读，占去了许多阅读时间。

二类是长期困扰你的专业问题。这部分阅读是可以参照本书进行计划的。你知道哪些书籍是重要的，然后按照优先顺序来进行研读。这些书籍往往不是直接作用于当下教育教学的，但是对它们的深刻理解有助于理解当下的实践。这类书籍的研读，是专业发展的核心任务。

三类是与职业认同乃至于存在有关。你为什么站在讲台上？又为什么会感觉到恐惧？你为什么而活着？生命的意义何在？……这些问题带有一定的终极性质，总会有一些人为这些问题所纠缠，职业认同类图书乃至于哲学类图书，可以协助理解这些问题。

总之，每个人面临的具体问题都不相同，每个人对于职业生涯的期许也不相同，加之每个人的生活经历不同，使每个人每时每刻所需要读的书可能也不尽相同。专业发展，从某种意义上也是不断地寻找此时此刻最适合自己的图书。

例如，某位教师遭遇了纪律问题，他也想过许多办法，一会儿苦口婆心晓之以理动之以情，一会儿又声色俱厉枪打出头鸟杀鸡给猴看。结果他发现软也不行硬也不行，不但不行，而且学生还习惯了与他捉迷藏并且乐此不疲。后来又加强了班委会的工作，由班长主抓纪律，结果发现好了没几天，班里的"干群关系"就变得紧张起来，再后来，有的班干部居然和落后分子相互勾结，班里的人际关系反倒变得错综复杂。后来他想，纪律问题，人人有责，于是确立值周班长制度，但是值周班长更不愿意得罪人，结果反倒没人管了。实在没辙，只好培养小间谍，抓典型，请家长，也不能说全无效果，但是他自己在学生中的威信一天天地降低了。

对于这位教师来说，什么样的专业阅读可以给他提供支持呢？

我希望这位教师首先能够暂时放下情绪，仔细思考一下纪律问题产生的根源。在这方面，王晓春老师的书《做一个专业的班主任》可以提供一定的支持，帮这位教师理清思路。但这位教师需要的可能不只是道理，更是具体的解决方案。许多的道理或理论，也只有在解决问题的过程中逐渐理解。这时候，最合适的书或许是美国卓越教师罗恩·克拉克的《优秀是教出来的——创造教育奇迹的55个细节》。之所以推荐这本书，是因为克拉克多年来一直在薄弱学校和薄弱班级执教，他用55条规矩成功地教育了他的学生，是出色的问题解决专家。透过此书，这位教师不仅可以选用或者创造自己在纪律方面的若干条基本规则，而且对这些规则背后的教育理念，也会有深切的感受。这本书，可能就是此时此刻最适合这位教师的书。

但仅有这本书有时候是不够的，这位教师在研读和运用这本书的过程中，可能还会不断地遭遇新的问题。这时候，他不仅仅是需要规则和方法，还需要对纪律问题有更深入的理解。这时候，他可以去看温斯坦编写的《小学课堂管理》或者《中学课堂管理》，这本书会在初步控制纪律的基础上，强调转守为攻，即加强预防性管理，培养学生的自律性和个人责任感。若是小学低中段，还可以进一步研读《儿童的纪律教育》，理解儿童产生纪律问题的原因及对策。

一旦班级纪律大幅度好转了，这位教师还可以继续探索，例如阅读科尔伯格的《道德教育的哲学》，这样一方面有利于了解学生的道德发展水平，另一方面也可以借鉴一些两难问题用于班会讨论。同时，还可以阅读美国明星教师雷夫·艾斯奎的《成功无捷径——第56号教室的奇迹》，这本书是运用科尔伯格道德发展理论进行班级管理的最出色的实践。

在解决这个问题的过程中，这个教师还可以旁涉其他书籍获得一定的资源支持，如从魏书生的《班主任工作漫谈》中偷学一些招数，而《今天怎样"管"学生》则可以当成工具箱使用，里面有不少可以使用的"武器"。

当班级纪律问题成为个别学生的问题时，这个教师的问题，就由纪律问题转成了问题学生诊疗了，这就需要另外的书籍做支撑了。当然问题甚至可能来源于其他方面，例如这位教师可能压根就不热爱教育，他总是将学生视为麻烦，想用简便法门来解决掉这些麻烦。在这种情况下，正是他的这种想法导致了麻烦日益增多。这时候，或许他首先要解决的问题，就不是纪律问题，而是他的职业认同问题。总之在他解决问题的不同阶段，总有不同的书籍做支撑。

又例如，一个学科教师，学生不喜欢他的课程，总有具体的原因，例如，是因为他的课没有吸引力？或者不能提高学生的成绩？或者师生关系出现问题？或者兼而有之？每一个具体的问题，总会有相应的对策以及阅读支撑。

有些时候，直接针对你的某一问题的书并非是最适合你的，因为它或许难度太大，超过了你的理解能力。或许过于理论化很难消化，你需要案例性的书籍，以便在场景中理解。总之寻找最适合自己的书籍，也有一个过程，越是专业化的教师，越知道哪些书籍适合自己。而在这种情况下，最初的选择就非常重要，最初阅读的书籍选对了，那些优秀的书籍会一直引着你寻找另外的优秀书籍。所以，我们非常注重初级阶段的阅读推荐，因为到了高级阶段，阅读者反而知道自己应该读哪些书了。

因此重要的是，聚焦于你的问题。可能你想解决某个问题学生的问题，但你的阅读水平还不够高，王晓春老师的著作可能很适合你。后来渐渐的，你发现王晓春老师的著作，还不能让你更进一步地明白问题根源，从而解决更多的问题。这时候你可能会去阅读阿德勒的《儿童的人格教育》之类的书籍（其实王晓春老师深受阿德勒的个体心理学影响），再后来，遇到更复杂的问题，你发现阿德勒的理论仍然有局限，可能会转而阅读和运用埃里克森的人格理论，这样问题会带领你，慢慢地进入一个专业阅读的序列之中。

当然，你的问题或许并非教育教学问题，而是自身的心情问题或者意义感问题，这时候，能够帮助你解决问题的，或许是梭罗的《瓦尔登湖》、席慕蓉的诗歌，或者某部电影，甚至你需要的不是阅读，而是一场旅游。

在这方面，一个比较严重的问题是，许多教师倾向于逃避问题而非解决问题。逃避问题的方法之一是精神胜利法。例如通过阅读励志类图书来形成虚假的个人镜像，通过错误的自我认识来自欺欺人自我抚慰；或者是崇拜式阅读，追逐教育明星，幻想通过阅读他们的书籍甚至发展与他们的交往。方法之二是转移矛盾，将自己在教育教学中遇到的问题归罪于他人，家长、学生、政府、领导乃至于整个社会制度，都可能成为他转移自己的问题的替罪羊，这类教师天然地对讨论宏观教育问题的书籍感兴趣。方法之三是脱离实践的高蹈式阅读，喜欢讨论抽象的教育理论，因为抽象的词语让他感觉到"安全"，并且容易形成精通理论的"成就感"，而将这些词语种到教室里，才是让他感觉到畏惧的事情。

在关于专业阅读的这五条假设中，假设一强调的是知识结构，或者说注重共时性，强调空间序列；假设二注重历时性，强调时间序列，或者更准确地说是内在序列；假设三揭示一种共性结构，强调外在序列；假设四则强调个体独特性，既是个体的阅读史，也是其教育史；假设五则强调当下性，强调此时此刻的阅读选择。这五条假设，基本涵盖了专业阅读的方方面面，是新教育专业阅读地图的内在骨架。

第三章　根本书籍的研读

据一份资料显示，仅仅在 19 世纪初，人类的知识还以每 50 年翻一番的速度增长。到了 20 世纪初，这一速度变成每 10 年翻一番。20 世纪 80 年代，人类的知识每 3 年翻一番。20 世纪末，人类文明发展的前 4900 年所积累的文献资料，还没有现在 1 年的文献资料多。进入 21 世纪，知识老化速度不断加快。学科与学科之间，界限不断突破，渗透和融合不断进行，大量的边缘学科和交叉学科不断涌现。到目前为止，仅自然科学的类别就已超过 2000 门。

在知识爆炸的今天，一个本科生走出校门两年内，一个硕士研究生毕业三年内，一个博士生毕业四年内，如果不及时补充新知识，其所学的专业知识将全部老化。按照知识折旧定律：如果一年不学习，你所拥有的知识就会折旧 80%。

可以说，从竹简时代到印刷术出现的时代，再到电视乃至于网络时代，知识生产方式的每一次革命都带来了阅读方式的变革。如果说以前是人主动去亲近书本的话，现在则是书本经过各种编织包装主动亲近人的时代。汗牛充栋已经远不能用来形容书籍之多，无论是作者还是书商，都知道，如果一本书不能迅速抓住读者的眼球，那么便只能一出版便大量积压在库房里。因此，书籍写作以及出版的周期大大缩短。新课程伊始，大量有关新课程的书籍包括课案便如雨后春笋般冒出来。研究性学习等浪潮卷过之处莫不如此。"导读"、"详解"、"某某法"、"最好的"……总之是"乱花渐欲迷人眼"，再加了连篇累牍的媒体宣传，形成了图书市场的虚假繁荣。有多少人还愿意花十年甚至一生的时间认认真真地写一本书？

在这种情况下，如何学习？各种速读理论也应时而生。速读当然是现代社会里获取信息的很重要的技巧，但这真的是解决阅读问题的根本方法吗？

谈谈根本书籍与根本概念

《复杂性理论与教育问题》① 中有这样两段话：

> 如同杜尔克姆说得极为出色的，教育的任务不是给予学生不断增多的知识，而是"在他那里形成一种内部的深刻的状态，一种类似灵魂的聚焦的东西，使他不仅在童年而且在一生中朝着一个确定的方向前进。"他清楚地指出了学会生活不仅需要知识，而且需要在学生自己的精神存在中把获得的知识转变为智慧和把这个智慧融入他的生活中。艾略特说："我们在信息中失去的知识是什么，我们在知识中失去的智慧是什么？"这涉及在教育中要把信息转化为知识，把知识转化为智慧；而这样做是根据在本书中确定的目标取向的。（第133页）

> 教育的第一个目标是由蒙田提出的：一个构造得宜的头脑胜过一个充满知识的头脑。
> "充满知识的头脑"的含义是清楚的：在这个头脑里知识被堆积、装满，但不具有一个给它们以意义的选择和组织的原则。"构造得宜的头脑"意味着：与其积累知识，重要得多的是同时具有下述两者：
> 提出和处理问题的一般能力；
> 一些能够连接知识和给予它们以意义的组织原则。（第109页）

也就是说，在现代社会里，爆炸性增长的只是信息，而信息只是一些知识的材料而已。知识则是在信息之间建立联系，对信息加以组织，若无此过

---

① 《复杂性理论与教育问题》，［法］埃德加·莫兰著，陈一壮译，北京大学出版社2004年9月版。以下两段文字引自此书。

程，信息只是一些碎片。但仅有知识也是不够的，好的大脑并不是"充满知识的大脑"，因为知识本身也是彼此割裂的，分属于不同的领域。好的大脑，是能够用适宜的结构将知识组织起来、最大限度地发挥解决实际问题功能的大脑，这种能力，即是智慧。

知识并不是越多越好，信息更不是。机械堆积的知识，往往造就不能解决实际问题的书呆子。而在网络时代，许多人接触到的甚至不是知识，只是大量娱人耳目的破碎的信息。这些堆积的知识和破碎的信息，让人丧失对现象的敏锐和对生活的洞察力，更失去了全面把握问题的能力。而当知识以合宜的方式被组织起来解决具体的问题时，看似用了某一小块知识，其实却有一个宏大的背景。而且正因为有这个宏大的背景，这一小块知识才能发挥最大的功用。

新教育教师专业发展，当然也不是单纯地强调教师必须掌握越来越多的知识以解决越来越多的问题，而是要通过恰当的与生命、生活相关联的阅读，让教师内在形成一种"深刻的状态"，这种状态，同时包含了信仰与智慧。信仰是指教师对自己职业的态度以及自我认同，智慧是指拥有强大的根本能力，能够整合不同领域的专业知识使之成为整体，并使一切知识背景化的能力。

这里面有一种深刻的悖论。教师专业发展，一方面强调对不同领域知识的专业学习，并且越精深越好，另一方面，又始终警惕和反对狭隘的专业化，主张形成强大的一般智能，为解决具体问题构筑丰富的背景。而这个根本能力，主要表现为理解力与行动力，而速读是无法培养起真正的理解力的。

而要形成强大的根本能力，必须排除碎片般的信息以及狭隘的专业知识的遮蔽，恢复对人类根本问题以及各个专业根本问题的思考，并在这些思考之间建立关联。而要恢复对根本问题的思考，必须从五花八门的流行读物中挣脱出来，回归到对根本书籍的研读。

何谓根本书籍？根本书籍，也称原典型书籍，是指奠定教师精神及学术根基，影响和形成其专业思维方式的经典书籍。

根本书籍分为三类：

一是承载人类文明的根本书籍，比如《论语》、《道德经》、《圣经》等。按照《如何阅读一本书》的作者艾德勒的意见，此类书籍，绝对不会超过100本。

　　二是学科奠基之作、代表作和集大成者。这类书籍，勾勒了本学科的框架，对本学科的根本概念有透彻的解释或梳理，这是最重要的一部分。例如，对于修辞学来说，陈望道先生的《修辞学发凡》就是根本书籍；对于语文课程理论来说，王荣生的《语文科课程论基础》就是根本书籍；对于语言学来说，索绪尔的《普通语言学概论》就是根本书籍。还有另外的图书，因为是活的教育学，也在根本书籍之列，例如阿莫纳什维利的《孩子们，你们好》。

　　三是大家小书，即由一流的专家所写的一些通俗易懂又不失深邃，对某一领域概貌及主要概念有清晰把握的书籍。例如杜维明的《儒教》，佐藤学的《静悄悄的革命》，弗洛姆的《爱的艺术》等。因为学科根本书籍有时候难度很大，因此大家小书往往是专业阅读推荐的首选。

　　但是并非所有的根本书籍都在推荐之列，因为专业阅读推荐还要考虑到领域、难度、专业相关性、可读性等因素。

　　不是所有的教师都拥有自己的根本书籍，许多教师终其一生都被流俗所影响，漂浮于词语之中而不自知。因为成为根本书籍意味着这本书构成了你思考教育教学问题的原点与高度，而因为理解力等一系列原因，也并非成为某教师"根本书籍"的图书，一定是上述三类根本书籍。也有教师以二流书籍为根本书籍，这样他的发展就受到了一定的限制。另一种情况是，有些根本书籍太难，而另外的优秀图书可以帮自己更清楚地理解该领域，这种替代性的优秀图书，也可能成为根本书籍。例如，在诗词鉴赏方面，王国维的《人间词话》是属于根本书籍，但此书写得简略，其精髓不容易被理解，而叶嘉莹的《唐宋词十七讲》就可替代而成为根本书籍，因为叶嘉莹承继了王国维的解诗之法，但是更为通俗明白，虽不及《人间词话》之境界，但绝不至于堕入庸俗。

　　根本书籍之所以能够发挥巨大作用，是因为根本书籍拥有良好的结构，阐述的往往是根本问题。特别是，根本书籍中往往包含有少数根本概念，而这些根本概念，乃是人类或者该学科的"基本语言"。或者说，组成合宜的大脑的基本材料，不是普通的信息，就是这些为数不多的根本概念。这些根本概念，既包括每一知识门类中最基本、最重要、最核心的概念，也包括用以组织不同知识门类的知识以解决问题的根本概念。根本概念是我们理解世界、把握知识、解决问题的基本工具，一切具体方法，只是基本工具的反复组合和情境下的运用。教育的发展，是对一些根本概念在新的语境下的强调、排列、阐释和创造。而那些真正卓越的大师，也往往是提供了少数几个根本概念，或者给原有的概念注入了新的内涵。例如在心理学领域，本我、自我、超我、压抑、投射、转移、升华、俄狄浦斯情结等概念之于弗洛伊德，原型、集体无意识、人格面具、阿尼玛、阿尼姆斯、暗影等概念之于荣格，最近发展区等概念之于维果茨基，自卑、超越等概念之于阿德勒，图式、同化、顺应、平衡等概念之于皮亚杰等等。每一个概念的背后，都意味着一个宽广的领域。而这些根本概念的相互编织，就形成了比较完备的认知图式或者说认知结构。若无对根本书籍的透彻研读，教师便无法具备自己经过反思的"根本概念"，便会形成双重概念系统。一是人云亦云的外显概念系统，例如主体性、生成、对话等等，一是自己甚至也意识不到但实际发挥作用的概念系统，例如基于不自觉的行为主义的经验系统。许多教师言说时与教育实践时运用的概念系统不一致，即由此产生，这导致部分教师认为阅读无用。

研读根本书籍，掌握根本概念，然后才能以之为工具，理解纷繁复杂的教育教学现象。

根本书籍的阅读方法：知性阅读

一　同化、顺应、平衡

人类是如何认知事物和理解概念的？

认知心理学家皮亚杰认为，人是通过一种不断形成和完善的内部结构来理解和把握事物的，这种结构被称为图式，是指个体对世界的知觉、理解和思考的方式。所谓认知发展，就是指图式的形成和变化。而这一过程，受到三个基本过程的影响：同化、顺应和平衡。

所谓同化，是指个体对信息（或者更广义地说成刺激）输入的过滤或改变的过程。个体会在感受到外部的刺激时，将之纳入到头脑中原有的图式之内，使其成为自身的一部分。这个过程，就好像消化系统将营养吸收一样，原有的图式因为这种同化作用而不断地被强化。由此可见，外部的信息，并不是"客观地"进入到人的认知结构中的，而是从一定程度上被人的大脑原有的图式所改造，思维障碍即由此产生。所谓顺应，是指个体调节自己的内部结构以适应特定刺激情境的过程。当个体遇到某些刺激，却不能用原有的图式来同化新的刺激的时候，便有可能要对原有的图式进行修改和重建，以适应新的环境，这个过程就是顺应。所谓平衡，是指个体通过自我调节机制使认知发展从一个平衡状态向另一个更高级的平衡状态过渡的过程。当个体遇到新的刺激情境，首先会试图用原有的图式去同化，如果同化成功，就获得了暂时的平衡，如果同化不成功，个体便会做出顺应，即调整原有图式或者重建新的图式，直至达到新的平衡。换句话说，人认知事物或者解决问题，不是对事物或者问题的简单反射（行为主义观点），而是通过自身的认知结构（包括知识结构和思维方式）去把握和处理。这个结构仿佛一张内在的地图，可以迅速对外界的信息进行分类处理，如果地图上有太多的盲点，那么就意味着有一些信息无法进行处理，就会被视而不见或者简单地堆积在大脑中（死记硬背即在此列）而不能加以利用，或者加以歪曲地利用。比如一个教师，便可能无法理解类似"康莱特注射液"、"参芪颗粒"、"复方鹿仙草颗粒"之类的词语，而一个医生，也未必懂得什么叫"最近发展区"。

如果再打一个比方，将人脑视为电脑的话，认知结构或者说知识结构就如同操作系统。或许我们长期使用的是 windows98 系统，这个系统，是在知识相对匮乏和被垄断的应试教育背景之下形成的基于行为主义的系统，它将知行割裂开来，比较强调机械死板的对死知识的训练和掌握，强调对儿童的训诫。而新课程也好，新教育也罢，则意味着另外一套软件，这套软件是基于新的社会背景下对教育的新的理解而开发出来的，代表了人类对教育理解认识的新的高度。但这套软件，却无法与 windows98 系统完全兼容，它需要在 windowsXP 系统下才能够完全发挥作用。如果将它安装到 windows98 系统中，会出现以下故障：一是新软件的功能无法得到完全发挥，只有与旧系统一致的地方才能够发挥有限作用；二是旧系统会以自身的原理逻辑对新软件的某些部分进行改造，使之变形以适应系统；三是有可能因为系统不兼容而造成软件无法使用，系统堵塞，电脑运行速度变慢甚至死机。新课程改革以来，我们在讨论教育时多了许多新的术语，例如主体性、最近发展区等，但是我们的教育教学并未有本质的改变，原因之一，就是因为旧的系统妨碍了我们对这些概念的真正的理解。

但是，掌握根本概念是困难的。

首先，任何概念都是基于背景的，缺乏必要的背景，无法深入地理解概念。背景越深厚，对概念的理解越精透。这种背景，主要是指作者的学术背景，包括哲学观、学术情境，甚至学术经历（有时候还要包括生活经历）等。因此要真正地理解一本书，往往需要许多本书做支撑，而广泛阅读的各类书籍，正是在不断打通的过程中互为背景，共同构筑属于自己的知识体系。

其次，阅读又是一个内化的过程，这种内化，决定了概念不是被存储或镶嵌在大脑中，而是通过对话被吸纳进阅读者的认知结构之中。这种内化的过程，也可以说是生命化的过程。真正的好书是有生命气息的，只有这种生命气息与阅读者的生命相呼应，相补充，相沟通，才能够真正成为阅读者生命的组成部分。

很显然，教科书式的阅读是无法担负起这种任务的，这种阅读视知识为名词，为死物，重视所谓的系统性，将知识箱格化，使之成为可以记忆、运送、存储的东西。这样的阅读所获得的概念，只是可以根据需要随时贴上去的标签，而无法真正对教育教学发挥作用。这往往是一种可憎的被迫的阅读。

二　感性阅读和知性阅读

在现代社会，更为广泛的一种阅读方式是感性阅读，比较少见的是知性阅读。

何谓感性阅读和知性阅读？所谓感性阅读，是指带有消遣性质的快餐式的阅读，阅读者仅凭感觉去感受书中的信息而不加以反思咀嚼。所谓知性阅读，是指带有钻研性质的理解性阅读，阅读者凭借逻辑和已有的经验去理解书中的观点，与书籍反复对话，并以书中的思想对自身经验进行反思和改进。需要说明的是，感性阅读并不等同于通常所谓的泛读，知性阅读也并不等同于通常所谓的精读。无论感性阅读还是知性阅读，都只是一种阅读方式。有知性阅读习惯的人，在泛读浏览中，也能够迅速抓住一本书的核心以及框架并开展对话反思。没有知性阅读习惯的人，即使在精读一本书并大量做笔记，也把握不住书籍的核心精髓，更不用说内在结构。因此感性阅读侧重于一种单方向的片面的接受过程，而知性阅读则强调双向的交流对话，强调阅读者通过自己的理解与解释，对书本中的信息进行一个新的建构。一般而言，感性阅读和知性阅读都是重要的阅读方式，但对于专业发展而言，更应该强调知性阅读，因为只有知性阅读，才能够真正提升一个教师的思维水平，增强他的反思能力。

一个没有经过训练的阅读者和一个经过训练的阅读者相比，前者更倾向于感性阅读而后者则倾向于知性阅读。没有经过训练的阅读者，会更倾向于按照自己已经形成的观念、好恶去接收和过滤信息，会不自觉地受到浅层愉悦感的控制，选择那些"阿谀读者"的书籍。而对于另外一些对自己构成挑战的书籍，则往往会感觉到有些硬邦邦，产生畏难情绪甚至厌恶感。他们阅读或许也是为了解决问题，但骨子里，他们其实一直是在回避问题，拒绝真正地真实地面对问题本身。即使决定去精读一本书，也往往会不自觉地将阅读感性化，并在骨子里自我辩护。倾向于感性阅读的阅读者，会更喜欢阅读方法技巧类书籍，为某某法所渲染的前景所鼓舞，而无视教育的复杂性，更不理解这些方法技巧背后的原理。最终，他没有从根本上解决自己的问题，只是经历了一次又一次的"愉快的阅读"。

倾向于知性阅读的阅读者，往往是那些开放自身，勇于接纳与反思的人。他们知道阅读是对自身原有经验的丰富、优化，甚至是颠覆、重建。如果说感性阅读是在溜冰，轻松愉快，看四周反反复复都是熟悉的景色；那么知性阅读则是在爬山，汗流浃背，但是周围的景物始终在变化，越来越开阔，直至无限风光在"顶峰"。更重要的是，相比于溜冰，登山更能增强人的"体质"（理解力）。在登山的过程中，我们会不断地怀疑自己，会缺乏勇气，甚至会迷失路径，但这一切的犹豫、彷徨甚至想要放弃的感觉，正是登山必要的经历。因此经过知性阅读训练的人，往往能够放弃自我辩护，不把自己的问题与自己捆绑在一起，而是勇于通过阅读不断地对话。与书籍作者——可能比自己更强大的人——对话，既包括批判反思，也包括经过反思之后的自我更新甚至自我否定。事实上，被称为经典的那些作品——无论是文学作品，还是教育名著，都不是可以一窥到底的肤浅读物，要窥得它们的精髓，是务必要精心深思，反复研磨的。我们甚至可以说，一个读者，是不可能从他能够一窥到底的作品中获得多大的教益的。

令人遗憾的是，接受过知性阅读训练的人并不多，大部分人都只习惯于感性阅读，以教书为职业的教师也不例外。当这种阅读习惯带入专业阅读之中后，带来的后果尤其严重。这实际上是一种思维的懒惰，因为拒绝思考而迷信"方便之门"，导致了对大量粗制滥造的流行书籍的信任和依赖。许多针对市场需求开发出来的图书产品（不排除有个别好书）往往不是基于学术考虑，而是过度迎合了阅读者的阅读快感，造成了解决问题的幻觉。不可否认，某些技术型书籍也能够解决某些局部问题，但真正要提高专业能力，依赖的绝不是简单方便的技巧，而是教师本人的理解力、洞察力以及反应能力，而这些能力，不经过深入的思考和艰苦的训练很难获得。之所以产生这种原因，是因为根本书籍的阅读更多的不是同化而是顺应，是对阅读者原有知识结构的打破，而这只有知性阅读能够达到。

通过深入研读根本书籍构筑合宜的知识结构，提升理解力，才是真正的"方便之门"，而一旦能够精透地理解数本根本书籍，便足以为一生的教育教学奠定坚实的基础。

三　怎样训练知性阅读能力

那么，如何训练知性阅读能力呢？

在起始阶段，最有效的方法或许是大量摘抄，反复应用。阅读经典建议养成不动笔墨不读书的习惯，甚至可以考虑用不同颜色的笔，密密麻麻地画出那些真正有着真知灼见的含金量高的句子——你当然可以写下你的感想，但是对于经典来说，聆听是最重要的。你要读得尽可能慢，听清楚作者所说的每一个意思。最后，不妨把画出来的部分输入电脑保存，或者上传到专题帖中——假如你参加了新教育专业阅读项目的话。当一本书这样读过以后，你在实践中，或者在另外的书中遭遇相似的情境，就可以迅速调出来反复揣摩。久而久之，这些文字就会化为你的血肉。这样的阅读，可以将我们从快餐式的阅读中拯救出来。千万不要以为这样的阅读是浪费时间，没有这样的阅读锻炼，理解力很难得到真正的提升。遗憾的是，一些人败给了自己的惰性，他们会因为惧怕改变而自我辩护，并最终放弃知性阅读，沉溺于资讯式阅读。

为什么要强调摘抄呢？许多人都有过这样的苦恼，因为电子时代尤其是网络时代形成的阅读习惯，眼睛无法较长时间地停留在一些语段上，总是很快速地滑过。即使强迫自己停留在一些词句上，思维却无法集中，并且很快让想象的野马跑到另外的地方去了。要记住，专注也是需要反复练习的，而摘抄就是一种非常有效的方法。不要轻易放弃，也不要轻易判定一本公认的好书"没有价值"或者"不适合自己"，除非这本书确实远远在自己的理解力之外，否则你不能轻易放弃。轻易放弃的后果是，你永远无法养成真正的深度阅读能力。

摘抄的另外的好处是，我们很难真正地记住一本书，前读后忘是许多人阅读的苦恼之一，而通过摘抄，我们对一本书的精华会印象更深，也便于日后反复翻阅。

更深入的阅读，则是用心去揣摩一本书的整体结构和主要概念，并清理它们之间的关系。一本真正的好书，总会贡献出一些重要的概念或者结构，要通过反复的阅读找出它们。而找出它们的方法之一，是读懂书的结构，熟悉书的脉络，知道作者想说什么，并且是如何一步一步论证的。你甚至可以编写一本书的提纲，但不是简单地重复目录，而是写下书中的主要观点以及论证过程，这本身就是极好的读书笔记。

更进一步的，我们要努力与书籍对话。聆听是前提，然后写下你的疑惑，写下实践中相关的问题，写下你最深的感受与思考。要坚定不移地相信，以批注的方式与书籍对话，是一种最积极有效的阅读方式和思考方式。你可以写下自己对某个片段某个观点的理解，也可以表达与作者相同或不同的观点，还可以旁涉到你经历过或者听闻过的教育教学事件，或者与其他的书籍相互印证。

为什么批注是重要的？我们常常误以为自己读懂了某些内容，除非你能够用自己的语言表达出来，否则往往并未真正读懂，只是有些朦胧的感觉而已。批注是帮助自己梳理思想的最好的办法之一。

与书籍的对话一开始是艰难的——你甚至怀疑自己压根就缺乏对话的能力，或者自己压根就不适合读这本书（当然，有时候确实如此）。但是，经历并承受这种痛苦，你会慢慢地步入一个新的天地，会通过大量的摘录以及理解，慢慢地能够发出自己的声音。

其实要做好批注并不容易，许多人的批注缺乏对经典的尊重，过于草率地发言，而不是在聆听的基础上认真对话。若有精力，揣摩一下金圣叹对《水浒传》的批注，或者钱钟书的《宋诗选注》及王国维的《人间词话》之类的批注，一定会有许多收获。

最后，最重要的是，你必须与好书进行生命交流。你得问自己：我为什么要阅读这本书？

下面是专业阅读项目实验者西门小醉老师的一段读书笔记：

阅读案例一：

让相遇成为幸福
——我读《教学勇气》之二

"所有真实地生活都是一种相遇，而教学是无止境的相遇。"

在相遇中，我们常常沉默地不说话，安静地无作为，暴躁地失去平静和安定。为什么？是我们不能去做吗？是我们不愿去做吗？是我们每个人心里都有一种对于美好的排斥吗？

帕克·帕尔默告诉我们："我们想要的是符合我们开出条件的

相遇，以便我们能控制结果，以便他们不会威胁到我们关于世界的观点。"原来，是恐惧在封闭着我们，让我们因为它的存在担心着。担心我的观点不是唯一的观点，我的经历不是唯一的经历，我的方法不是唯一的方法。我们惶恐着与不同的真相相遇，在不同个性、不同遭遇、不同观点的冲突里失去自我的认同，失去对于自己思想的肯定，失去自己安定的封闭的生活方式。

这种恐惧无所不及、如影随形地跟随着我们，让我们不能不主动地把自己放在自我的世界里。那样，我们可以安静地、沉默地掩饰自己的不安，麻木地忽视相遇中出现的种种挑战。

我把小 P 叫出来，蹲下来，用手捧起她的脸。她把头低下，不肯看我。

之前，她正不情愿地翻书，故意地弄翻文具盒。听说，上节课还和数学老师顶嘴。

我问她："你告诉我，我认识的那个可爱的小女孩哪去了？王老师特别喜欢听她读课文，可她怎么不读了？王老师特别喜欢她上课和老师对话，怎么看不见她举手了？"

她看看我，眼泪盛在眼睛里，水汪汪的。去年的此刻，我多喜欢她，她语感十分好，句子到她的口里，她总能用恰当的声调自然地表达出适中的情感。她很喜欢和我就一个问题对答，我问，再问，问到最后她答不上来了，她就不说话，看着我笑。

现在上课她也笑，笑得莫名其妙。批评她，她笑，回答不了问题也偷偷笑。我一度发火，却什么也改变不了，最多她把头埋下，像只鸵鸟。

而这时，她的模样很乖巧，很让人心疼，仿佛那些戾气一下远离了。

我问她："什么时候把你的故事告诉我？难过的，开心的都行。"她看看我，不说话。

我把手放在她圆圆的小肚子上，揉了揉，问她："这不胀吗？装那么多的事。"

她笑。然后说："今天下午，我要参加鼓乐队练习……"

"那，明天吧，好吗？"

她点点头。

"我们诊断学生健康状况的方式决定我们提供治疗的方法。"当我们面对这样的孩子的时候，其实只需要温柔地蹲下身子，告诉她你内心里的真实，那么，自有一种温暖会传递。你的心是温热的、敞开的，她的心即使有些冷冷的，也会在相遇的刹那遭遇春天。可是，我们往往不愿意这样做，"我们习惯的诊断方法容许我们靠责备受害者来忽视我们的弱点和无能"，我们把她所有的变化归结在家庭、社会、教学制度、人性发展中。然后，我们叹口气，以一种无可奈何的方式告诉自己：其实，我也没办法。

我们的自我世界本能地认为，我们应该被所有学生喜欢并景仰，当这种完美的自我破碎的时候，为了保持心灵的安慰，责任必然归咎于学生。当我们无力去赢得师生本应该有的亲密关系时，为了保证自我的完整，过错必然转嫁给制度。

这样，我们的世界没有任何冲突，一场因为不同生活方式引发的不同行为之间的冲突烟消云散。而我们，以为可以保持自己的完整。这样的行为背后，我们内心的恐惧正在发笑，是它，成功地导演了这场戏。让它顺利地继续对于我们内心进行统治。"当我们否认自己的状态的时候，我们就会抵制在别人身上看见的任何东西，这些东西能让我们知道我们真正是什么样的和我们到底是怎么样了。"

这样的戏又常常在不同的时间里上演，在不同的"我"身上上演，在我们面对教学时如此，在我们面对同事时如此，在我们面对自我更新的时候同样如此。

于是，我们开始停滞自己："这种对停滞的选择反映了教师所害怕的与学生的分离：因受到顽劣学生制约而彷徨的教师，惶恐地防范着他们的学生，这样就陷入了恐惧的恶性循环。"这种停滞会如瘟疫一样地扩散开来，直到弥漫在我们所有的认知范围里。

我们开始怀疑，开始防范，开始避免，开始失落，开始疲倦。我们忘记了"教学是一面通往灵魂的镜子"，我们的认知态度、交流方式不再归属于灵魂的真诚，而是简单地、冷静地把知识放在一端，学生放在另一端，不需要思考的简单传递，教学失去和生活的联系，成为单纯的外部行为。我们把内心涌动的能量全部放在寻找体制错误、人性差异的现状之上，而忘记了，"我"才是教学生活的主宰。

"而假如我们把致力外部教育体制的改革家的某些能量转到驱除内心恐

惧的恶魔上，我们将在教和学的创新路上迈进关键的一步。我们能通过解读恐惧，用自我知识的力量去克服种种分离性结构。"

帕克·帕尔默告诉我们，这时候我们最需要的是一种勇气，一种敢于冒险的信心，要以标明为"精神的"东西，重建我们联系的方向。

我们要认识我们的自我："首先是内在的，不是外在的，这个家不是我们能够拥有的地方——而且，我们也不会被它拒绝，它不会被偷走。不管我们在哪里，不管我们处于什么状况，不管我们面前有多少障碍，我们总能简单地通过内心世界的转变返回精神家园。""我们置身于兼容'我'之小天地和所有'非我'之广阔宇宙的地方，自由自在。"

我们要明白我们的冲突："分离是我们习惯的生存状态，但是我们在内心里不断有对联系的渴望。""惧怕与渴望的情绪相互依随，同样强烈。""我们付出了种种努力，通过切断联系来保护自己。由于对这种努力的惧怕，人类的灵魂正不断地呼唤联系。"

只有以这样的认识这样的理解为基础，我们才可以找到勇气。而具备了这种勇气，恐惧不会消失，但却不会让我们置身其中，而是在恐惧中得到完善，得到自我重新认同的动力。

当我们恐惧和孩子在知识的探索过程中出现无法预知、掌控的局面时，我们正提醒着自己加快知识结构的拓展和重建，当我们害怕和同事之间出现直面的竞争的时候，我们正在暗示自己课堂技巧和课程理念需要补充，需要完善的现状。当我们恐惧着教学观念的不断更新不断丰富的时候，我们正在警惕自己的提前衰老和迅速地遭到抛离。

我们会很快发现，恐惧带来的不仅仅是痛苦，也会带来满足，带来快乐。

"我们之间存在很大的代沟，但是不管这沟有多宽多险，我都有责任跨过去——不仅因为你们在成长道路上需要我的帮助，而且因为我也需要你们的洞察力和火力来帮助我更新我自己的生命。"

"好的教学是对学生的一种亲切款待，而亲切款待经常是主人比客人受益更多的行为。……教师对于学生的亲切款待产生了一个更亲切款待教师的世界。"

如此，当我们超脱了心灵自我封闭的恐惧而把认识作为爱的形式时，控制我们的恐惧不会消散，但是它会成为我们连接事物、完善自我认知时的促进者和监督者。

这样，我们的教学，我们的生活便会因为每一次相遇而幸福着。

这种阅读，即是一种与生命相编织的阅读。这种阅读中，书是活的，是有生命的，它通过你的灵魂注视着你，让你对自己的日常教育教学时刻保持一种反省。因而，在关于《教学勇气》的最后一篇读书笔记中，西门小醉这样写道——

阅读案例二：

入云深处亦沾衣
——阅读《教学勇气》及其他

看看时间，5月15日23：00，距离我打开书本时已有七天，整整一周。

我得问问自己，一周之中，我得到了什么，困惑着什么？

这算是尾声，但不是一种结束。书本的阅读本就是让更多的疑问出现，然后在更多的疑问中冲击自己固有的思想，寻求一种改变。

读《教学勇气》，我放下了许多书本的阅读，这种放下让我有些自得，因为我觉得在逐步的阅读中，那些曾经让我瞻仰的文字，竟然有些平淡了。我发现我这几年竟然陷入一种曾让我鄙薄的阅读形式中而毫不自觉。

我曾对学生说："别读那些作文选，那些文章都是别人读完经典后书写出的产物。说严重点，你们手中的都是些别人嚼过的甘蔗。"

可我读那些"甘蔗"，竟有好几年了。追究其原因，仍是自我的功利性质造成的。那些书里的技巧是可以现学现用的，那些思考是浅白而可以直接模仿的。它们的存在使我免于追溯源头的辛劳，使我可以省却许多思考的困惑，在一点点自得中建立一个狭小的阅读圈，游刃有余地遨游其中，以为教学的奥妙全部在此。

可我仍旧常常不能解答某些问题，于是，有了专业阅读引领下的第一次真实的、投入的阅读行为。

《教学勇气》给我带来了什么？

对于自我完整和自身认同的理解，让我解决了如何使教学生活

与从容和真实的自己相结合的难题，让我看穿了课堂上许多僵硬的
教学行为及教学中许多痛苦的感觉均来自于"分离"这个概念。

对于恐惧文化的理解，让我明白，克服恐惧唯一的方式是面对
它，并以自己的心灵开放让恐惧不再压抑自己，而是督促自己寻求
自我完整的途径。

对于悖论及整体的认识，告诉我对于事物的感知需要以一种既
此既彼的概念去拥抱，去取得联系。

"共同体"是完整的自我追求更多的同样的自我形成的一种团
体。它既贯穿于我们的教学生活中，也贯穿在我们的教学技巧里。

那么，我又在迷惑什么？

除却几个定义，因为理论阅读的狭窄而无法寻求它的源头和体
系之外，我似乎更多在想：《教学勇气》中提出的这种认知能抗拒
人自身的惰性吗？这样想，我又在否定自己，因为在序言中就提到
过——这本书适合这些教师：他们体验过快乐和痛苦的时日，而且
痛苦时日承受的煎熬仅仅源自其所爱；这本书适合这些教师：他们
不愿意把自己的心肠变硬，因为他们热爱学生，热爱学习，热爱教
学生涯。

可我还是有种模糊的恐惧，人的本性中自带的那些弊病，又如
何克服呢？这样问似乎很幼稚，毕竟书本提供的只是一种理论，而
不能作为一种技巧性质的简单解决方案来运行。

另外，我总在担心，我是不是遗漏了什么？或者因为阅读的基
础问题而导致重要观点的漠视或者冷落。我还在恐惧，我的理解会
不会存在因理论基础的缺憾而导致的浅薄。

这些似乎和本书无关，但又与这本书引起我的投入有关。

我无法排除这些困惑和担心，只能试图如此安慰自己：纵使晴
明无雨色，入云深处亦沾衣。

所以，我又一次清醒地告诉自己：读更多书，让更多的恐惧和
疑惑在书本中消散，在书本中获得清醒的自我。

走入让自己灵魂接受沐浴的云深处吧。

很显然，作为他第一次"真实的、投入的阅读行为"，遭遇更多的困惑
是必然的，而这些困惑，也只能通过不断的"真实的、投入的阅读行为"才

能够解决。当然，新的更多的困惑也会扑面而来，这正是一种典型的知性阅读的过程。

在专业阅读方面，更深的痛苦来自于这样的一种质疑：这本书究竟有什么用？为什么我的教育教学并未因之而改变？事实上，能够现搬现用的书极少。这是因为阅读与其说是为我们的教育教学提供一种方法，不如说提供一种理解。这种理解是一个人最内在的教育灵魂，它和教育之爱一样，是最根本的东西。在高度理解的基础之上，游刃有余的教育实践才有可能发生。

教育是慢的艺术，阅读也是。希望能够通过阅读找到灵丹妙药的人总会感到失望，而持续不断地坚持阅读，不断地提升阅读质量，不断地将阅读与实践相互编织的人，最终才能够从阅读中获得巨大的奖赏。这是一个漫长的旅程，你必须不断地问自己：我是否有信心？我是否真正地热爱教育热爱阅读？

美国学者莫提默·J·艾德勒和查尔斯·范多伦所著的《如何阅读一本书》① 中提供了若干阅读技巧，也可参考，这里摘录其中一些片段，希望对阅读者能有启发：

> 我们为了"理解"一件事，并不需要"知道"和这件事相关的所有事情。太多的资讯就如同太少的资讯一样，都是一种对理解力的阻滞。换句话说，现代的媒体正以压倒性的泛滥资讯阻碍了我们的理解力。（第 8 页）

> 只有一种方式是真正在阅读。没有任何外力的帮助，你就是要读这本书。你什么都没有，只凭着内心的力量，玩味着眼前的字句，慢慢地提升自己，从只有模糊的概念到更清楚地理解为止。这样的一种提升，是在阅读时的一种脑力活动，也是更高的阅读技巧。这种阅读就是让一本书向你既有的理解力挑战。

> 这样我们就可以粗略地为所谓的阅读艺术下个定义：这是一个凭借着头脑运作，除了玩味读物中的一些字句之外，不假任何外助，以一己之力来提升自我的过程。（第 11 页）

---

① 《如何阅读一本书》：[美] 莫提默·J. 艾德勒，查尔斯·范多伦著，商务印书馆，2004 年 1 月第 1 版。以下所引用段落均出自本书。

关于一本书，你一定要提出的四个主要的问题：

（1）整体来说，这本书到底在谈些什么？你一定要想办法找出这本书的主题，作者如何依次发展这个主题，如何逐步从核心主题分解出从属的关键议题来。

（2）作者细部说了什么，怎么说的？你一定要想办法找出主要的想法、声明与论点。这些组合成作者想要传达的特殊讯息。

（3）这本书说得有道理吗？是全部有道理，还是部分有道理？除非你能回答前两个问题，否则你没法回答这个问题。在你判断这本书是否有道理之前，你必须先了解整本书在说些什么才行。然而，等你了解了一本书，如果你又读得很认真的话，你会觉得有责任为这本书做个自己的判断。光是知道作者的想法是不够的。

（4）这本书跟你有什么关系？如果这本书给了你一些资讯，你一定要问问这些资讯有什么意义。为什么这位作者会认为知道这件事很重要？你真的有必要去了解吗？如果这本书不只提供了资讯，还启发了你，就更有必要找出其他相关的、更深的含意或建议，以获得更多的启示。

光是知道这四个问题还不够。在阅读过程中，你要记得去提出这些问题。要养成这样的习惯，才能成为一个有自我要求的阅读者。除此之外，你还要知道如何精准、正确地回答问题。如此训练而来的能力，就是阅读的艺术。

人们在读一本好书的时候就会打瞌睡，并不是他们不想努力，而是因为他们不知道要如何努力。你挂念着的好书太多了（如果不是挂念着，也算不上是你觉得的好书），而除非你能真正开始接触到它们，把自己提升到同样的层次，否则你所挂念的这些好书只会使你厌倦而已。并不是这种开始的本身在让你疲倦，而是因为你欠缺有效运用自我提升的技巧，在挫败中产生了沮丧，因而才感到厌倦。要保持主动的阅读，你不只是要有意愿这么做而已，还要有技巧——战胜最初觉得自己能力不足的部分，进而自我提升的艺术。
（第43—45页）

做笔记有各式各样、多彩多姿的方法。以下是几个可以采用的方法：

（1）画底线——在主要的重点，或重要又有力量的句子下画线。

（2）在画底线处的栏外再加画一道线——把你已经画线的部分再强调一遍，或是某一段很重要，但要画底线太长了，便在这一整段外加上一个记号。

（3）在空白处做星号或其他符号——要慎用，只用来强调书中十来个最重要的声明或段落即可。你可能想要将做过这样记号的地方每页折一个角，或是夹一张书签。这样你随时从书架上拿起这本书，打开你做记号的地方，就能唤醒你的记忆。

（4）在空白处编号——作者的某个论点发展出一连串的重要陈述时，可以做顺序编号。

（5）在空白处记下其他的页码——强调作者在书中其他部分也有过的论点，或相关的要点，或是与此处观点不同的地方。这样做能让散布全书的想法统一集中起来。许多读者会用 Cf 这样的记号，表示比较或参照的意思。

（6）将关键字或句子圈起来——这跟画底线是同样的功能。

（7）在书页的空白处做笔记——在阅读某一章节时，你可能会有些问题（或答案），在空白处记下来，这样可以帮你回想起你的问题或答案。你也可以将复杂的论点简化说明在书页的空白处。或是记下全书所有主要论点的发展顺序。书中最后一页可以用来作为个人的索引页，将作者的主要观点依序记下来。

对已经习惯做笔记的人来说，书本前面的空白页通常是非常重要的。有些人会保留这几页以盖上藏书印章。但是那不过表示了你在财务上对这本书的所有权而已。书前的空白页最好是用来记载你的思想。你读完一本书，在最后的空白页写下个人的索引后，再翻回前面的空白页，试着将全书的大纲写出来，用不着一页一页或一个重点一个重点地写（你已经在书后的空白页做过这件事了），试着将全书的整体架构写出来，列出基本的大纲与前后篇章秩序。这个大纲是在测量你是否了解了全书，这跟藏书印章不同，却能表现出你在智力上对这本书的所有权。（第46—47页）

在检视阅读中，要回答的问题是：第一，这是什么样的一本书？第二，整本书在谈的是什么？第三，作者是借着怎样的整体架构，来发展他的观点陈述他对这个主题的理解的？你应该做一下笔记，把这些问题的答案写下来。尤其如果你知道终有一天，或许是几天或几个月之后，你会重新拿起这本书做分析阅读时，就更该将问题与答案先写下来。要做这些笔记最好的地方是目录页，或是书名页，这些是我们前面所提的笔记方式中没有用到的。

在这里要注意的是，这些笔记主要的重点是全书的架构，而不是内容——至少不是细节。因此我们称这样的笔记为结构笔记。

在检视阅读的过程中，特别是又长又难读的书，你有可能掌握作者对这个主题所要表达的一些想法。但是通常你做不到这一点。而除非你真的再仔细读一遍全书，否则就不该对这本书立论的精确与否、有道理与否遽下结论。之后，等你做分析阅读时，关于这本书准确性与意义的问题，你就要提出答案了。在这个层次的阅读里，你做的笔记就不再是跟结构有关，而是跟概念有关了。这些概念是作者的观点，而当你读得越深越广时，便也会出现你自己的观点了。

结构笔记和概念笔记是截然不同的。而当你同时在读好几本书，在做主题阅读——就同一个主题，阅读许多不同的书时，你要做的又是什么样的笔记呢？同样的，这样的笔记也应该是概念性的。你在书中空白处所记下的页码不只是本书的页码，也会有其他几本书的页码。

对一个已经熟练同时读好几本相同主题书籍的专业阅读者来说，还有一个更高层次的记笔记的方法。那就是针对一场讨论情境的笔记。

这场讨论是由许多作者所共同参与的，而且他们可能根本没有觉察自己的参与。在第四篇我们会详细讨论这一点，我们喜欢称这样的笔记为辩证笔记。因为这是从好多本书中摘要出来的，而不只是一本，因而通常需要用单独的一张纸来记载。这时，我们会再用上结构的概念——就一个单一主题，把所有相关的陈述和疑问顺序而列。（第47—48页）

读者在自己的书房里和一本书进行对话的时候，没有什么可以阻止他去赢得这场争辩。他可以掌控全局。作者也不在现场为自己辩护。如果他想要作者现身一下的虚荣，他可以很容易就做到这一点。他几乎不必读完全书就能做到。他只要翻一下前面几页就够了。

但是，如果他了解到，在与作者——活着或者死了的老师——对话中，真正的好处是他能从中学到什么；如果他知道所谓的赢只在于增进知识，而不是将对方打败，他就会明白争强好辩是毫无益处的。我们并不是说读者不可以极端反对或者专门挑作者的毛病，我们要说的只是：就像他反对一样，他也要有同意的心理准备。不论要同意还是反对，他该顾虑的都只有一点——事实，关于这件事的真理是什么。

这里要求的不只是诚实。读者看到什么应该承认是不必说的。当必须同意作者的观点，而不是反对的，也不要有难过的感觉。如果有这样的感觉，他就是一个积习已深的好辩者。就这第二个规则而言，这样的读者是情绪化的，而不是理性的。（第 131 页）

第一：要求读者先完整地了解一本书，不要急着开始批评。第二：恳请读者不要争强好辩或盲目反对。第三：将知识上的不同意见看作是大体上可以解决的问题。这个规则再进一步的话，就是要求读者要为自己不同的意见找到理论基础，这样这个议题才不只是被说出来，而且会解释清楚。只有这样，才有希望解决这个问题。（第 134 页）

在读者说出"我了解，但我不同意"之后，他可以用以下概念向作者说明：（1）你的知识不足；（2）你的知识有错误；（3）你不合逻辑——你的推论无法令人信服；（4）你的分析不够完整。（第 138 页）

关于实用性的书有一件事要牢记在心：任何实用性的书都不能解决该书所关心的实际问题。一本理论性的作品可以解决自己提出的问题。但是实际的问题却只能靠行动来解决。当你的实际问题是如何赚钱谋生时，一本教你如何交朋友或者影响别人的书，虽然可能建议你很多事，但却不能替你解决问题。没有任何捷径能解决这个问题，只能靠你自己去赚钱谋生才能解决。

以本书为例。这是一本实用的书，如果你对这本书的实用性（当然也可能只是理论性）感兴趣，那你就是想要解决学习阅读的问题。但除非你真的学到了，你不可以认为那些问题都解决，消失不见了。本书没法为你解决那些问题，只能帮助你而已。你必须自己进行有活力的阅读过程，不只是读这本书，还要读很多其他的书。这也是为什么老话说：只有行动能解决问题。行动只能在现世发生，而不是在书本中发生。（第168—169页）

如果你的阅读目的是想变成一个更好的阅读者，你就不能摸到任何书或文章都读。如果你所读的书都在你的能力范围之内，你就没法提升自己的阅读能力。你必须能操纵超越你能力的书，或像我们所说的，阅读超越你头脑的书。只有那样的书能帮助你的思想增长。除非你能增长心智，否则你学不到东西。

因此，对你来说最重要的是，你不只要能读得好，还要有能力分辨出哪些书能帮助你增进阅读能力。一本消遣或娱乐性的书可能会给你带来一时的欢愉，但是除了享乐之外，你也不可能再期待其他的收获了。我们并不是反对娱乐性的作品，我们要强调的是这类书无法让你增进阅读的技巧。只是报道一些你不知道的事实，却没法让你增进对这些事实的理解的书，也是同样的道理。为了讯息而阅读，就跟为了娱乐阅读一样，没法帮助你心智的成长。也许看起来你会以为有所成长，但那只是因为你脑袋里多了一些你没读这本书之前所没有的讯息而已。然而，你的心智基本上跟过去没有什么两样，只是阅读数量改变了，技巧却毫无进步。（第291—292页）

在几千本这样的书里，还有更少的一些书——很可能不到一百种——却是你读得再通，也不可能尽其究竟的。

但是如果这本书是属于更高层次的书——只占浩瀚书海一小部分的书——你在重读时会发现这本书好像与你一起成长了。你会在其中看到新的事物——一系列全新的事物——那是你以前没看到的东西。你以前对这本书的理解并不是没有价值（假设你第一次就读得很仔细了），真理还是真理，只是过去是某一种面貌，现在却呈现出不同的面貌。

一本书怎么会跟你一起成长呢？这当然是不可能的。一本书只要写完出版了，就不会改变了。只是你到这时才会开始明白，你最初阅读这本书的时候，这本书的层次就远超过你，现在你重读时仍然超过你，未来很可能也一直超过你。因为这是一本真正的好书——我们可说是伟大的书——所以可以适应不同层次的需要。你先前读过的时候感到心智上的成长，并不是虚假的。那本书的确提升了你。但是现在，就算你已经变得更有智慧也更有知识，这样的书还是能提升你，而且直到你生命的尽头。

显然并没有很多书能为我们做到这一点。我们评估这样的书应该少于一百本。但是对于任何一个特定的读者来说，数目还会更少。（第293—295页）

根本书籍阅读得失分析

根本书籍的阅读是一个充满挑战同时也充满发现的快乐的过程。为了便于理解，本节分别通过一个节选片段、一对概念、一本书的研读，来呈现知性阅读的特征。

一 《给教师的建议》第一条研读举例

下面是苏霍姆林斯基《给教师的建议》第一条：

1. 请记住：没有也不可能有抽象的学生

为什么早在一年级就会出现一些落伍的、考不及格的学生，而到二、三年级有时候还会遇到落伍得无可救药的，因而教师干脆对他放弃不管的学生呢？这是因为在学校生活的最主要的领域——脑力劳动的领域里，对儿童缺乏个别对待的态度的缘故。

我们不妨打个比喻：让所有刚刚入学的 7 岁儿童都完成同一种体力劳动，例如去提水，一个孩子提了 5 桶就精疲力竭了，而另一个孩子却能提来 20 桶。如果你强迫一个身体虚弱的孩子一定要提够 20 桶，那么这就会损害他的力气，他到明天就什么也干不成了，说不定还会躺到医院里去。儿童从事脑力劳动所需要的力量，也是像这样各不相同的。一个学生对教材感知、理解、识记得快，在记忆中保持得长久而牢固；而另一个学生的脑力劳动进行得就完全不同：对教材的感知很慢，知识在记忆中保持得不久而且不牢固。虽然到后来（这是很常见的事），正是后一个学生在学习上、在智力发展上，比最初学习较好的那个学生取得了大得多的成就。可以把教学和教育的所有规律性都机械地运用到他身上的那种抽象的学生是不存在的。也不存在什么对所有学生都一律适用的在学习上取得成就的先决条件。学习上的成就这个概念本身就是一种相对的东西：对一个学生来说，"五分"是成就的标志，而对另一个学生来说，"三分"就是了不起的成就。教师要善于确定：每一个学生在此刻能够做到什么程度，如何使他的智力才能得到进一步的发展——这是教育技巧的一个非常重要的因素。

能否保护和培养每一个学生的自尊感，取决于教师对这个学生在学习上的个人成绩的看法。不要向儿童要求他不可能做到的事。任何一门学科的任何教学大纲只是包含一定水平和一定范围的知识，而没有包含活生生的儿童。不同的儿童要达到这个知识的水平和范围，所走的道路是各不相同的。有的孩子在一年级时就已经能完全独立地读出和解出应用题，而另外一些孩子直到二年级末甚至三年级末才能做到这一点。教师应当善于确定：要通过怎样的途径，要经历什么样的阻碍和困难，才能引导儿童接近教学大纲所规定的水平，以及怎样才能在每一个学生的脑力劳动中具体地实现教学大纲的要求。

教学和教育的技巧和艺术就在于，要使每一个儿童的力量和可能性发挥出来，使他享受到脑力劳动中的成功的乐趣。这就是说，在学习中，无论就脑力劳动的内容（作业的性质），还是就所需的时间来说，都应当采取个别对待的态度。有经验的教师，在一节课上给一个学生布置两三道甚至4道应用题，而给另一个学生只布置1道。这个学生做的是比较复杂的应用题，而另一个学生做的则是比较简单的。这个学生在完成语言的创造性作业（例如写作文），另一个学生则在学习文艺作品的片段。

在这种做法下，所有的学生都在前进——有的人快一点，另一些人慢一些。儿童完成作业而得到评分时，从评分中看见了自己的劳动和努力，学习给他带来了精神上的满足和有所发现的欢乐。在这种情况下，教师和学生的相互关心与相互信任相结合，学生就不会把教师单纯地看成严厉的监督者，也不会把评分当成一种棍棒。他可以坦率地对教师说：某某地方我没有做好，某某地方我不会做。他的良心是纯洁的，他不可能去抄袭别人的作业或者考试时搞夹带。他想树立起自己的尊严。

在学习中取得成就,这一点,形象地说,乃是通往儿童心灵中点燃"想成为一个好人"的火花的那个角落的一条蹊径。教师要爱护这条蹊径和这点火花。

我有一个朋友伊·格·特卡琴柯,他是一位优秀的数学教师。他谈到自己备课的情况时说:"我周密地考虑每一个学生在上课时将做些什么。我给所有的学生都挑选出这样的作业,使他能在作业中取得成就。如果学生没有在掌握知识的道路上前进哪怕是很小的一步,那么这堂课对他来说就是白费了。无效劳动——这大概是学生和老师可能遇到的莫大的严重危险。"

让我们看看帕夫雷什中学教师阿·格·阿里辛柯和姆·阿·雷萨克的数学课吧。在解答应用题的时候(而解题占用上课的90%的时间),他们所教的班好像分成了好几个组。在第一组里,是学习最好的儿童,他们无需任何帮助就能很容易地解出任何应用题;其中还有一两个学生能够即席口头解答,不需要做书面作业:教师刚刚读完条件,学生就举手要求回答。对这一部分学生来说,除了教学大纲规定的题目外,教师还要挑选一些超过大纲要求的习题:应当给这些学生的智慧以力所能及的、但并不轻松的、要求紧张地动脑的工作;有时候,需要给学生布置这样的习题,使他不能独立地解答出来,但是教师给予的帮助只能是以稍加指点和提示为限。

第二组里是一些勤奋努力的学生,他们能很好地完成作业,是和进行一定程度的紧张的脑力劳动、探求和克服困难分不开的。教师们常说,这一部分学生是靠付出劳动和用功学习而取胜的,他们能顺利地学习,是因为他们勤奋用功和坚持不懈。

第三组学生,能在没有帮助的情况下完成中等难度的习题,但是对复杂的习题则有时解答不出。在他们做作业的过程中,对这些学生的帮助要有高度的教育技巧。

第四组学生对应用题的理解很慢,解答也很慢。他们在一节课上所能完成的作业,要比第二组、第三组学生所做的少一半到三分之二。但是教师无论如何不要催促他们。

第五组是个别的学生,他们完全没有能力应付中等难度的习题。教师要为他们专门另选一些题目,始终只能指望他们在一节课上有所进步，哪怕一点点进步也好。

　　这些组的学生并不是停滞不动、凝固不变的，凡是给人以成功的乐趣的脑力劳动，总是会收到发展学生能力的结果的。

　　有些教师能够做到使他的每一个学生在课堂上都取得进步。应当去仔细看看这些学生在上课时的脑力劳动的情况。在这里，充满着上面所说的那种师生间相互体谅的气氛，有一种智力受到鼓舞的精神，每一个学生都在尽量靠自己的努力去达到目的。你从儿童的眼光里就能看出那种紧张地、专心致志地思考的神色：一会儿发出快乐的闪光（正确的答案找到了！），一会儿又在深沉地思索（从哪里入手来解决这道应用题呢？）。教师在这样的气氛里工作确是一种很大的享受。我亲爱的同行，请你相信：无论教师在这样的课堂上的劳动是多么紧张，他都会有喘息一下的时间，否则，要连上四五节课是很难的。

　　我在五至七年级教过几年数学。确实，这些和文学课、历史课交叉安排的数学课，对我来说是真正的休息。只要让每一个学生体验到取得成功的个人的、人格上的欢乐，那么这种课就不会把教师弄得心情焦躁、筋疲力尽。教师不必紧张地等待着会发生不愉快的事，他不必去监视那些由于无事可做而不时地用调皮行为来"招待"教师的那些机灵而坐不安稳的孩子们，因为在这样的课上，他们的精力都被纳入了正当的轨道。如果教师善于把学生引进一种力所能及的、向他们预示着并且使他们得到成功的脑力劳动中去，就连那些调皮捣蛋的学生也能多么勤奋地、专心致志地学习啊！这些学生在紧张的劳动中显示他们那积极活动的精神，他们变得跟以前完全两样了，因为他们的全部注意力都集中在如何更好地完成作业上。

　　有些教师经常抱怨说，儿童在上课时调皮，做小动作……这些话总使我觉得困惑莫解。

　　如果你们，亲爱的同事们，能够认真地思考一番，怎样设法让每一个学生在课堂上都在进行脑力劳动，那么上述的情况是绝不会发生的！

针对这一条，如何理解它并进行批注或者写读书笔记？

读书笔记例一：

世界上没有相同的两片树叶
——苏霍姆林斯基《给教师的建议》读后感之一

多彩构成世界，都说世界上没有完全相同的两片树叶。

——题记

每一个学生的智力发展在同一个年龄段是不同的，或者说根本没有同时期两个脑力发展水平程度相同的个体。按照我国班级授课制的模式，同个年级中一个班级有四五十个学生，也就有了四五十个脑力发展完全不同的个体。按照班级授课制的定义，教师传授的内容、进度、作业都是一样的，但班级中的个体又是那样的不同，所以也就不难解释，为什么四五十个学生会在成绩上产生优、良、差等不同的等级。也就是说，班级授课制是产生不同等级学生的"罪魁祸首"。

苏霍姆林斯基把"个别教育"放在《给教师的建议》的第一个建议，应该是有其深刻的意义的。但这个建议跟我们的教育实际又是那样的遥远。我们大多数教师在阅读这个建议之后，最做不起来的也是这个建议，而做不到这个建议，下面的99条建议的阅读似乎都会成为隔靴搔痒，变得虚幻而不切实际。

我们教师的痛苦在于：明知道班级授课制不利于我们采用个别教育，而我们非得长年累月地在应试教育的体制中，花大量的时间去消除不同等级学生之间的知识差距，而且现在大量的学校的班级里塞满了学生，这样的"消除"耗去了我们教师的生命和精力，使我们意识不到当教师的快乐和幸福；而更为可悲的是有很多的教师在应试教育的体制中已成为分数的傀儡：谈学生的全面发展头痛莫名，要做更是痛苦万分，而让其谈如何分析某道题可以得高分则两眼发光，精神焕发。

孔子有七十二门生，这些门生各有所长，皆成名家。其成才原因可以和苏霍姆林斯基的教育观相互映照，也是个别教育的经典案例。有人认为，孔子一生育人无几，那时是能够实行个别教育的，不类于现今教育现状。其实所谓"个性教育"从根本上来看只是一种理念，有这样理念的教师方能去关注那些层次各异的学生，才能"因材施教"。

如今以分数成败论英雄在教育界仍然是大势所趋，分数高则优、低则劣，全不顾学生脑力之差异，方法之区别，体力之不同，一味指责、批评，严重损害学生学习积极性的事实俯拾皆是。此类事实必然使学生差距增大、问题增多、教师辛劳。而所谓的"好学校"、"好教师"也只是在学习时间上抓得更紧，剥夺学生课外时间。诸多教师对自修课争而夺之，教师竞争全在分数。分数不仅是学生的"命根"，也是教师的"命根"。苏霍姆林斯基写道：对某个学生来说，五分是成功的标志，而对另一个学生来说，三分就是一个了不起的成就。而在应试教育中，这显然是不成立的。只得三分的学生根本就"不配"成为成功的享受者。

前不久，询问一本市私立学校初中生。其直言学习之紧张，竞争之激烈，生活之无聊，无自修课，无休息时间，成天试卷在手，桌上堆满资料。在他看来，教师根本就没有休息时间，成天忙碌不停。按照其学校领导的说法，没有"成绩"，就谈不上生源，也就谈不上生存。这样的私立学校为什么能够招到"优秀"的教师和"优秀"的学生，为什么可以收比公立学校多十几倍的钱？无非也就沾了应试教育的光，沾了很多家长希望子女能成龙成凤思想的光！若是到某一天，成绩只是作为升学指标中的一个部分，这样只顾分数的私立学校，大概也只有闭门了事了吧？

实施个性教育，就像一束七彩的光已照射到教育界，并已感染了教育界正工作着的主机上。这不是病毒，而是新鲜的生命和活力，是冬天即将过去时长在田野里的青草，是中国未来的希望。

我是这样期待的。

读书笔记例二：

学生第一

重读苏霍姆林斯基《给教师的建议》。

如果说第一次读，它带给我的是感动；那么第二次读，它带给我的则是警醒。

建议中第一条，苏大师谈的是"学生"。在这 100 条建议中，他将学生放在了首位。意思是说，所有的教育方法和技巧，都要从学生出发。作为教师，心中有了学生，有了对学生明确的定位和清醒的认识，才能有资格谈及其他。

学生第一。

应该怎样看待我们的学生呢？

1. 把学生当成不一样的人。

学生是活生生的人，而人与人是不一样的。个性不同，能力不同，在学习这个领域中表现出的特点和速度更是不同。有人能提 20 桶水，有人则至多提得了 5 桶；对有的人来说，5 分是成就的标志，而对另一个人，3 分可能就已经十分了不起。

可以把教学和教育的所有规律都机械地运用到他身上的那种抽象的学生是不存在的。任何一门学科的任何教学大纲只是包含一定水平和一定范围的知识，而没有包含活生生的儿童。

教育的复杂性正在于此。学生是鲜活的独立的个体，现有的教育教学规律并不适合所有的学生。而我们每日参加使用的教学大纲中，也只是包含了"知识"，而没有包含学生。

学生这份活生生的教育资源，我们面对的教育对象，是造成教育复杂性的主要因素。要想搞好教育教学，先要了解我们的学生。

这一点，在现实的教育生活中，有多少人做到了呢？备教案、读教参，考虑到大部分孩子的进度和水平，努力保持着教学的一致性。那些不同的学生和学生的不同，我们考虑到了吗？

个别对待。在当今大班额的集体授课制下，是如此困难的事情。

而苏大师在第一页就提到，还举出了两个数学教师的例子。

不是不可能，是没有那种程度地用心。

2. 保护和培养每一个学生的自尊感。

正确地看待学生的成绩，不要向儿童要求他不可能做到的事。考试得 3 分的孩子也有自尊，在学习过程中也付出了努力。不要耻笑他们，不要向他们提出过高的不可能的要求。

面对这样的学生，教师要做的是帮助他们，看他们需要经过怎样的途径，克服哪些阻碍和困难，才能逐步接近大纲所规定的水平。在每节课上，不时地帮助他们，给他们以帮助和指引。让他们享受到学习过程中一点一滴的成功。让他们面对 3 分，也能绽放出自信的笑容。

相对于分数来说，自尊和向上，更是做人的资本。

3. 使每一个儿童享受成功。

教育和教育的技巧和艺术就在于，要使每一个儿童的力量和可能性发挥出来，使他享受到脑力劳动中的成功的乐趣。

做到这一点，要善于给学生及时的肯定的评价。"儿童完成作业而得到评分时，从评分中看到了自己的劳动和努力，学习给他带来了精神上的满足和有所发现的欢乐。"作业上的评语和分数，课堂上随机的口头表扬，甚至赞许的目光，都能使学生体验到"精神的满足"和"发现的欢乐"。

在学习中取得成就，即是通往儿童心灵的蹊径。教师要爱护这条蹊径。

只要让每一个学生体验到取得成功的个人的、人格上的欢乐，那么这种课就不会把教师弄得心情焦躁、筋疲力尽。

润泽的力量是相互的。你给予了学生学习和人格上的欢乐，学生也一定会将这种润泽感传递给你。这种经历，我不知体验过多少次。

反过来，当自己心情焦躁、筋疲力尽时，学生是不可能体验到欢乐的。

好课堂需要教师去营造。

得失分析

在这两则读书笔记中，第一位实验者显然读偏了。实验者与其说是在聆听苏霍姆林斯基，不如说是在借苏氏来浇心中之块垒。阅读首先是一种聆听，实验者其实没有真正聆听苏氏在说什么，反而对班级授课制特别是大班教学乃至于应试教育进行了激烈地批判。他的主要错误有：第一，将个别教育与班级授课制简单对立起来，甚至理解为类似孔子那样的师徒制，忽略了苏氏谈个别教育，本身就是基于班级授课制的背景。甚至于将班级授课制解释为产生不同等级学生的"罪魁祸首",这是极端错误的。缺乏了班级这个共同体,个人的发展往往会受到限制。第二,苏氏这本书明明题为"给教师的建议",是协助教师反思专业问题的,但实验者却将教师的问题转嫁于体制,归咎于班级授课制以及应试教育本身,似乎只有制度改变了,教师才能够施展拳脚。这种忽视教师的能动性,甚至借以逃避责任的想法,正是许多人专业发展止步不前的根本原因。第三,实验者既缺乏聆听意识,也缺乏问题意识,即我的问题在哪里?如果对大班化耿耿于怀,那么或许真实的问题是:在大班化的背景下,个别教育何以可能,如何可能?

相形之下,第二个实验者则读得深入得多。她准确地把握住了第一条的精髓:把学生当成不一样的人,每一个活生生的儿童都需要个别对待;保护和培养每一个学生的自尊感;使每一个儿童享受成功。

如何抓住精髓

一个成熟的阅读者会如何对待这段文字?

我的阅读建议是:

1. 细读,勤批注,多勾画,有问题意识。
2. 提取核心概念,反复在语境下理解。
3. 根据主要话题,联系教育教学生活反复琢磨。
4. 与其他书籍参读,丰富或者修正自己的知识结构。
5. 进行批判性阅读是深入理解的必由之路。

细读,是指第一遍阅读时,就要将疑惑以及感想记录下来。

细读结束,基本上可以通过反复思考弄清楚第一条的核心内容,若做一个简单的梳理,可能如下:

差生是如何形成的?是因为教师在脑力劳动的领域,对儿童缺乏个别对待的缘故。儿童的能力各不相同,因此学习上的成就概念是相对的,对一个学生来说,五分是成就的标志,对另一个学生来说,三分就是了不起的成就。因此,能否保护和培养每一个学生的自尊感,取决于教师对这个学生的个人成绩的看法。而教育和教学的技巧和艺术在于,认识到在大纲之外,每一个学生都是具体的活生生的,而不是抽象的,教师要使每一个儿童的力量和可能性都发挥出来,享受到成功的乐趣。要做到这一点,就要从作业的内容以及时间上，都针对不同的儿童采取个别对待的态度。这样所有的儿童都能够与教师彼此关心和信任，并且通过不断地发展获得成就感，从而树立尊严。通过这样的教育教学，儿童不但在学习上得到了发展，而且人格也得到了发展，许多诸如上课时调皮、做小动作等问题就绝对不会发生。

未必要形成文字，但是阅读者头脑中实际上已经在形成这样的概括。经过研读，阅读者可能会发现，这一章的核心，其实是自尊心与学习成就的关系问题。

在苏氏看来，自尊是一个人得以持久发展的内在源泉，也是根本目的之一。可以说，一切教育，都要以促进、保护学生的自尊（尊严）为指归，任何损伤学生自尊的做法，都是危险的，不值得提倡的。（这里我们暂时不讨论激将法等曲折地达到促进学生自尊的方法。）而苏氏又认为，形成自尊的最佳方法，是在学习上取得成就，也就是说，学习上的成功感，将带来学生的自尊，而自尊，会促使学生去获得更高的成就。相反，向学生提出不切实际的、只能导致失败、带来失败感的要求，这样会严重地损害学生的自尊心，而自尊心的丧失，将使灵魂黯淡，一切教育失效。这样，就出现了文章第一段所说的，到小学二三年级就"落伍得无可救药"的学生。

在这个问题上，苏氏的以下警句，每一个老师应当铭记：

能否保护和培养每一个学生的自尊感，取决于教师对这个学生在学习上的个人成绩的看法。不要向儿童要求他不可能做到的事。

在学习中取得成就，这一点，形象地说，乃是通往儿童心灵中点燃着"想成为一个好人"的火花的那个角落的一条蹊径。教师要爱护这条蹊径和这点火花。

但是，几乎所有的教师，都不仅面对着形形色色、层次不一的学生，同时还面对着统一尺度的大纲与标准。教学之所以出现"平均主义"的操作方式，并最终导致更不平均的事实，就是因为无法处理好这形形色色的学生与整齐划一的标准之间的矛盾。

苏氏在第三段说："教师应当确定：要通过怎样的途径，要经历什么样的阻碍和困难，才能引导儿童接近教学大纲所规定的水平，以及怎样才能在每一个学生的脑力劳动中具体地实现教学大纲的要求。"这正是本文的重心所在，即引导读者去思考并力图解决"课堂上差别对待学生"的问题。

这个时候，我们已经基本理解了苏氏的意思。但是，自尊心啊，成就感啊之类的词语，对许多老师而言并不新鲜并且时常挂在嘴边，但挂在嘴边的，仅仅是词语而已，事实上，在教育行为中，我们却常常用相反的方式伤害学生而不自知。因此，借用苏氏的论述对自己的教育教学进行更深入的反思，是阅读的更高阶段。

所以不妨真诚地自问：在我的班级里，学生是否受到了个别对待？为什么？我的班级里是否存在差生，我是如何对待他们的？我的班级里是否存在纪律问题，这些纪律问题中有哪些是因为脑力劳动安排不当引起的？

其实许多教师很快就会发现，除非学生犯了错误才会被"个别对待"，否则绝大部分学生都只是"沉默的大多数"中的一员而极少被"个别对待"。学生在教师的眼中往往是"抽象的学生"，教师的注意力通常集中于教材而不是学生身上。所谓"抽象的学生"是指脱离具体所指而被视为铁板一块的学生。假如你在课堂上，在授课的时候，将下面的学生视为没有差别的一个整体，这些学生对你来说，就是抽象的学生。假如你将学生视为各不相同的个性鲜明层次不同背景各异的活生生的个体，这些学生对你来说，就是具体的学生。面对具体的学生，你不是面向"全体学生"，而是面向"一个又一个"学生，这意味着你要去感受每一个学生的存在并根据课堂上学生的不同反馈及时调整自己的教学。许多教师道理上明白学生是个性各异的，但在教学上往往只沿着自己设定的路径走，而没有去观察学生的变化，并根据变化不断地调整教学，这些学生对这个教师而言，就是抽象的学生。记住，对于视学生为抽象学生的教师而言，教学是集体操，对视学生为具体学生的教师而言，教学是交响乐。

阅读者可能会反驳：我一节课只有45分钟，怎么可能平均分配注意力给每一个学生？或者说：我一个班有60个左右的学生，我如何能够"个别对待"？

注意，这样的反驳，本身就是与苏氏对话的过程。我们最终要探讨的是，如果在大班化的教学中，真正做到或者尽可能做到个别对待。当上述反驳被激发出来的时候，恰好意味着阅读者深层次的思维障碍被揭示出来。例如以为"个别对待"就是平均分配注意力给每个学生，便是对"个别对待"的误读。因为教学是一个持续的过程，这个持续的过程中，教师当然应该对每一个学生的思维发展予以相当的注意，但并不意味着在一节课内平均分配注意力。而在大班教学中，分组本身也是"个别对待"的一种有效策略。

阅读者还可能会发现，他对于差生的态度，往往并不是信任与鼓励，而是厌弃与责骂。之所以如此，经常是因为差生妨碍了班级平均成绩，给教师造成了麻烦。如果我们真的是为了孩子的发展，那就努力使他的今天比昨天变得更好。这需要针对这类儿童采取特别的策略，而这，本身就是教师专业技能的一部分。

再进一步，阅读者会发现，课堂上的纪律问题，大部分并非想象中的学生品德问题，而是教师组织学习的问题。缺乏个别对待的学生，可能会在课堂里感觉到无所事事，或者是缺乏挑战（对优生来说），或者是缺乏成就感。而学生无法在课堂上体验到成就感，就无法拥有尊严感，无法拥有尊严感，就会懈怠甚至破坏纪律。课堂上大部分纪律问题的根源，就在于学生在课堂上脑力劳动出现障碍，特别是缺乏智力挑战。

这种联系自身教育教学实际的反思，会使教师不再片面地归咎于制度、学生，而是更多地从自身专业化的角度思考问题，从而会获得真正的发展。反之，往往是从词语上明白了自尊、成功感之类，但是却没有真正触及到自身的问题。

与其他书籍参读也是一种有效的方法，比如与《给教师的建议》相关的图书，就有《静悄悄的革命》（强调润泽以及共同体）、《儿童的人格教育》（强调自尊、成就感等）、《教学勇气》（强调师生关系以及思维挑战）、《孩子们，你们好》（强调思维挑战以及尊重学生），在这样相互参照的阅读中，原有的思维障碍会被打破，新的结构会得以确立。

例如关于抽象的学生与具体的学生，在《静悄悄的革命》中，佐藤学用"润泽的教室"进一步予以说明。其中有这样一段话：

> 能生动地促进学生学习的教师在对学生群体讲话时，能做到与一个一个的学生展开对话，而不是以群体为对象进行谈话。因为在教室里的是一个一个的学生，而不是铁板一块的学生群体。而且，教师边与每个学生谈话，边倾耳静听每个学生尚未说出的话语，在对话的过程中，竭力以自己的身体语言和情感去与学生的身体动作和起伏的情感共振。能在有这样的教师的教室里学习的学生是非常幸福的。

然而，有不少的教师对学生身体所传达的信息漫不经心，麻木不仁。当学生不听讲时，大多数教师是责备学生的"听讲态度"，而极少有教师反省自己的"讲话方式"，极少有教师认为以自己的"倾听方式"或"身体姿态"为轴心所构成的与学生的交往方式有问题。也可以说，教师的全身心还没有对每个学生敞开，没有能够与每个学生的思考或情感相呼应、相互应答。

可见，佐藤学进一步指出，许多教师缺乏倾听能力，无法真正接受来自学生的信息。佐藤学的论述，将会丰富阅读者对于苏氏提出的"个别对待"的理解。可以想见，一种真正意义上彼此倾听的教室，肯定是学生被"个别对待"的教室。"个别对待"的背后，乃是师生关系的问题，师生关系的问题，又在《教学勇气》、《被压迫者教育学》中得到了进一步阐述。另外，维果茨基关于"最近发展区"的论述，也有助于理解"个别对待"。可见，阅读背景越丰厚，对这一条的理解将会越深刻。

此外，进行批判性阅读也是深入理解的重要路径，也是高级阶段。批判性阅读包括对作者观点的丰富补充以及修正批评。

例如苏氏这段话：

> 一个学生对教材感知、理解、识记得快，在记忆中保持得长久而牢固；而另一个学生的脑力劳动进行得就完全不同：对教材的感知很慢，知识在记忆中保持得不久而且不牢固。虽然到后来（这是很常见的事），正是后一个学生在学习上、在智力发展上，比最初学习较好的那个学生取得了大得多的成就。

阅读者可以引入多元智能理论来丰富这段论述，因为苏氏在此似乎是强调学生智力发展的水平有高有低，但是借用多元智能理论，在个别对待中，更重要的是要留意学生的智能类型不同，这对于因材施教的意义极大，最终我们不是希望学生平均发展，而是希望差异发展，即各有所长并通过长处获得成就感。

再比如这第一条中举到的数学教师的分组教学，也颇有争议，需要进一步理解。一种看法是，苏氏举了帕夫雷什中学教师阿·格·阿里辛柯和姆·阿·雷萨克的数学课上的例子，他们都是用分组教学，但采用的是同质分组。同质分组有违公平，会损害学生的自尊（这里有一个效率与公平的问题）。基于人道原则，最好不要这样分班，分组。事实上，大家如果细读，会发现，凡带有过浓的社会主义色彩的地方，正是苏氏教育思想中的白璧之瑕。因为当时苏联这样的社会主义国家以培养劳动者为目标，比较强调集体，强调效率，而在崇尚个人主义的国家里，这样做是不允许的。但另一种看法则是，这两位教师并没有进行这样的同质分组，因为原文为"他们所教的班好像分成了好几个组"，说明这只是说教师在上课时，了解不同的学生处于不同的水平，并能够给予不同的任务。

最后，阅读者可能会逐渐发现，整部《给教师的建议》的核心概念即是"自尊"与"思维挑战"，而第一条则为全书奠定了基调。

二　根本概念的研读——父性之爱与母性之爱

在案例一中，我们通过一个短小的文本，讨论了知性阅读的基本方法，包括文本细读、概括梳理、联系实际、相互参读、批判阅读等。许多文本中包含有一些相当重要的根本概念，对这些概念的深入研读，将会为构筑合宜的大脑奠定良好的基础。

例如对新教育实验而言，至少下列概念是重要的：浪漫—精确—综合、自由—纪律、润泽、父性之爱与母性之爱、危机与遭遇、信与信任、思维挑战、自尊、自我镜像、职业认同、榜样与底线、专业共同体、幸福完整。

这意味着，如果能够真正深刻地理解这些列出的概念，将会从根本上把握新教育实验的精髓，更深刻地理解新教育的三大课程。从某种意义上讲，这些概念，就是新教育实验的基本语言。而这些概念，散落在不同的根本书籍中。因为"父性之爱与母性之爱"涉及的文本最短，这里就以这组概念为例，试析一下如何研读根本概念。

"父性之爱与母性之爱"源自弗洛姆《爱的艺术》一书中"父母和儿女的爱"一节，此节内容如下：

> 如果不是命运之神在保护婴儿，不让他感觉到离开子宫、离开母体时的恐惧的话，那么在他诞生的那一瞬间，婴儿就会感到极度地恐惧。婴儿在出生后的一段时间里，同出生以前并无多大差别，

他还是不能辨别物体，还意识不到自己的存在以及他身体之外的世界的存在。他只需要食物和温暖，但他不知道什么是食物、温暖，什么是给了他食物和温暖的母亲。对于婴儿来说，母亲就是温暖，就是食物，母亲就是婴儿的满足和安全。用弗洛伊德的话来说，这一阶段属于自恋阶段。周围的现实——包括人和物体——对于婴儿的意义，只是在于是否能够引起他身体内部的满足和不适。婴儿只能意识到他身体内的要求，只有同他的需要有关的外界事物对他来说才是存在的，而那些与他的需要无关的外界事物则没有任何意义。

随着儿童的成长和发育，他渐渐地能够感觉、接受事物的客观存在。母亲的乳房不再是他唯一的食物来源。之后，他开始能够辨别什么是自己口渴的感觉，什么是让他解渴的乳汁，什么是提供乳汁的乳房，谁是给他这些的妈妈。他变得能够懂得那些与自己无关的事物各有它们自身的存在状态。在这个阶段，孩子学会各个事物的名称，同时学会触摸事物，知道火又热又烫人，木头又硬又重，纸张又轻又容易撕碎。他也开始学习同人打交道：我吃饭时，妈妈会笑；我哭，妈妈就把我抱起来；我正常地排便，她就会夸奖我。所有这一切感知汇聚到一起成为婴儿的人生体验，那就是我被人爱。我之所以被爱，是因为我是妈妈的孩子；我被爱是因为弱小可怜；我被爱是因为我可爱并能赢得别人的喜爱。概括地说，就是我被人爱是因为我能够得到爱；或者更准确地说：我是我，我才被人爱。这种母爱的体验是一种被动的体验。我什么也不用做就可以得到母亲的爱，母亲的爱是无条件的，只要我是妈妈的孩子就能够得到她的爱。母亲的爱是幸福，是祥和，不需要去赢得，也不需要为之付出努力。但无条件的母爱有其消极的一面。这种爱不仅不需要用努力去换取，而且也根本无法创造。如果有母爱，就有幸福；没有母爱，生活就会变得空虚，我用任何办法也不能为自己创造出母爱，我根本无从弥补。

对于大多数 8 岁到 10 岁的儿童来说，他们的主要问题仍然是要被人爱，无条件地被人爱。在 8 岁之前，儿童还不会去爱，但他会对自己感受的爱表示感谢和喜悦。发育到这一阶段，儿童就会出现一种新的情感和新的要求，就是要通过自己的努力去唤起爱。孩子第一次想到送给妈妈或爸爸一点什么东西，或者是写一首歌，或者是画一幅画，或者为他们做点什么。在儿童的生活里，对爱的认识第一次从"被人爱"变成了"爱别人"，从接受他人的爱变成创造对别人的爱。儿童成长到少年期，就会结束他的以自我为中心的阶段，他开始认识到，别人不再是满足自己需要的工具，别人的需要同自己的需要同等重要。事实上，别人的需要更为重要，给予比接受更能带来满足感，更能够使自己快乐，爱人比被爱更重要。通过爱人，他可以从自恋、以自我为中心所造成的孤独中解脱出来。在爱人的过程中，他体验到了一种崭新的与人结合的感觉，体验到与他人的统一。他还能够体验到在爱人的过程中爱所唤起的力量。他不再依赖于单纯地接受爱，不再满足于为了得到爱而让自己显得年幼、体弱、无助或者乖巧顺从。婴儿时期的爱的原则是"我爱，因为我被人爱"；成人的爱的原则是"我被人爱，因为我爱别人"。幼稚的、不成熟的爱是"我爱你，因为我需要你"，而成熟的爱是"我需要你，因为我爱你"。

随着爱的能力的发展，爱的对象也在相应地不断发展、变化。在最初的时间里，人同自己的母亲的关系最为密切。在出生以前，当母亲和孩子共存一体的时候，这种密切的关系就已经开始。出生以后，母子间密切的关系似乎有了变化，但这种变化并不像看上去那么大。婴儿虽然已经离开了母亲的子宫，但仍然完全依赖母亲。后来，婴儿渐渐长大，开始学会走路、说话、自己去认识周围的世界，变得越来越独立，他同母亲的关系就慢慢地失去了那种休戚相关的重要性，而同父亲的关系则变得越来越重要。

为了了解从母亲到父亲的过渡，我们必须区分开母爱同父爱本质上的差别。在前面，我们已经谈到过母爱，就其本质而言，母爱是无条件的。母亲对刚出生的婴儿的爱，并不是因为这个孩子满足了自身某种愿望，或者是符合自己的标准，而是因为这个婴儿是自己的十月怀胎。（请注意，并不是每一位父亲或母亲都是按照上面所说的方式来爱自己的子女，这里所说的母爱和父爱更接近马克思·韦伯所说的"理想型"或者荣格使用的"原型"之意，我使用"母爱"和"父爱"指在母亲和父亲身上体现出的爱的本质。）无条件的母爱不仅是孩子的强烈的愿望，而且也是每一位成年人内心最深的渴望。从另一个角度来看，那种通过努力才得到的爱往往令人心存疑虑。因为，如果我没有使我要取悦的那个人满意，如果出现了意外，对方还会爱我吗？人们害怕这种爱会消失。而且，通过努力得到的爱往往叫人有心底的隐痛：我之所以被人爱是因为我使对方快乐，而不是因为我是我，也就是说，我不是被人爱，而是别人需要而已。理解了这一点就会明白：为什么我们所有的人，无论是儿童还是成年人都保持着对母爱的强烈渴求。大多数孩子是幸运的，他们能够得到母爱（后面我们还要讨论不同程度的母爱）。对于成年人来说，这种愿望就难以满足了。在理想的人格发展过程中，这种对母爱的渴望始终是正常的性爱的一个部分。人们也会把这种渴望寄托在宗教中，甚至可以在精神疾病中找到更多的例子。

　　与父亲的关系不同于与母亲的关系。母亲是我们的故乡，是大自然，是大地，是海洋。而父亲不代表任何一种自然渊源。在最初的几年里，孩子同父亲几乎没有什么联系，父亲对儿女的重要性根本无法同母亲相比。但是，父亲虽然不代表自然世界，可是他代表了人类生存的另一个环境，即思想的世界，人类所创造的由法律、秩序和冲突构成的世界。父亲是教育孩子，为孩子指出通向人类社会之路的引导者。

　　父亲的作用更多地体现在社会性方面，这也和人类社会不断发展的经济制度有关。私有财产出现后，财产的继承权往往只属于一个儿子，父亲就开始在子女中选择究竟谁是自己的继承人。父亲总是挑选他认为最合适、最满意的儿子，也就是与他最相仿，因而也最讨他高兴的那个儿子。父亲的爱是有条件的爱。父亲的原则是："我爱你，因为你令我满意；我爱你，因为你尽到了你的职责；我爱你，因为你很像我。"与无条件的母爱相比，有条件的父爱既有积极的一面，也有消极的一面。消极的一面是，父爱必须通过努力来争取。如果辜负了父亲的期望，就会失去父爱。对于父亲来说，顺从是最大的美德，不顺从是最大的过失，不顺从者将会受到失去父爱的惩罚。父爱的积极一面也非常重要，因为父爱是有条件的，所以我可以通过自己的努力去争取。与可遇而不可求的母爱相比，父爱可以按照自己的意愿去努力获得。

　　父母对待孩子的态度要符合孩子自身的需要。在婴儿期，不管是身体还是心理，孩子都需要母亲无条件的爱和关心。在六岁左右，孩子开始需要来自父亲的爱，需要父亲的权威和指导。母亲的作用是给予孩子一种生活上的安全感，而父亲的任务是教育和指导孩子怎样为人处世，怎样面对将来可能遇到的种种困难。一个好母亲的爱不应该成为孩子成长的障碍，也不应该助长孩子的依赖性。母亲应该相信生活，不应该惶恐不安并把这种情绪传染给孩子。她应该希望孩子独立并鼓励孩子最终能够离开自己。父亲的爱应该坚持某些原则并对孩子提出要求，应该是宽容的、耐心的，不应该专横而粗暴。父爱应该帮助孩子认识自身的力量和能力，建立自信，最终让孩子成为自己的主人，从而能够摆脱父亲的影响。

最终，一个成熟的人获得了独立，此时的他既是自己的父亲又是自己的母亲。在他身上既具备母爱赋予他的宽容，又体现了父爱教给他的责任。母爱的宽容是："无论你做了什么，犯了什么样的错误，都不会失去我对你的爱，失去我对你的生命、你的欢乐的祝福。"而父爱给予的责任是："如果你做错了，你就要勇于承担责任和后果；最重要的是你要改正自己的错误，这样你才能得到我给你的爱。"一个成熟的人，在外在表现上已经离开了父亲和母亲获得了独立，但在内心却为自己塑造了一个母亲形象和一个父亲形象。并不是像弗洛伊德的"超我"理论所说，父母亲影响的综合形成了自己的人格；而是把对自己母亲式的关心建立在自己的爱的能力上，把对自己的父爱建立在自己的理智和判断力上。成熟的人身上既体现了无条件的母爱，也体现了有条件的父爱。如果一个人内心只有母亲式的爱的话，他会失去理智和判断力，会阻碍自己和他人的发展。

想要成为一个心理健康的人、一个成熟的人，就需要由以母爱为中心的阶段发展到以父爱为中心的阶段，最后完成母爱和父爱的综合。否则的话，就容易导致精神方面的疾病。限于篇幅，我不可能在这里详细解释我的这个观点，只能简单地加以阐述。

比如，导致某种精神疾病的一个原因就是：一个男孩有位非常慈爱但又过分溺爱他的母亲，同时又有一位性格懦弱或者对孩子漠不关心的父亲。在这种情况下，孩子就会紧紧地抓住同母亲的联系，养成对母亲的过分依赖。这样的孩子容易形成接受型人格，他觉得自己弱小、无助，需要受到保护和照顾。可以很清楚地看出，在他身上缺少父爱的影响，缺少自我控制、独立性和驾驭生活的能力。这样，他就会妄图在所有的人身上寻找"母亲"的影子，寻找的对象可能是某位女性，也可能是某位位尊权重的男性。如果是另一种情况，母亲性情冷淡或者十分专横，孩子就会把母爱的渴求转移到父亲身上，变成片面以父亲为中心的人。这样的人往往只服从于法律、秩序、权威的原则，却对母亲式的无条件的爱非常反感和抵触。如果他的父亲专横、强悍，同时又非常关心他的话，他的这种倾向就会愈加严重。精神病学的研究结果表明，父爱或母爱的缺失会使人到外界去寻找补偿，容易导致精神疾病。某些精神疾病，如强迫性精神病同过分地以父亲为中心、缺少母爱有关；而其他类型的精神疾病，如歇斯底里、酗酒、逃避现实生活、厌世等则和过分以母亲为中心，缺少父爱有关。

因为篇幅原因，我们姑且略去文本细读等过程。

在深入研读中，要逐渐明确，父性之爱与母性之爱是心理学而非伦理学概念，也就是说，它揭示的是人"是什么样子"，而不是"应该是什么样子"。父性之爱并不等于父亲的爱，母性之爱也并不等于母亲的爱，父亲或者母亲身上，都同时兼具父性之爱与母性之爱，只不过在通常状况下，父亲身上更多父性之爱，母亲身上更多母性之爱，当然，在严母慈父型家庭中，或许相反。更进一步的，在教师身上，也同样体现着父性之爱与母性之爱。

换言之，父性之爱与母性之爱，是并存于儿童成长之路上的两种相互补充调剂和渗透的力量。儿童的成长，是母性之爱逐渐减弱，父性之爱逐渐增强的过程。在儿童出生的前几年，母性之爱占了绝对地位，这是因为年龄越小的儿童，越需要呵护，需要安全感。母性之爱缺失，会导致儿童失去安全感，不敢信任外部世界以及他人，在相反的情形下，母性之爱如果过多，儿童也会因此被困，不想也不敢探索外部世界，例如娇惯的儿童就是如此。随着儿童渐渐长大，父性之爱逐渐占据越来越重要的地位。父性之爱的缺失，会妨碍儿童秩序感的形成，使儿童因缺乏方向感和规则意识而陷入混乱。反之，父性之爱过多，即儿童在过于严厉的环境下成长，也会因此而缩手缩脚，因被压抑而缺乏创造性。儿童在这两股力量的牵引下成长，到青春期时，儿童的自我最终形成，这时候父性之爱与母性之爱便内化于儿童的自我之中，使儿童既具有爱的能力，同时又独立而富有责任心。

父性之爱与母性之爱在许多作品中都有反映，比如小学教材中的《精彩极了和糟糕透了》、《钓鱼的启示》等。假如我们将《西游记》视为一个叫孙悟空的孩子的成长史的话（神话本来就是现象的曲折反映），便可以隐约看到，如来佛祖和观世音，分别代表了父亲与母亲的形象，而唐僧则更像一个教师（师傅）。"父亲"要求孙悟空要遵守规则，经受磨难，通过修炼而变成像自己一样的人（"斗战胜佛"），但是取经之路是漫长的，孙悟空遇到了许多障碍，几乎每一次，都要"母亲"出面才能化险为夷。"父亲"的严格要求与"母亲"无处不在的呵护，共同促成了孙悟空的健康成长，从一个无法无天的齐天大圣（幼儿期孩童的象征），成长为"父亲"所希望的样子（可参看柯云路《童话人格》中的解读）。而父性之爱与母性之爱，特别是母性之爱，潜藏于大量的童话之中。或者说，我们可以以父性之爱和母性之爱这对概念为工具，对大量的童话、绘本、小说进行分析。

以上便是对父性之爱与母性之爱的初步理解。

进一步的，我们会发现父性之爱与母性之爱与一些心理学家关于儿童发展的分期理论有对应之处。比如埃里克森的自我发展理论中的前五个阶段。例如第一阶段"获得基本信任感而克服基本不信任感"："从出生到十八个月左右是婴儿期。这是获得基本信任感而克服基本不信任感阶段。所谓基本信任，就是婴儿的需要与外界对他需要的满足保持一致。这阶段婴儿对母亲或其他代理人表示信任，婴儿感到所处的环境是个安全的地方，周围人们是可以信任的，由此就会扩展为对一般人的信任。婴儿如果得不到周围人们的关心与照顾，他就会对外界特别是对周围的人产生害怕与怀疑的心理，以致会影响到下一阶段的顺利发展。"这其实就是强调母性之爱在这一阶段的绝对优势。

父性之爱与母性之爱的概念，与"浪漫—精确—综合"的分期理论也有一定的联系。新教育的儿童课程是强调"浪漫"的课程，这更多的是母性课程，强调爱、温暖、安全、梦想、关心、满足，而理想课堂，则是强调"精确"的课程，这更多的是父性课程，强调文法、规则、训练、纪律、引领。儿童课程与理想课堂作为新教育面向儿童的两种相互补充渗透的课程，本身就暗合心理学原理。在小学阶段特别是低年级，儿童课程的比例比较大，随着儿童年龄的增长，理想课堂的比例则逐渐加重，儿童的健康成长，同时需要这两股力量。当然，父性之爱与母性之爱的概念，与"浪漫—精确—综合"有很大区别，前者主要是从情感人格来讲的，后者则侧重于从认知角度来讲，而埃里克森侧重于从社会心理角度来讲，角度各有不同。

如果继续从哲学、心理学、伦理学等不同角度去参读父性之爱与母性之爱，会发现更多的东西，比如父性之爱与母性之爱的背后，其实是安全与自由的悖论。一个孩子既需要安全感，也需要自由地探索外部世界，若能够在安全与自由之间保持一种动态的平衡，则孩子一生会较为幸福。

由此可见，在不断深入的阅读中，特别是在互为背景的阅读中，对父性之爱与母性之爱的理解会逐渐加深。而越是概念之间相互参解相互编织，越容易形成稳定而深入的认知结构，越容易以根本概念为工具，解释具体的教育教学问题。

阅读案例一：

扬扬的故事

扬扬是我一年级时开始接手带的，到现在已经快五年了。在上一年级之前的那个暑假进行汉语拼音培训时，他就是个一分钟也坐不住的孩子，还有碰到自己不能一下学会的，就开始发脾气，甚至在课堂上跑来跑去。

一段时间以后，在体育课上，扬扬经常捣乱，同学站队时无意碰了他一下，他要么以拳头相向，要么是用唾沫做武器。那天，他站在队伍里又开始"自卫反击"，王老师拖他出列，他挣脱了老师的手，一下子躺在地上，泼妇一般乱滚，口里还喊着："老师打人啦！……"搞得王老师一惊。我们几个老师交流了他的表现，发现在科目学习方面，他还没有什么特殊的倾向，但是发现他与同学相处时，的确不受欢迎。因为他对同学的看法总是，别人碰他都是故意的，他不能容忍。我找到了他，跟他谈小朋友之间要团结友爱，互相帮助。他也点头，虽然只要他有一点闪光的地方，我们就不遗余力地表扬他，但是他仍是我行我素。

我开始仔细观察他的一言一行，我首先看到了他用过的课桌、凳子，只要是他用过的桌椅，都有鲜明的特点——缺胳膊少腿儿。因为上课的时候，他很自在的时候，总是把凳子竖着坐，前一下，后一下，像玩跷跷板似的，时间长了凳子就坏掉了，有时连桌子也遭殃。上课的时候，他发出这样的动静是影响大家的，我们就趁走到他身边的机会点一下他的桌子，或者用眼神制止他，有时他太"过分"了，我们就会停下来。他停止摇凳子之后，不一会儿就换另外一种姿势——趴在桌上。再看看他的桌子，铅笔、钢笔列的竖式，写的字，满满的。还有只要他在边上一组，总喜欢靠墙倚着，有时候还把钢笔墨水甩到墙上。后来我让他同桌到靠墙的位置，让他坐在靠中间的一边。因为他的不讲卫生，弄得同学都不喜欢跟他同桌。今年开学，同桌的家长已经连续两周跟我说两次了，要调位置。因为他最近鼻子不好，又染上了擦鼻涕的坏毛病，搞得同学有点恶心。我跟同学家长说，我会教育好他的，给他改错的机会。我也用开玩笑的方式提醒他，他们家开超市，他可以从家里多拿点纸来，把门面搞干净。他憨笑，但是不能坚持。

他就是这种时晴时阴的样子，刚开始的时候，提起他我就心里发紧，生怕不留神他就闯下大祸。下课的时候，有人急急忙忙跑到我面前时，我就以为是来告他状的。一般的情况下，下课了，他就会跑得无影无踪，但是不一会儿，就会有孩子哭着跑来报告他又开始用唾沫吐别人，还动手打人。当我找到他的时候，他不是一副战斗的公鸡的样子，就是嘻嘻哈哈地偷偷溜走。我知道他有时是为了引起同学的注意，是故意的。我就跟学生说，他其实是想你们跟他玩，你们玩的时候带上他。但是不多久，学生又来报告，他纯粹就是故意捣乱。他们不带着他玩了，他就开始打他们，追着他们在校园里跑。我还是鼓励、劝说其他同学有点耐心，结果让许多孩子受了委屈。渐渐的，大家都不理他了。在学期结束的民意测评时，他竟然得了空白票，原来班上的孩子都被他打遍了。当我找个机会让他出去一下时，教室里声讨大会就开始了。在劝说之后，同学们原谅了他。我让他们不要跟他说这样的话，因为我已经发现他的暴躁的脾性，破罐子破摔的倾向非常明显。

我开始是找他妈妈来交流，然后开始频繁地家访。越是走近他，越是感到问题的严重。第一次走进他的家，他不在家，他把书包放回家就不见了人影儿。他家开一个大超市，家就是超市后面的一间房子，其实是一个"小超市"。妈妈管理超市，爸爸开车送货批发下乡。他基本上像一件不畅销的商品，搁在货架上。于是他走街串巷，成了一个"野民"。入夜了，家家商店打烊了，妈妈想起他来了，发现他还在"小超市"的角落里，趴在桌上恹恹欲睡，作业本才写几个字。爸爸一把揪起他，在他的哭闹中，妈妈叹着气陪伴他直到完成作业。

"我知道他变得越来越怪了，他整天在热闹的环境里，但他是孤独的，我们都太忙。他还因为我们经常打骂他，生气起来就把头往墙上撞，割自己的手指，夜里了还从家里跑出去……"妈妈好像因为老师的登门，感觉到事情的严重性，控制不住地哭了。

这是一个忙碌的家庭，忙得忘记了孩子还小，忘记了孩子需要关爱，忘记了自己也需要调整，却把烦躁撒在孩子身上。看着哭泣的妈妈，我建议她雇佣多一点员工，把自己解放出来；建议她放学后把孩子接回家，一家人相处在安静的环境里，享受家的温馨……

渐渐的，妈妈能按时接送孩子了，不再要我一个个电话催促，不再请我把他送回家了。他的大姨、二姨也经常来看他、接他回家。可这样的日子总是不能长久。一天，他的眼里又冒出火焰来了。我又走进了他的家，看到他把双手握成拳头，挡在胸前，还跳动着，一副拳击手的样子。看到我，他爸爸举高的右手放下了。这次挨打，是因为他又不想回家。我建议他爸爸换一种方式对待他，并且要坚决做到不再动手。

我开始用书信跟他交流，开始他可能感到新鲜，安稳了一段时间。可是总是不能坚持，渐渐地暴露到课堂上来了。因为他长期作业不能保证很高的质量，晚上回家家庭作业不能按时完成，有时妈妈为了他完成作业，把他一次次打醒。第二天的课堂上，他昏昏欲睡。这样的状况，成绩怎么能好起来？而且他根本就不想去努力，或者害怕去努力。我一次次接近他。他拒绝交流，他说世界上全是坏人，都说话不算话……那时，我经常跟他坐在教室外面谈心，我讲故事给他听。希望他能明白一分耕耘一分收获，希望他能树立信心，坚持做下去……一次次，都是好景不长，他怕"吃得苦中苦"。当取得不理想的成绩时，他认为同学们的帮助是嘲笑，变得更加不可理喻。每次练习，他看到自己的成绩不如同桌就很泄气，趴在桌上哭。后来到了三年级有了短文阅读，他平时从来不看课外书，做到短文就烦躁。有一次，他在作业本上乱画，写的字谁也不认识。

后来我了解到，前一天晚上，他又遭到了"混双"打。跟他妈妈交流，他妈妈就只是哭，说他爸爸的不是。我又叫来了他的爸爸，他们又不说了。

时间一天天过去了，他的行为越来越古怪，他甚至跑到草坪上吃草了，还说些稀奇古怪的话，说他要离家出走，住垃圾箱也比家里好，自由自在一个人最好。他有时不想上学，因为妈妈又要求他把作业做好，或者不让他看电视。有时是不想回家，坐在草坪上，他说，回家又要被打了。那段时间，我常常要到大门口叫他进教室，或者送他回家。一天天这样子，没有起色，我想起了《百年孤独》里那个老祖母乌苏拉说的："时间就好像在原地里转圈子。"我越来越担心。那个时候，他还没有跟我"翻脸"，说话还给点"面子"。我每天惴惴不安地看着他，读了很多这方面的书，以求找到"药方"。

（案例由江苏省宝应县翔宇宝应小学马继芬老师提供，特此致谢）

阅读案例二：

方方的故事

去年八月我转任五（6）班的英语老师，按照惯例要跟以前的老师了解学生情况，在和各位老师交谈之中，我对方方这孩子留有深刻的印象。

第一节英语课，我认识了他，倒不是因为他的调皮捣蛋，而是因为我的特别关注。第一印象倒没什么特别，他还比较安分地听讲，虽偶尔插几句，中途几次走神，但不至于妨碍课堂纪律。也许他还在观察我，也许我的不动声色让他有所畏惧吧。开始的一周就如此平静地过去了。第二周的时候，我逐渐发现他开始放肆，插嘴的次数日益增多，作业也开始在催促之下才能按时交来。字迹相当潦草，四线格根本就对他起不了作用，但正确率还算高。我经常形容批改他的作业就是在一堆垃圾中倒腾，结果发现这些都是有价值的垃圾。因为有了心理准备，我没和他太计较，也算是对他的一种宽容与容忍吧。

真正与他的家长接触是不久的一天中午。起因是我上课进行听写练习时，他边听边旁若无人、叽里咕噜地重复我报的汉语。我走近他，发现他的书写速度远远跟不上其他同学，而一旦他无法完成就很急躁，沮丧，最后就干脆放弃。到收作业的时候，他就偷空不交。在接下来的单元测试中，他则连一半的试题都没有做完。我觉得事态有点严重，就留下他补做，同时想跟家长交流一下。来接他的是他爸爸，面对我这个新来的英语老师，他不住地道歉："不好意思，让你费心了。你把要求告诉我，我回去监督他完成。"

有了这次的经历，我就开始有意识地了解有关他的情况：方方从小长得特别可爱，像个瓷娃娃。由此他也备受关注：爷爷奶奶宠爱他，整天抱在怀里，不让他坐，不让他爬，甚至舍不得让他尽早学走路，更不要说吃饭穿衣了，生怕他吃苦受累。幼儿园的老师都喜欢他，争着抱他，都希望他能分到自己的班上。父母也经常带他到不同的场合，而他往往能给别人带来很多的快乐。除此他还有一个更大的优点：聪明。听他妈妈说，他很小就能认识很多的字，背很多首诗，会快速地算出许多数学算式。而他妈妈在培养孩子这方面投入的时间和精力也比一般母亲多得多。让他学围棋，学乒乓球，甚至细化到每天很规律地听音乐，吃水果，外出活动。但同时，方方妈妈发现他的行为能力比一般的孩子要弱，自理能力也差很多，无法长时间独处。为了弥补不足，他妈让他在幼儿园半托。期望能通过环境来培养他这方面的能力。结果，意想不到的是，爷爷奶奶怕他在幼儿园得不到应有的关心和照料，怕他吃不饱。方方一放学回家，爷爷奶奶就亲自喂饭。为给他解闷，奶奶一边给他喂饭，爷爷一边跟他下棋。或是一边喂饭一边做别的事。更离谱的是：有许多要求都不用他开口，爷爷奶奶就提前按他的习惯很默契地替他代劳。这样一直到了小学。

一二年级，方方成绩尚可，但纪律让人头疼。低年级都是女教师，他总是肆意妄为，想站就站，想躺就躺。老师因此教育他，他耍赖撒泼，瘫在地上，还自以为是。但如果给他较严厉的惩罚教育他也能略有收敛。三年级一开始，换了两位男教师。也许是他的畏惧心理，也许是反复高压的政策起了效果，也许偶尔适量的体罚，他在课堂上的表现有所好转，不再轻易地用他那一套来当众表演，但还是显得格格不入。学习方面的障碍表现在语文学科，作文写得

不太好，语言表达能力欠佳。而更多的因素应该是来自他的速度。在父母、老师的催促声中，原本就不太端正的字开始凌乱潦草。同时，在一片催促声中，他一天比一天不耐烦。我曾经就他的速度的成因和他的父母进行过讨论，他的父母认为一是因为在他的行为能力应该得到培养的时候剥夺了他相应的锻炼机会。二就是他很容易分神，往往在他做一件事的时候，如果中途注意力被转移，就不可能太轻易回到第一件事上。我基本赞同。有例为证：

有一次，我发现他的裤子拉链没拉，就问：拉链坏了吗？他说："不是，这样方便。"同时表情相当自然，这样的事情出现过好几次。还有一次，他带着竹蜻蜓到办公室交作业本，忘记带走，他就反复地来找，还斤斤计较地跟我索要，让人哭笑不得。

因为他的种种不良习惯，他的各科成绩很受影响。每次测试，老师、父母在考试之前都要跟监考老师反复叮嘱，提醒他集中注意力完成试卷。对了，另外，他不太说普通话，满口的方言，偶尔说脏话，表达有时不太清晰。

当我对他有了进一步的了解，我就对他放宽了要求。每次听写尽量放慢速度，有意识照顾他。每逢测试就让他上讲台完成，每次收作业时先问他是否交了。而语数老师也分别给他配了督促小助手。我也经常发现他在同学们玩耍的时候埋头补作业。唯一让我头疼的是每次上课他都随意地、大声地讲话。话题都是同学之间鸡毛蒜皮的小摩擦，还有老师提问的问题。那种随意和幼稚总让本班同学哈哈大笑，此时他就洋洋自得。一开始我总是以眼神去制止，有时给他警告，但后来发现那远不如大声呵斥或惩罚性的教育来得有效。我就这种情况跟别的任课老师也做了交流，大家一致反映可能在班主任的课上略有收敛，别的老师一上课先要解决的基本就是他的问题。我同班主任商讨对策。他说我太惯着他，不要把他一些低级错误归因于他的心智年龄小，应该强制性地让他遵守一些规则，可以采取一些手段，包括体罚。还说他对我的包容和容忍不会感激，相反他会利用。

之后，我也试图改变对他的策略。有一次上课，他迟到快十分钟了，但他大摇大摆地破门而入，还磨磨蹭蹭，左顾右盼，又惹来一阵哄笑。我非常生气，问他原因。他振振有词："在办公室补作业。"后来我就这句话让同学们来讨论，全班同学都声讨他。可他没有认识到他进班级时严重影响课堂纪律，却坚持：我没错，我迟到是有原因的。后来我和他的家长进行了沟通，想借此给他树立纪律意识，不能总去迁就他，适应他，不能让他总在他坚持的那个有他自己认为的规则的世界里生活。同时也对他父母提出："不是要他表面形式的道歉，而是要他自我反省。不要父母代为道歉，而要他自己学会承担责任。"而且明确告诉他：没有轻易得到的谅解，只有通过表现去争取。这之后尽管好了一阵，但时间一长，他的纪律意识、规则意识又慢慢淡化了。

其实，方方除了不能很好地适应一些我们认为应该遵守的规则，他还是个有很多优点的孩子，他聪明，想象力丰富，相当真实，从不撒谎。面对他，我有时很困惑：是不是应该按照我们的认识，通过一定的方法方式去说服教育他，让他变成让老师、家长认可的学生。

写到最后，我对自己也产生怀疑：格格不入的他是不是我们眼中的问题学生？他的自我镜像应该是个什么样子？我一直努力的方向是否正确？对于方方，我们应该怎么去帮助他？请各位赐招。

（案例由江苏省宝应县翔宇宝应小学陈艳飞老师提供，特此致谢）

案例分析

案例中的两个小孩，扬扬和方方，从表面上看，问题类似，都属于不遵守纪律的情形。但如果仔细研究小孩的成长史，会发现病因完全相反。

研读扬扬的案例，大家不妨思考以下问题：

1. 扬扬为什么认为"别人碰他都是故意的"？

2. 扬扬为什么"生气起来把头往墙上撞，割自己的手指，夜里了还从家里跑出去"，甚至"跑到草坪上去吃草"？

3. 原文中还叙述了扬扬在写信或者写随笔时无话可说，或者说的只是"大众化语言"，为什么？

4. 扬扬经常破坏纪律，给老师制造了不少麻烦，他为什么要这样做？

5. 你认为这位老师对扬扬的教育是成功的还是失败的？

如果运用父性之爱与母性之爱这一对概念来分析，会明显地发现，扬扬身上母性之爱严重缺失，这是一切问题的总根源。因为母性之爱缺失，导致了扬扬从小缺乏关注，到处东游西荡。这种关注的缺失，使得扬扬内心深处产生被关注的极度渴望，因此他以制造问题的方式引发关注，一旦可以通过问题行为来得到关注，他就会屡试不爽，越来越加剧自己的问题行为发生的频率，以赢得老师家长的关注。这也使得老师对扬扬的教育陷入了两难困境，他既缺少爱需要关注，又不能总是通过对他问题行为的关注强化他的问题行为。母性之爱的缺失，还导致了扬扬严重的信任感缺失，无法表现出亲社会行为，反而表现出反社会行为。根据埃里克森的人格发展理论，扬扬这种严重的不信任感，必然来自其0—1岁时未受到精心的照料和密切的关注，这使得其信赖依恋母体的本能被过度抑制，信任感完全消失。0—1岁是培养信任感和亲社会性的关键期，如果没有度过这一发展危机，长大后本身就很难弥补这一时期遗留下的人格问题，而后来扬扬父母的忽视和粗暴还使得这一问题变本加厉。由于这一根深蒂固的人格缺陷的作用，使得很多教育方法的实施都倍加艰辛和徒劳无功。并且，这深深地影响着扬扬自我意识的形成，由于婴儿期和母亲共生状态的过早结束和被忽视，使得扬扬的自我和客体的分离过早，沟壑很深，扬扬写不出关于自我概念的作文，不是因为他没有自我，而是扬扬的自我已经与他人过度分离甚至敌对，自我掩藏很深。扬扬总认为别人碰他是故意的，就是信任感缺失的表现之一。

此外，父亲也没有正确地发挥作用，父母对孩子同一行为给予的反应不恒定，也导致孩子不能自己肯定自己的行为，陷入混乱。老师让扬扬父母给予扬扬关心，但他们的关心行为却不能坚持，一段时间后又拳打脚踢。奖励刺激物在孩子有行为改善情况下的突然撤销，使得孩子本来就单薄的信任感彻底瓦解，更加不信任身边的人，比一开始不让其父母改变的效果还要糟糕。

这位老师是非常优秀的，但她之所以在长达五年的时间里，都始终没有解决扬扬的问题，一个根本的原因是，马老师对扬扬的关心和爱，恰好填补了扬扬心中那个缺失的母亲的角色，扬扬把对母亲角色的期待转移到了马老师的身上，更多时候，扬扬只是渴望马老师的关心，淡化了马老师作为老师的权威作用，这使得他的许多行为只是为了获得马老师的关心，而忽略了马老师对他的要求。但马老师这样做是对的，可以说，如果没有马老师某种程度上对母亲角色的替代，扬扬的情况会变得非常糟糕。但同时，如果没有家庭的配合，马老师也很难让扬扬得到彻底改变。

而方方的情况则完全相反，他是母性之爱过多，父性之爱不足的典型。方方从小是众人瞩目的核心，因此形成了公主型或者瓷娃娃型的自我镜像。

这种自我镜像导致了"营养失衡"，许多细节因此可以得到解释。比如他不愿意拉拉链这个细节说明了什么？说明他不愿意长大，因为小孩子是可以穿开裆裤的。他坚持说方言而不说普通话，是因为他小时候就一直说的是方言，在方言中他是安全的，这是对顽童时期的留恋。而普通话是上学以后学到的语言，他不愿意进入到普通话中，表明他没有成熟，拒绝长大。

方方总是喜欢让同学哈哈大笑，然后洋洋自得，这是因为小时候他说这样的话就会赢得喝彩，因此他不由自主地制造这样的结果，这是一种补偿性反应。生命必须有成就感，方方表露出沮丧、急躁、放弃，这一点就说明他没有长大，没有长大的男孩在成人世界里，就是这样表现的。如果缺乏帮助，他会就锁在那里面，永远走不出来，永远长不大，形成恶性循环。

弄清楚了扬扬和方方症状的不同病因，意义何在？其实老师们会发现，大部分差生都是"屡教不改"，之所以如此，就是因为老师诊疗学生的策略过于简单，无非是贿赂（廉价的表扬鼓励）或者打击（批评甚至羞辱，请家长等等），一旦失效，便自然放弃。很少有人能够想到从病因入手诊治，许多好心负责任的老师，因为不明白病因，反倒加剧了儿童的问题，有些甚至导致悲剧。如果意识到了病因，家庭、学校、儿童三方合力，以建议性的姿态面对问题，许多儿童的问题就有解决的可能。

通过这两个案例，我们可以看到父性之爱与母性之爱在解释儿童问题的过程中所发挥的作用。不但如此，这些概念也可以用于自我心理分析，这样理解更深。在这样反复的运用中，这些概念慢慢就会化入自身的结构之中，最终形成本能的专业反应。

三 《儿童的人格教育》整本书阅读举例

如何阅读一本书

这当然并无定规，这里以《儿童的人格教育》为例，供大家参考。

阅读心理学书籍的一个关键，就是和自己的经验，尤其是自身的经历相结合。书中的每一处文字，如果能够和教室里的某个孩子的某方面表现，或者自己童年甚至现在的某些方面心理相印证，那么阅读就不仅会非常轻松，而且会非常深入。因此，阅读本书的关键，就是既用它来理解眼前儿童的心理、自己的心理，又用自己的心理、孩子们的表现，来理解这本书。

《儿童的人格教育》是适宜一线教师阅读的根本书籍，即它可以成为理解儿童以及矫正问题儿童的教育心理学基础。若缺乏深入阅读，会导致对这本书的轻慢和浪费。精读的方法因人而异，此处提供若干建议：

（一）初读建议

1. 初读时一定要做笔记（推荐批注在书上，也可用即时贴）。

2. 笔记不妨以勾画为主，重要观点多读几遍，遇到案例，若联想到自己、孩子、学生的经历，可停下来思考或者在旁边简述，为以后深入分析和自我分析提供线索。自我分析是心理学阅读的基础方法，要反复思考。

3. 若经验中有与书中论述相悖的事例或者思考，一定要写在笔记中，这有助于深入理解。

4. 重新快速翻阅全书，将重要观点做一个梳理，为重读做准备。要问自己：阿德勒的观点简单概括一下会是什么？然后重新细读一遍序言以及引言部分。

（二）重读建议

1. 仔细阅读引言部分，这一部分是全书之纲，后面的部分是对这一部分的展开论述。对这一部分的精透揣摩，有利于建立起框架感。

2. 重读时，案例已经比较熟悉，对理论部分要重点反复思考，始终围绕核心问题：自卑与超越之间是什么关系？这种关系在案例中是如何体现的？

3. 细读序言18—19页，深入咀嚼理解阿德勒心理治疗的步骤。需要学习的不是步骤，而是领悟步骤背后的原理，并能够运用书中论述解释它。12个步骤中，每一条都要思考追问背后的原理思想。或许一时还不能清晰地理解，但要保持追问和思考。

4. 仔细阅读175—179页15个问题，并努力回忆书中相关的案例和分析，若能联系自己实际来思考分析，更好。

5. 可上网查询有关阿德勒个体心理学的介绍（比如心理学网），看看一些对阿德勒理论得失的经典评论。

（三）运用本书

1. 若有必要，以自己或者自己的孩子为对象写出一个案例，先如实地写出经历特别是细节（想想哪些细节是重要的），最后再尝试进行分析并补充，看是否有遗漏。

2. 以班上某个问题学生为对象做一个案例，按照个体心理问卷中的15

个问题中提供的信息去进行相关的调查，甚至可以设计针对家长以及学生的问卷，至少你会比原来清楚应该问什么问题。

3. 若有时间，请阅读《特别的女生萨哈拉》这本小说（网上可搜索到电子版或在线阅读版本），你是否能够用《儿童的人格教育》中的理论去理解萨哈拉和德里，去解释波迪小姐的专业性？

4. 新教育强调帮助学生树立自我镜像，并将高期待与细跟进作为解决学生问题的根本原则，结合本书，你如何理解？

本书提供了基本武器，但是，除了反复阅读外，武器是要在不断地运用中才能够发挥效果，进而影响教育教学行为的。而任何运用，都意味着要对原来的解决方式进行反思，这是不容易做到的。因此从另外的意义上讲，本书只是反思工具，是否能够达到改进教育教学的目的，并不取决于阅读力，而是取决于阅读者对待教育教学问题的根本姿态。

《儿童的人格教育》批注片段

（一）

除了人格的统一性，人性的另一个最重要的心理事实就是人们对优越感和成功的追求。这种追求自然是与人的自卑感有着直接的联系。如果我们没有感受到自卑，或处于"下游"，我们就不会有超越当下处境的愿望。追求优越和自卑感是同一心理现象的两个方面。为了表述的方便，这里把它们分开来讨论。本章将要讨论追求优越及其对教育的意义。【批注：是"应对"还是"把握"环境？这里涉及一个深厚的哲学、人类学问题。道家思想的顺其自然，安心处于"下"、"下游"（见《道德经》），与尼采的超人思想，在此明显形成了对立。事实上，这两个极端，都是人面对环境时所采取的两种不同的"方案"，我们可以说是"阴阳—黑白""女性—男性""顺从—超越""无为—有为"的不同思路。在这里，我们可以看到，阿德勒的思想，是基于西方科学技术主义的，是基于尼采超人思想的。而精神治疗，也因此可以有两条进路改变"患者"的"精神"：使其失却紧张；使其更为强壮。这两种方案、两种思想没有绝对的错对，事实上，新教育叙事心理学，正是要在理解这一切的基础上，走出一条"易"、"中庸"、"泰然任之＋改良社会"的道路来。】

首先，人们可能要问，追求优越是否和我们的生物本能一样是与生俱来的。对此，我们的回答是，这是一个不大可能成立的设想。我们确实不认为追求优越是与生俱来的。不过，我们必须承认，追求优越具有一定的生物基础，这种基础存在于胚胎之中，并具有一定的发展可能性。也许这样来表达更为恰当，即人在其本性上是与追求优越密切相关的。【批注：这个讨论有一个没有澄清的前提：什么是"优越"？我们在何种意义上讨论"优越"？宇宙与生物的进化史，既可以视为一部"超越史"，更可以视为一部"适应史"，但是适应的事实，造成了某种意义上的"优越"。所以，我宁愿认为，适应（把握）环境是生命的本能（本质），而超越则是其中一种积极的策略。关于生命与环境的关系，杜威有相关的论述；关于生命把握环境的策略，皮亚杰有相关的论述。】

当然，我们知道，人的活动是局限在一定的范围内的。有些能力，人是不可能发展的。例如，我们不可能达到狗的嗅觉能力，我们的肉眼也不能看到紫外线。不过，我们拥有某些可能继续发展和培养的功能性的能力。我们可以从这些能力的进一步发展中看到追求优越的生物学前提，也可以从中看到个体人格的心理展开的源泉。【批注：我们从生命和生物的角度，可以发现无论是狗的鼻子，还是猿类的群居，以及智慧，都是把握环境的"策略"，是在应对环境的过程中"创造"出来的。和生物进化中生物本身的无意识相似，在儿童早期的策略中，他本身并没有非常明确的意识、认识。】

（二）

在对有益的和无益的优越感追求的差异做进一步探讨之前，这里应当首先对一种似乎与我们的理论相矛盾的行为进行探讨。我这里指的是懒惰行为。乍看起来，懒惰似乎与"所有儿童天生就有一种追求优越的心理"的观点相矛盾。实际上，我们之所以责备懒惰的儿童，就是因为他们没有表现出追求优越和富有雄心。不过，如果仔细考察这些懒惰儿童，我们就会认识到普遍流行的观点是错误的。原来懒惰的儿童正在享受懒惰的好处哩！懒惰的儿童无需背负别人对他的期望；他即使无所建树，也会在一定程度上得到人们的原谅；他无需努力，总表现出一种无所谓和闲散的样子。不过，他的懒惰却使他成为人们关注的对象，最起码他的父母得为他操劳。想想看，有多少孩子为了引起别人的注意而不惜代价。这样我们就会明白，这些孩子为什么想通过懒惰来达到引人注意的目的。【批注：阿德勒关于懒惰孩子的描述，事实上已经与他的"超越心理学"有了一定的冲突，而与我所讲的生命在环境中求得"适然"更为吻合。生命总会以最小的代价来取得最大的适然，所以，懒惰几乎成了人的一种天性。而我们指责某些儿童以及成人"懒惰"，不是因为他们出的汗水比别人少，而是因为他们是寄生的，不自主的。对儿童来说，我们知道他们不可能在寄生状态下活一辈子，所以这种寄生状态会让成人非常焦急。】

当然，心理学对懒惰的解释并不全面。许多儿童之所以懒惰，是为了缓解他们的处境。这样他们就可以总是把目前的无能和无所成就归咎于懒惰。人们很少指责他们能力不够；相反，孩子的家人通常会说："如果他不懒惰，他什么都能干！"孩子对这种说法沾沾自喜，因为它对缺乏自信的孩子来说是一种安慰。【批注：这里涉及心理学上的"归因理论"。对失败的儿童，我们如何批评？何种归因（是批评其勤奋但不够聪明还是批判其聪明但懒惰）？这不同的归因会带来怎么样的后果？这些，还需要更深入的考虑。懒惰而聪明确实是一把保护伞，但如果失去了这把保护伞，失败的人可能没有信心面对这个世界。】

此外，这种说法还成了一种成就补偿，这对孩子和成人都同样如此。这个富有欺骗性的"如果句式"——如果他不懒惰，他什么都能干——使得他的毫无成就感变得尚可忍受。一旦这个孩子真的取得点什么成就，这些成就会因此具有了特别的意义。这种些微的成就与他之前的毫无建树形成鲜明对比，并因此受到人们的赞扬。而其他那些一直埋头努力的孩子虽然取得了更大的成绩，受到的赞扬反而较少。【批注：这是不是因为我们太注重孩子的态度，而不够关心事情本身呢？是不是我们的教育把儿童态度当成了中心，并进而制造出问题，而忽略了对事情、知识本身的更本真的关注呢？当成人和教师本身置身于学习、劳动之外的时候，这样的情况就会发生，但是，当他们本身也置身于其间的时候，这样的情况就不会发生。在成人也置身于其间的时候，我们往往更能够以事情本身的逻辑来评价具体的行动。】

可以看到，在懒惰的背后通常隐藏着一种未被揭示的"权谋"。懒惰的孩子就像走钢丝者，下面总是张着保护网，这样他们即使掉下去，也不会受伤。人们对于懒惰者的批评总比其他孩子要温和得多，因而也不会强烈地伤害他们的自尊。说他们很懒比说他们无能，对他们的伤害显然会小一点。简言之，懒惰是那些缺乏自信的人的一种屏障，但同时也阻碍了孩子着手去解决他所面临的问题。【批注：这确实是一种洞察。但我得警告：当我们说一个孩子是愚笨而不是懒惰的时候，这等于是对一个孩子判处死刑。而说他是懒惰，哪怕是判处无期徒刑，也仍然有赦免的可能。】

我们只要考察一下当前的教育方法，就会发现这些方法恰好满足了懒惰孩子的希望。人们越是责备一个懒惰的孩子，就越是正中他的下怀。因为人们要整日为他操心，喋喋不休的责骂转移了人们对他的能力问题的关注，而这正是他所满心期望的。【**批注**：*这里似乎有什么东西错了。他在责骂中仍感到适然的，是因为这是对他生命的一种相对的肯定。同时，他也确实会因避开了真正的问题而心存侥幸。但是，这并非是他满心期望的，事实上，在这样的处境下，他仍然有不同程度的焦虑与恐惧，他知道他必须证明，他不能靠"聪明但懒惰"的标签生活一辈子。但是，如果成人没有给予他必要的帮助也是不行的。我们知道，他的失败主要不是因为懒惰，而是因为他遇到了自己一个人还不能解决的困难，但是，这困难看来并不是他永远不能解决的（这也是我们说他聪明的原因），现在，他需要的就是有人帮助他克服困难，证明他确实是聪明的。到这时候，懒惰之症就会自然而然地消失，他会空前地因为成就而变得勤奋起来。但是，只要没人帮助他克服眼前的困难，他就宁愿躲在"聪明但懒惰"的这个较好一点的伞下，因为不如此他就会被判处死刑——愚蠢不可救药。*】惩罚对他也具有同样的效果。教师总是相信惩罚可以使他改正，但他们总是以失望而告终。即使是最严厉的惩罚也不能使一个懒惰的孩子变得勤快起来。【**批注**：*症结不是懒惰，而是困难。惩罚可以医治懒惰，但是不能医治认知上的困难。*】

四　相约星期五——新教育教师读书会

为进一步推动新教育教师专业发展项目的研究，项目组成立了基于网络的新教育教师读书会，其中共读活动每周一次，命名为"相约星期五"。读书会已经成为教师网络读书会的一个品牌，现以一次共读过程为例，将读书会通常的运行流程描述如下，以供参考。

准备阶段

准备阶段包括这些工作：选定讨论材料（根本书籍片段、整本书、教育案例、教学案例）以及拓展阅读材料（有时候还会提供相应的链接），发布于讨论帖中。同时，要求读书会成员进行批注并将批注上传于讨论帖后。只有提交批注的老师，才有参与讨论的资格，若无暇批注，则讨论过程中只许旁观，不许提出问题。

首先，提前一周发出讨论通知：

新教育教师专业发展之"相约星期五"讨论通知

各位实验者以及关注专业发展的朋友：

本周五（2009 年元月 9 日晚 7—9 点）群讨论的内容为"《新教育教师专业发展兵器库》之'《教育人类学》谈信任'"，请大家从论坛下载这一章节进行阅读，并做好批注。请在 1 月 9 日晚 6 点以前将批注上传至本帖中，然后准时参加群讨论。若无法参与群讨论，可查看群记录（一般会保持一周），也可以通过本帖发表意见和提出问题。

若非实验者，想要参加讨论，必须在提交读书笔记后方可申请加入专业阅读群，群号为：57294115（小学），59629315（中学），并在申请中注明已经提交笔记，说明教育在线网名。①

欢迎大家积极参与！

新教育实验教师专业发展项目组

2008 年 12 月 30 日　星期二

（历次讨论全记录略，此处一般提供历次讨论链接供查阅，这也是相约星期五的"历史"）

其次将会在通知帖中上传讨论材料，如本次讨论上传约 7000 余字的讨论材料，涉及博尔诺夫《教育人类学》中下列章节（限于篇幅，原文此处略去，可上论坛查询）：

1. 第四章《教育气氛》全部内容；

2. 第七章《克服存在主义》第二节；

3. 第八章《人类学对空间的解释》第七节。

很多时候，为了方便阅读，还要加导语，并且提供一些辅助阅读材料，本次讨论提供了如下阅读材料及说明：

1. 绘本《犟龟》，主题：信任

网址：http：//bbs. eduol. cn/dispost. asp？ boardid＝65&postid＝338944

文字版见讨论帖第 2 页第 33 楼：

---

① 2009 年起，专业群不再分中学组和小学组，新教育教师读书会群号为 57294115，也不再吸收非实验者参加，并且仅限于讨论教育问题。此外，又组织读书会中的语文老师另成立构筑理想课堂群，讨论有效教学。

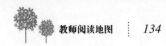

http://bbs. eduol. cn/2008 - 12/30/2002291461122. html

2. 父性之爱与母性之爱（见 2008 年 12 月 5 日讨论帖）

网址：http://bbs. eduol. cn/dispost. asp? boardid = 112&postid = 349176

本次讨论材料中，第七章和第八章只是供参考的章节，较难，不宜深究。（若有兴趣，也可提出相应的问题）

本次讨论分为两部分，第一部分按讨论提纲进行讨论，第二部分是自由讨论，讨论完以后自然结束，尽量控制在 9 点以前结束。

为了方便理解，还设计了讨论提纲。但在真正讨论的时候，由主持人视情形而定，不一定依提纲进行一一讨论：

1. 何为教育气氛？你能否进行描述？

2. 你认为信任的根源在哪里？能描述一下与"父性之爱与母性之爱"部分的联系吗？你怎么理解下面这段话？

"母亲的照料之爱为儿童创造了一个值得信赖的、可靠的、纯洁的空间。儿童所获得的将是依附的、有意义的、熟悉的、亲近的和易于交往的品格。"因此，一般地说，这不仅是一种有助于儿童能力发展的内在气氛，更具体地说，这种关系除此以外还通过他们所爱所信任的人为他们开辟了认识世界和接触外界事物的道路。尼切克继续写道，"认识能力就是由此产生的，而这种能力导致儿童对外界和世间万物的理解。"

3. 什么是明天性？它对于教育以及培养信任的意义在哪里？

4. 谈谈你对下面这段话的理解。

教育者知道他的信任是一种冒险，可能最终会失败，尤其是当他大失所望之后又重新建立起信任时，更可能会失败。正因为教育不是一种可以预料的活动，它不像工程计划那样，人们能够准确地预测其结果。虽然信任是教育成功的必要条件，但是由于被信任对象的行为是自由的，因而其效果是无法预料的，并不如自然规律那样具有必然性。所有信任都可能会落空。这就是教育意图的失败。此时，大多数公众会认为教育者缺少必要的谨慎。但是这种看法是错误的。这并不是教育者犯了错误，而这种错误如事先有充分了解的话本来是可以避免的。恰恰相反，他今后仍必须一如既往，因为教育本身实际上离不开冒险，教育者只要正视他所从事的职业包含的危险，就必然会有意识地承担起这一职责。即使是最佳的教育活动也总是伴随着失败的可能性。N. 哈特曼用充分的理由证实："一切信任和信赖都是一种冒险……这等于信任者把赌注押在被信任对象身上，他就像置身于一场赌博之中。"所以这种预先给予信任的教育需要教育者自身做出极大的努力（承担义务）。

教育者必须不断地有意识地使自己经受住失望的危险，因为这种信任不可避免地带有风险。如果仅仅出于教育上的原因而试图采取一种假信任，即尽管实际上心中有保留看法，但嘴上说信任，这是无济于事的。假信任就是不信任，它不可能取得积极的成果。只有采取完全真诚的态度才会产生效果。

5. 耐心与信任的关系是什么？

6. 什么是对世界的信任？对存在的信任？

7. 请解释《犟龟》中的信任主题，并回答一个问题：假如犟龟遇不到婚礼，怎么办？有人说：只要上路，总会遇到隆重的庆典，你如何理解？

最后，主持人还提供了"精彩摘抄"（具体内容略）。

讨论阶段

周五晚 7 点，由主持人宣布讨论开始，主持人要对整个进程进行调控，防止话题偏移，及时小结并引导讨论走向深入，并在最后宣布讨论结束并发布下周讨论内容。

以下为讨论片段记录：

何谓信任（中学群讨论片段）

潘元成：我们往往会把信任做成放任。

还可以做梦吗：这也是我的疑虑。

还可以做梦吗：比如孩子犯错误，他不承认，怎么办？

铁皮鼓：你将它与通常意义上谈论的信任混为一谈，在通常意义上，信任是一种交易。我信任你，但你得证明你当得起我的信任，否则我就会收回信任。因此我们往往对优等生信任，而对差生丧失信任。但你怎么可能绝对信任一个人？

还可以做梦吗：我理解信任，就是教师要无条件地对学生保持信心，心怀希望。

铁皮鼓：你做得到吗？

还可以做梦吗：尽力。

铁皮鼓：当你说尽力的时候，本身就不是信任。并且，没有理解这段文字。

还可以做梦吗：信任是必要的，即使失败仍然要坚持信任。那样孩子会嘲笑老师的迂腐、弱智和愚昧，遇到恶劣的学生，甚至会利用教育者的信任，捉弄教育者，这样的可悲的例子，应该是有过的，只是我一时记不起在哪里看到过或者听说过。这种信任真的是太酸楚、太悲壮了。

铁皮鼓：只有在失败时仍然保持信任，才是信任啊。

潘元成：对，所以我现在很矛盾，以前我对一些学生不信任，我现在该怎么办？

还可以做梦吗：教育者尽管也曾有过沮丧，但仍要有勇气信任并一如既往地表现出信任，因为只有在这种情况下，一种能够深入青年人内心的教育才会得以成功，才能真正激发起他们内在的更强的能力。（强调这种对被教育者的信任是发自内心的无条件的）

铁皮鼓：有一个小孩对你撒谎，反复撒谎，你还会相信他以后给你讲的各种理由吗？

初荷：这里的信任，似乎并不是具体去信任学生的某一句话，而是要信任学生的本质——不知道我理解得对不对？

还可以做梦吗：很难。

铁皮鼓：初荷说得有点门道，有一个小孩对你撒谎，反复撒谎，你还会相信他以后给你讲的各种理由吗？你如果还相信他的话，只能说明你傻啊。这不是我们讨论的信任。

淡墨轻轻影：信任，是通过信任创造安全感，给孩子以希望。信任老师，和让学生信任都需要极大的勇气。

阿曼：基于对世界的、对生活的、对生活本身、生命本身的信任吗？

铁皮鼓：阿曼说得对。

杨超：对于具体事务，可以有相信或者不相信；但对于一个生命，只有信任。

铁皮鼓：是信任他无论经历多少挫折，反复，最终一定会有所成就。有的老师不信任学生，他内心已经判了这个学生死刑，因此他只是控制。所以信任不是指向具体某一件事，是指对所有学生的未来充满信心。

淡墨轻轻影：博尔诺夫有两个反对。一是反对盲目信任，二是反对假信任。

铁皮鼓：盲目信任是指误解信任，将信任只指向具体事情；假信任是指将信任当成策略。这样信任就成了交易。其实爱，信任，在许多老师那里都是交易。因此一旦没有事情上的回报，便大怒。许多老师会想：我对你这么好，你为什么不知恩？

淡墨轻轻影：实质是不信任。

阿曼：正是这样。

铁皮鼓：这不是我们讨论的信任。学生伤害老师是老师的宿命，这里情形很复杂。许多时候，是因为学生缺乏感受的能力，他不是品质不好，是缺乏能力，另外一些时候，是老师不明白学生的需要。

淡墨轻轻影：真正的信任应该是知道孩子成长有无可逃遁的发展阶段，相信他们可以顺利地度过。相信自己可以协助孩子顺利度过。

初荷：是的，我也听过这样的言论——学生伤害老师是老师的宿命。

铁皮鼓：真正的信任，就是帮助他。帮助的办法，可能是鼓励，可能是批评，但绝非漠视或者打击。

淡墨轻轻影：这种信任是站在一种生命成长的高度上的。而非一事一城的得失。

银杏儿：懂点了。

初荷：我也明白了。

铁皮鼓：这一点明白了，我们继续深入。

总结阶段

《教育人类学》之"信任"讨论总结

（中学群主持人/铁皮鼓）

首先，感谢以下网友提交读书笔记：银杏儿、花王解语、淀边芦笛、国平、飘动的心绪、暖来如此、如一行者、zhanglixzh、初荷、淡墨轻轻影、婷子、渚清沙白、教坛耕耘、浅浅草、呈呈1013、水中文字、江湖十年灯、梅香、yuancheng、古井水、辛黛瑞拉、阿曼121、liusiyuannd、铁皮鼓、雾遗、divi。

感谢QQ群中下列网友参与讨论：潘元成、还可以做梦吗、淡墨轻轻影、白眉大侠、初荷、阿曼、Azhu、教坛耕耘、古井水、梅香（以上为中学群）。

花解语、唐卫明、Shui、森林之翼、阳光糖果、林中小熊、淡墨轻轻影、铅笔头儿、水中文字、小风习习飘、冰山上的来客、干国祥、嫣然、杨超（以上为小学群，一些网友 QQ 名与论坛网名不一致）。

本次讨论，澄清了以下问题并达成了共识：

《教育人类学》中的信任，是一种对世界以及人类的信任，对世界以及人类的信任源于对自我的信任，无论对世界以及人类的信任，还是对自我的信任，归根到底都是对存在的信任，对生命的信任。

这种信任不指向任何具体的事件，而只是一种姿态、一种情绪、一种气氛。在教育教学中，对自我的信任是指：我相信我的生命是有价值的，是独一无二的，我必将会成为真正的创造者，虽然我并不确切地知道我将来会做什么。对学生的信任是指：无论学生目前多么愚笨、顽皮甚至不可救药，对他的未来始终抱有信任，坚信他的生命具有无限可能性，他无论经历多少灰暗、挫折甚至倒退，最终一定会有所成就。这种相信也就是新教育所说的"相信种子"，只有相信种子，才能相信岁月，教育者才会有足够的耐心。

与这种信任相对的甚至相悖的，是盲目信任和假信任。盲目信任是对具体事情缺乏洞察力而给予的信任，会导致放任以及种种危险，其实是一种不负责任。假信任是将信任当成策略，当成交易当中的筹码。而真正的信任不指向任何结果，是对生命本身的信任。

（1）幼儿具有安全感的初始状态，气氛纯真，充满信任。

（2）这一封闭的世界终有一天会被打破，人经过危难，体会到自身的存在非常不安全，并产生孤立无援的失落感。

（3）于是产生了重新建立起自己的生活保障、重新在世界上获得可靠的立足点的需要。

这三个阶段，是一个建立信任、怀疑信任、重建信任的过程。第一阶段，孩子因为获得了精心惯常的照料，获得安全感，从而建立对世界的信任，接近于以前所说的母性之爱。但是，第一阶段的信任，是一种高度安全感所培养出来的"感觉"，并非事实。

第二个阶段，孩子会发现，第一个阶段是一个错觉，童话是谎言，父母对自己的爱可能会收回，世界既无意义也不完美，人性也是这样，连父母也充满了私心杂念，并非完人，进而发现世界是一个动物园，这是一个存在主义阶段。而存在主义的关键是"虚无"，必须有存在主义的深度，才能够理解信任的丧失——他人即地狱，存在即虚无。许多人一生都处在第二阶段，抱怨政府，抱怨社会，抱怨他人等等。

第三个阶段是重建信任阶段。"一切信任和信赖都是一种冒险……这等于信任者把赌注压在被信任对象身上，他就像置身于一场赌博之中。"虽然看清楚了世界的"真相"，人性的"真相"，但是仍然要相信它。绝望感始终伴随着信任，成为信任的灵魂。因此这需要一种宗教般的相信才能够真正建立起来。用罗曼·罗兰的话来说："我看透了世界，但我仍然热爱它。"

梅子涵老师在评论《犟龟》的时候说过一句："只要上路，总会遇到隆重的庆典。"理解这句话很重要：为什么说犟龟一定会遇上庆典？万一赶不上狮王 29 世的婚礼呢？

《犟龟》的主题是"信任"。这种信任，不是对某个结果的"相信"，犟龟相信他能够赶上狮王 28 世的婚礼，结果他的"相信"落空了，他实际上并未赶上。因此信任不是针对具体愿望，因为任何愿望都可能因种种因素落空，但是假如相信自己，相信生命，那么坚持下去，即使遇不到 28 世的婚礼，也会遇到 29 世的婚礼，即使遇不到 29 世的婚礼，也会遇到别的庆典。婚礼只是一个比喻，对自己的生命有一定坚定信仰的人一定会有所成就。

《犟龟》中的信任与《教育人类学》中的"信任"有所不同的是，《犟龟》中的信任是一种从不怀疑的宗教般的信任，一种对生命本身的坚定信念，而《教育人类学》中的"信任"则是指存在主义之后的信任，即笼罩着绝望感的，洞察了世界以及人性之后的信任。

信任是教育教学中的常用语，但我们几乎从未省察过它的深刻含义。通过本次讨论，我们对信任与放任，日常意义上的信任与对世界、对存在的信任，真正的信任与盲目信任、假信任的区别有了更深刻的认识。

　　这种认识能够促进我们进一步反省自己的职业态度以及生命态度，并有可能最终使我们意识到：除非我们摒弃日常教育中对孩子那种交易式的爱与信任，培养起对生命、对世界的根本信任，培养起对未来、对孩子的根本信任，否则，我们无法真正培养孩子对世界、未来和生命、他人的信任。而在此过程中的种种失败与挫折，是对信任的考验、检验。

　　本次讨论有相当难度，但也是讨论质量较高的一次。知性阅读本身就是对自己理解力的挑战，众多实验者满怀热情地参与了挑战，并在讨论交流中获益匪浅，谨此致谢。诚如我在中学群讨论中所言，专业阅读也需要"信任"，对于共同体的信任，对于自身无限可能性的信任，让我们共同努力！

第四章　教师阅读之本体性知识重点图书

一个教师在他的职业生涯中，一定会阅读许多书籍。可能是文学名著或科学作品，也可以是教育学、心理学经典，或者是流行教育图书，当然更多的，或许是教参、应试宝典、《读者》之类的杂志、流行小说及网络小说。

毫无疑问，这些书籍深度参与了职业自我乃至于整体人格的塑造，"我是谁"的答案，同样潜藏在这些图书里。想想许多教师是在教参以及习题集中度过职业生涯的，真令人感叹！即使那些致力于教育学、心理学以及学科本体性知识阅读的老师，又有多少人一直在黑暗中苦苦摸索？

新教育试图提供一幅阅读地图，为更多在茫然摸索的同行提供参照。

新教育教师专业阅读地图（简图）

分类 \ 阶梯		阶梯一	阶梯二	阶梯三
本体性知识	汉语知识	《汉字密码》 《修辞学发凡》		
	文本解读	《唐宋词十七讲》 《永恒的魅力——童话世界与童心世界》	《金圣叹评点水浒传》 《诗词例话》	《人间词话》
	学科理论及实践	《名师课堂实录》 《听王荣生教授评课》		《语文科课程论基础》
	文学作品	毛虫与蝴蝶共读图书 大量优秀文学作品		
专业知识	教育学	《孩子们，你们好》 《给教师的建议》	《课程与教学的基本原理》 《教育的目的》	《民主主义与教育》 《复杂性理论与教育问题》
	心理学	《儿童的人格教育》 《爱的教育》	《动机与人格》 《逃避自由》	《道德教育的哲学》 《儿童心理学》（皮亚杰）
	教育管理	《小学课堂管理》 《优秀是教出来的——创造教育奇迹的 55 个细节》	《儿童纪律教育》 《有效的学习型学校》	
	职业认同室	《新教育之梦》 《成功无捷径——第 56 号教室的奇迹》	《教学勇气》	
人类基本知识	文学艺术	一切优秀文学名著 《艺术的故事》	《美的历程》 《给一个青年诗人的十封信》	
	哲史宗教及社会学	《万历十五年》 《儒教》	《西方哲学史》（罗素） 《论语今读》	
	科学	《时间简史》 《爱因斯坦的圣经》		
	综合及其他	《大学人文读本》 《近距离看美国》	《第五项修炼》 《美德的起源》	
	电影	《死亡诗社》 《生命因你而动听》	《十二怒汉》 《飞越疯人院》	《魔戒》（三部曲） 《黑客帝国》

说明

教师专业阅读其实应该涵盖全部哲学、心理学、文学名著，尤其是《论语》、《道德经》、《民主主义与教育》、《复杂性理论与教育问题》及唐诗宋词、诸子百家。

这里只是举例性质的简图，更详细的书目后面分章出示；加灰块的为阅读地图中的根本书籍，除此之外，各分支学科也有自己的根本书籍，如《动机与人格》是人本主义心理学的根本书籍，但对于整个教师专业阅读地图来讲，则不再视为根本书籍，因此根本书籍的概念是多重的。

专业阅读地图概述

这世界上已经有太多的教师书目了，官方的、学院的、民间的，新教育提供书目的意义何在？

有一种观点，认为推荐书目是很容易的，只要请各个领域内最顶尖的专家推荐各自领域最好的图书，然后组合起来，就是一个最佳书目。这无疑是一项恢宏的工程，而且有组织真的这样做了，结果发现书目并没有真正发挥作用，很快被束之高阁烟消云散了。

长久以来，我们有一种深刻的误解，以为书目是好书的简单集合，顶多是尽量适合阅读者水平而已。这是一种典型的客观主义谬误，即认为从理论上讲存在着一个完美的客观的书目，只要依着这个书目阅读，知识营养便会最大效率地注入人的大脑。

多年以前，新教育也曾经走过类似的弯路，也正因为如此，我们真切地意识到，这个世界是永远不存在一个客观公正的书目的。书目是一个生命体，有性格、气质、兴趣偏向。书目也不是好书的简单集合，书籍与书籍之间，也并非彼此毫不关联，恰恰相反，它们就像人体的细胞一样，带有相同的基因，拥有共同的生命密码。它们之间彼此联系，彼此丰富补充，共同构成了一个完整的知识谱系——不是死的，而是带有哲学及心理学背景的知识谱系。因此，最重要的并不是一本一本单列的书——这永远都可以不断地补充，重要的是书目背后的思想、逻辑、生命以及教育学乃至于哲学。这些东西决定了选这本书而不是那本书，决定了像选择人一样，在选择书籍的时候也要选择尺码相同的书籍。

新教育专业阅读地图因此具有两大特征：结构性和阶梯性。

所谓结构性，有两层含义，一是指专业阅读地图基于合宜的知识结构，这种知识结构，是构筑合宜的大脑的基础。这就仿佛一个理想的人的标准，真实的人可能偏胖或者偏瘦，偏高或者偏矮，并且很可能因此而形成个人风格，但不排除标准身高、标准体重存在的意义与价值，因为这个坐标可以随时提醒大家：该减肥了，或者要补钙以增加身高。

结构性更重要的一层含义是，它是一种有机结构而非机械结构，这个结构中有不同的器官，但是有相同的 DNA，流着相同的血液。也就是说，这种书目的选择排列，是基于新教育对教师专业发展的理解。可以想见，倘若理念不同，所选图书便会发生很大的变化。如果对新教育实验专业发展推荐书籍的教育学背景进行一个简单描述的话，一定意义上可以说，它是力求在一个学科研究越来越专门化、科学主义盛行的时代里，恢复生活，尤其是教育生活本身的整体性和复杂性。在新教育实验看来，教师专业发展不是提供冷冰冰的兵器，而是强调职业生活乃至于教师整个生活的一体性。新教育实验不排斥纯粹技术性图书，但是更强调背景化的技术，让技术在整体的背景下发挥作用。一切技术都指向人而不是物，都是具体的而不是抽象的，因此专业阅读在更高层面上，乃是构筑合宜的大脑，丰富教师的生命乃至于存在，经由专业训练而使生命更为深邃、丰富、灵动和进退自如。

那么，新教育在选择书籍时，究竟依照什么样的标准？

有三条基本的标准，即针对性、经典性、可读性。

针对性，即强调解决问题，对症下药。专业发展必须重视实战效果，因此针对可能遇到的不同问题，推荐目前所能找到的最合适的书籍，是专业阅读地图的基本功能。这些问题，既包括形而上的理念问题，也包括具体细微的实践问题。

经典性，即强调推荐书籍的精辟透彻，常读常新。新教育强调的经典性与通常所谓的经典性大不相同，我们不重视在相关专业发展史上的重要地位，不强调作者的名气，强调的是能够高瞻远瞩地讲清楚某一个领域哪怕是某一个概念。例如，关于对话，《论对话》、《我与你》、《被压迫者教育学》等几本书代表了目前中小学教师可阅读层面最为经典的作品，有了这个高度，便可看出国内许多谈师生对话的教育著作的明显不足。

可读性，是强调推荐书籍不能距离一线教师的阅读力太过遥远，例如同样是讨论对话的书籍，哈贝马斯的对话理论或许更为深邃，但因其艰深而不易为一线教师阅读，就不在推荐之列。因此大家小书往往是首选。

这张专业阅读地图收录的书目非常有限，在对大量的图书进行筛选之后，我们只留下了极少的一部分，并且在最终定稿时又删除了一些。

我理解许多读者的心情，许多人希望看到一个庞大的书目，最好由数百本乃至上千本书籍构成，这让大家感觉到"一切尽在掌握之中"，此后便可以自由自在地在书海中游弋。但是做教师专业发展项目的经验以及我个人的阅读经历告诉我，这只是一种关于阅读的幻觉。事实上，推荐的书籍越多，阅读的可能性越小，而好书被湮没的可能性则越大。读者不是被动地阅读，他需要一些根本书籍的指引，然后循着去阅读真正适合自己的图书。在这里，个人所关注的问题和个人的兴趣偏向对书籍的选择有决定性的意义。

因此，我们往往只是推荐最关键最值得阅读的书籍，而其他相关的书籍，我们宁可在关键书籍的介绍背后附注，而不愿意尽数列入书目以冲淡根本书籍的重要性。

使用地图的核心，是针对自己的问题，通过选择一本一本此时此刻最适合自己的图书，逐渐构筑自己的知识结构。而在构筑自己的知识结构的过程中，读者会逐渐发现新教育推荐的书目，同一领域的不同书籍，甚至不同领域之间，往往有着共同的教育学背景，或者说对教育教学共同的理解，这才是本书目的关键所在。也就是说，一方面构筑合宜的知识结构，另一方面，是逐渐理解书目背后新教育实验的教育学和心理学背景。

需要说明的是，这个专业阅读地图，首先是一种概念，一个有机的结构。因为并不是所有领域都能够找到恰当的图书，所以地图中留了一些空白有待填充。一方面，目前对一线教师而言最重要的根本书籍我们都已经基本收录了，另一方面，还有很多技术性的书籍有待发现，或者有待被书写出来。因此，我们将通过不断再版，让这个书目拥有更多的"毛细血管"，从而更生动，更有生命力，更能解决老师的问题，敬请关注。

语文科阅读

　　因为种种原因，在学科书籍方面，我们目前只提供了语文及数学学科推荐书目，而且朝小学方向做了适度倾斜。

　　语文本体性知识，即与语文学科有关的专业知识，是语文教师知识结构中最重要的部分，在知识结构中约占50%的比例。

　　我们将这类书籍又进一步细分为汉语知识、文本解读、学科理论及实践、文学作品。在本章中，我们竭尽所能地选择那些最能够让语文教师从中获益的书籍。但是遗憾的是，许许多多的书籍因各种各样的原因被我们排除在书目之外，甚至包括前辈语文大家朱自清、叶圣陶等人的书籍。我们的标准是：

　　1. 能否清晰透彻，又相对通俗地把某一领域或者某一问题解释清楚。

　　2. 能否针对当下语文教学中存在的实际问题，提出卓尔不凡的见解。

　　3. 能否具有工具性质，有助于成为语文教师的得力帮手，协助解决日常教学问题。

　　4. 是否是公认的代表语文课程及教学理论前沿水平的书。

　　5. 是否能够以案例的方式（文本解读、课堂实录以及其他案例性形式），丰富而又清晰地解释语文教学某一方面的问题。

　　我们不以名气以及流行度作为第一标准，只要符合上述条件之一的，便可以进入书目。当然，出于书目性质的考虑，有一些有用的书籍也未列入其中，主要包括：

　　1. 常用工具性图书。主要是辞书，大家比较熟悉，不用特别推荐。包括一些鉴赏类图书，如《唐诗鉴赏辞典》之类，也颇有用，但不列入书目，读者可根据需要自行选择。

　　2. 教科书类图书。主要是知识类，因为通常师范教育中流行的王力等人的书已经可以满足日常使用，故不再推荐诸如《古代汉语》、《现代汉语》之类图书。

　　3. 文学作品。文学作品的阅读是语文教师的基本功，而且是在任教之前就已经大量阅读了，也是师范中文系学习的核心。因此本书目侧重于语文教学，不再单列文学作品，况且这方面的书目已经足够多了。但是有些文学作品与教学息息相关，仍然值得格外说几句。一是为儿童课程（或曰儿童的课外阅读）做准备的儿童图书，这方面图书可参考新教育儿童课程项目的图书，例如《孩子的早期阅读课——新教育实验儿童课程"读写绘"项目用书》。尽管如此，我还是愿意在此强调一下为"毛虫与蝴蝶——儿童阶梯阅读"以及新教育晨诵项目可能提供支持的重点书目。

语文学科分阶推荐书目

汉语知识

《汉字密码》：唐汉著，利用甲骨文知识还原汉字真相。

《简明·连贯·得体——中学生的语言修养和训练》：章熊、缪小放著，运用大量丰富例证透析语文教学中涉及的消极修辞。

《修辞学发凡》：陈望道著，第一部有系统的兼顾古话文今话文的修辞学著作，修辞学里程碑式作品。

文本解读

阶梯一

《唐宋词十七讲》：叶嘉莹著，提出兼用"兴发感动"与"文化符码"来理解古典诗词。

《童话人格》：柯云路著，利用心理学原型工具，解读几部经典神话与童话。

《名作细读》：孙绍振著，运用还原和比较等方法对大量中小学课文进行细读，揭示其深层的、话语的、生命的奥秘。

《五十年：散文与自由的一种观察》：林贤治著，从意识形态角度对五十年来散文作品进行全面的品评，发表于《书屋》杂志，网上可下载。

《古老的回声》：王富仁著，运用西方文艺理论尤其是心理学解释中国古典诗词。

《如何阅读一本书》：艾德勒、范多伦著，关于阅读的权威指南。

《巫婆一定得死——童话如何形塑我们的性格》：雪登·凯许登著，通过童话分析人类心理的形成。

《永恒的魅力——童话世界与童心世界》：布鲁姆·贝特尔海姆著，解析童话背后的儿童心理及儿童发展。

《易中天品三国》：易中天著，通俗易懂地解释《三国演义》。

阶梯二

《诗词例话》：周振甫著，从风格、修辞、写作等角度分门别类地介绍古典诗词鉴赏技巧的大家小书。

《汉字的魔方——中国古典诗歌语言学札记》：葛兆光著，从语言学角度分析诗歌，别开生面。

《小说家的十三堂课》：王安忆著，小说家在大学讲堂里讲小说，敏锐细腻。

《中国古典小说史论》：夏志清著，以西方人的眼光审视四部中国古典名著。

《金圣叹评点水浒传》：施耐庵著，金圣叹评，运用批注法进行文本细读的典范的作品。

《心灵的探询》：钱理群著，详细分析鲁迅的精神世界。

《文学性讲演录》：孙绍振著，阐释文学批评诸多问题。

阶梯三

《人间词话》：王国维著，以"境界说"为核心，融西方美学思想与中国批评理论为一体的诗话作品。

学科理论及实践

阶梯一

《听王荣生教授评课》：王荣生著，从语文课程论和教学论角度对几十年来若干经典课例的专业剖析。

《名师课堂实录》：中学推荐钱梦龙、宁鸿彬、于漪、郑桂华等，小学推荐于永正、支玉恒、王崧舟、窦桂梅。

阶梯二

《语文教学内容重构》：王荣生著，重点阐述语文教学教什么的问题。

阶梯三

《语文科课程论基础》：王荣生著，语文课程论方面的奠基之作。

文学作品

1. 大量优秀文学作品（书目略，简单概述）。

2. 新教育"毛虫与蝴蝶"儿童课程推荐共读书籍：

低年级（12 本）

《木偶奇遇记》、《丑小鸭：安徒生童话选》、《灰姑娘：格林童话选》、《猜猜我有多爱你》、《爷爷一定有办法》、《爱心树》、《石头汤》、《犟龟》、《一只孤独的乌鸦》、《我和小姐姐克拉拉》、《跑猪噜噜》、《小猪唏哩呼噜》

中年级 （12本）

《彼得·潘》、《波丽安娜》、《绿野仙踪》、《青鸟》、《爱丽丝漫游奇境记》、《柳林风声》、《中国神话传说》、《苹果树上的外婆》、《一百条裙子》、《特别的女生萨哈拉》、《时代广场的蟋蟀》、《木偶的森林》

高年级 （12本）

《爱的教育》、《小王子》、《秘密花园》、《汤姆·索亚历险记》、《圣经故事》、《希腊神话故事》、《夏洛的网》、《永远讲不完的故事》、《人鸦》、《德国，一群老鼠的童话》、《草房子》、《女儿的故事》

附：晨诵课程使用书籍举例：

《向着明亮那方》、《金波儿童诗选》、《一个孩子的诗园》、《圣野诗选》、《泰戈尔的诗》、《纪伯伦经典诗集》、《阁楼上的光》、《顾城的诗》、《365夜儿歌》、《狄金森诗选》

部分重要图书评介（仅供参考）

《汉字密码》

作者：唐汉　　　　　　　　　　　　出版信息：学林出版社
类别：汉语知识　　　　　　　　　　难度系数：B级／ABCDE
适读人群：所有的语文教师　　　　　推荐指数：★★★

评介：

汉字教学的繁难是世界性的问题，之所以如此，很大程度上是因为我们距汉字造字之初久远，已经很难理解汉字本身的规则，以及隐含在汉字背后的原发性思维。若能够对汉字的造字规则有相当程度的了解，汉字教学便可以事半功倍，学生也能够大面积地减少错别字，特别是形近字的辨析，也将更为清晰。在这一方面，唐汉的《汉字密码》是一本极好的理解汉字的通俗读物，既可用来了解探究汉字的密码，也可以用来当辞典使用。将书中汉字研究的成果融入汉字教学中，除了提高效率外，原本枯燥的汉字教学，也会因知其源流而变得趣味盎然。

唐汉认为，每一个汉字几乎就是一种实物的摹写、一幅生活的缩影。特别是汉字初始时的甲骨文字和青铜器铭文，因其象形特点与实物、实景有着极大的关联及一致性。汉字看似杂乱，实际却有鲜明、简洁的规则。汉字的背后，是一种完整而独立的宇宙观、思维方式和文化价值体系。本书上下册，共分为八章，分别从汉字与动物、汉字与植物、汉字与天地、汉字与人体、汉字与两性、汉字与战争、汉字与民生、汉字与文化等方面详细梳理了上千个基本汉字的源流。例如，上古先民取"人"形而造出"大"，由"大"义造出"天"，里面就蕴含着先民对天人关系的看法。而在此基础上又造出一系列的字，比如"立"就是一个会意字，甲骨文中是一个人立在地面上，而"夭"是一个象形字，下面的"大"，其实是一个人形，上面一撇，像一个人两臂摇曳，表明人体试图保持动态平衡。因此在汉语中，"夭"多表示摇摆、倾侧之义，即晃动的意思。如《诗经·周南·桃夭》："桃之夭夭，灼灼其华。"就是形容桃树枝条在春风中摇摆。而"夭"则倾侧之义，又引申表示屈曲而不得舒展。如"夭折"一词，常用来比喻人的短命早死，背离了人正常的成长过程。现代汉语中"夭斜"表示歪斜，后来又引申到表示人体的曲线美了。而金文中的"走"，是一个会意字，上面为"夭"，下面为"止"，表示大步跑动时手臂挥动的情形。在古文中，"走"的本义就是跑动或者大步急行，例如走狗、走马观花等。后来走成了部首字，凡从"走"字的都与行动有关，如超、起、赴、趋等。而金文的"奔"字，则是由"夭"和三个"止"组成的会意字，表示快速奔跑。"因"表示"人"躺在席子上，本义为依据、凭借，"达"表示人沿着大路而行，本义是在大路上阔步行走，表示通达、畅通之意。"亦"是一个象形字，像一个正面站立的人，中间两点表示两腋，本义为两边皆有，"夹"字则表示两个较小的人搀扶着一个较大的人。此外，"乘、夸、吴、奢、逆"等字，均与人有关。在教学中，配上甲骨文或者金文原来的字形，学生对字形字义，均会有比较深刻的理解。而沉淀在汉字中的先民的生活以及思维方式，也可以借此感受到。

现在有些语文教材强调集中识字，此书对汉字的解读便是成组解读，梳理源流的。识字任务主要集中在小学，特别是低段。低段儿童对图画比较敏感，因此汉字的图画性质也最能引发他们的兴趣。而到了中学阶段，学生需要学习文言文之时，这样的汉字教学，能让他们对文言词语（往往是基本词汇）的本义与引申义有更清晰的认识，不至于摸不着头脑而死记硬背。

《简明·连贯·得体——中学生的语言修养和训练》

作者：章熊　缪小放　　　　　　　**出版信息：**语文出版社
类别：汉语知识　　　　　　　　　**难度系数：**A 级／ABCDE
适读人群：所有的语文教师　　　　　**推荐指数：**★ ★ ★ ★

评介：

简明、连贯、得体是考试大纲对于学生语文能力层级的要求，也一直是语文教学的重点内容。但是，无论是从应对考试的角度，还是从语文训练的角度，大多数语文教师对这个知识点都不甚了了，因而产生重重误解，甚至钻入牛角尖而不能自拔。例如，一说"简明"，便以为句子说得越简洁越好，将一些虚词或者修辞上的重复强调之处统统视为冗余甚至语病。这些原因的产生，往往是我们对"简明、连贯、得体"这些知识点缺乏真正的理解所致。而《简明·连贯·得体——中学生的语言修养和训练》就是一本不但讲其然，而且讲其所以然的解决这一知识点的通俗实用的书籍。

本书作者指出，语言的使用，可以划分为不同的层次，不同层次对语言技能有不同的要求。第一层次可以称之为正确，即语言的使用要符合规范，这是最基本的要求。第二层次可以称之为熟练，即清晰流畅，能够比较娴熟地使用某种语言，不仅懂得并遵循其规则，而且能灵活地掌握其语料组合的技巧。第三层次为恰当，即言语要适应外部环境，它不仅涉及对象、场合等各种因素，而且还涉及某些民俗文化的修养，即所谓得体。第三层次称之为艺术化，即民族文学语言的艺术处理。这样的划分，就将"简明、连贯、得体"这一知识点包含在了一定的语境中，从一般的静态分析转向了语言的动态分析。这种动态分析，对于纠正日常教学中一些过于强调静态描述的倾向（比如一些教师沉湎于修辞格的分析）有一定的矫正作用。

本书的第一章《个体言语和社会规范》，从个体发生学（也就是儿童是如何学习语言的）的角度考察了个体语言发展的规律，特别是对内部语言和外部语言进行了通俗的分析，既有助于我们理解不同阶段儿童语言特点，也有助于理解许多病句产生的内在根源。此外，作者对语言规则与语言现实也做了辩证分析，正如法国现代修辞学派所说的："修辞就是突破规范。"修辞与语法之间一直存在张力，正视并在具体情况下进行分析正是语文教师的任务之一。在此背景下，在接下来三章中，作者依次对简明、连贯、得体进行了梳理分析。例如，作者对简明的定义是：以尽可能少的语言符号，传递尽可能多的信息，并取得最佳效果。并对冗余信息和冗余话语、语言的清晰性进行了详尽的分析。这种分析，囊括了相关的语文知识以及考点：歧义、口头语与书面语、语序、交代指称、句子的容量及组织、图表、长短句互换、代词运用、强调等等。后面的连贯与得体，也都包含了大量实用的信息，可资参考。

　　本书最大的特点是理论与实践相结合。一方面，它对许多优秀教师已经清楚的那些零碎散乱的、不系统的知识进行了理论性整理，另一方面，它又紧密联系教学实际，深入浅出，还附了一部分练习，可帮助理解，也可用于教学。虽然教师们也大都会对语文知识进行所谓的"系统整理"，诸如知识树之类，但那种"系统"是梳理知识点的外部联系，建立在语言理论之上的内部联系一直不甚了了，这本书通过简明、连贯、得体这个知识点，将相当一批语言知识很好地整合在一起，为整理知识点提供了新的典范。

《唐宋词十七讲》

作者：叶嘉莹　　　　　　　　　出版信息：北京大学出版社

类别：文本解读　　　　　　　　难度系数：A 级／ABCDE

适读人群：所有的语文教师　　　推荐指数：★★★★★

评介：

　　这本书是根据叶嘉莹先生于 1987 年先后在北京、沈阳及大连三地做的系列演讲整理而成的，是她最受读者欢迎的一本诗词鉴赏书籍，也是新教育教师专业阅读在文本解读方面重点推荐的图书。共讲解了温庭筠、韦庄、冯延巳、李煜、晏殊、欧阳修、晏几道、柳永、苏轼、秦观、周邦彦、辛弃疾、姜夔、吴文英、王沂孙等 15 人的词，基本上涵盖了最重要的一批词人。精透、通俗、切己，是这本书最大的特色。

　　以往看到的大部分词论，有一个致命的问题，就是过于强调词法技巧的分析，而缺乏建立在切己感受之上的精透分析。这是许多研究者对词缺乏深度生命体验的结果，也就是说，我们已经忘记了词的本原，不能够让自己的生命与词相互呼应，因而也无法深度抵达词的核心。而叶嘉莹先生解词，既是用她全部生命与词相互唤醒，又能够知其所以然，条分缕析地说出何以如此。因此，她解词的一个关键就是注重"兴发感动"。她曾引钟嵘《诗品·序》中一段话："气之动物，物之感人，故摇荡性情，形诸舞咏。"人的生命与草木的生命有一种生命的共感，所以人很容易"悲落叶于劲秋，喜柔条于芳春"。词最初是诗人文士写给美丽的歌女去歌唱的歌词，但诗人文士自己的情意渐渐地也渗入词中，词的"要眇宜修"就体现出来了。因此诗人写词，就要带着生命感受去写，而读者解词，正是要感受到文字背后的东西。叶嘉莹先生如是说："我常常谈到文学中诗歌的作品，最重要的是里边要有一个生命。你里边有没有一个真正的生命，就是我说的，这个作品要带着感动和感发的生命，而这个感动和感发的生命，不只是说作者在写作的时候有感动和感发，而且是说当千百年以后的读者再读的时候，也仍然可以产生一种感动和感发。"也就是说，除非我们从词中真切地感受到一种生生不已、真正生活在那里的一个感动和感发的生命，否则便会隔着一层，不能领悟词的要义。叶嘉莹先生解词，正是用自己润泽的生命，让那些流传千年的句子重新润湿、变得鲜活。于是句子活了，词活了，词人也活了，我们朦胧地感受到了词人的全部生命，以及写词的那一刻的颤动。

但叶嘉莹先生不止于此，相比于传统词话那种羚羊挂角式的评论，她扎实的西方理论功底，使她将西方式的文本细读与东方式的兴发感动结合起来，从而游刃其间。在这其中，最重要的一种方法，是引入西方符号学、阐释学、语言学理论而进行的关于诗歌中能引发丰富联想的词语的分析，我们姑且称之为符码分析吧。例如诗歌中常常用一组词语来形容女人：蛾眉、粉黛、佳人、红袖、碧玉、闺秀……计有数十种，但每个词语在指代女人的时候，又往往附加了别的意蕴，而这种意蕴，是被反复使用的结果。例如蛾眉，在中国传统中，经常暗指一种精神品格上的爱美爱好。屈原在《离骚》中就曾说："众女嫉余之蛾眉兮，谣诼谓余以善淫。"后来诗词中出现"画蛾眉"，常常就有了比兴寄托的意思，指修饰自己的品质思想。又例如，叶先生举李白的一首诗："却下水晶帘，玲珑望秋月。"通过水晶帘来写相思怀念，就提高了所怀念的对象，也提高了自己感情的品质。

全书有几个重点：一是以词家为线索，以代表作阐释其风格特色并将不同词人之风格承继进行比较；二是对词的特点以及词的演进与发展过程，有比较感性的介绍；三是运用西方理论以及中国传统批评方法，对如何鉴赏词有精当的分析；四是传达出了所选词作的那种感发的力量，让读者深受感染。特别是对不同词人风格的比较，极为精当。例如同样是伤感一路，晏殊、冯延巳各不相同，冯的"日日花前常病酒，不辞镜里朱颜瘦"，于伤感中表现出了执着的热情；欧阳修的"直须看尽洛城花，始共春风容易别"，在伤感中流露出遣玩豪宕的意境；而晏殊"美酒一杯新热，高歌数阕堪听"，又在伤感中表达了词人旷达的怀抱。在这种把玩中，叶嘉莹先生的细腻敏感，情思深邈，也有意无意地闪现于字里行间。

延伸阅读：

1. 读者若喜欢叶嘉莹先生的著作，还可以进一步阅读她所著的下列书籍：《杜甫〈秋兴八首〉集说》、《叶嘉莹说汉魏六朝诗》、《好诗共欣赏——叶嘉莹说陶渊明杜甫李商隐三家诗》等等。2. 叶嘉莹先生曾师随顾随先生并深受影响，由叶嘉莹先生整理的《顾随诗词讲记》也很值得阅读。

《童话人格》

作者：柯云路　　　　　　　　出版信息：作家出版社
类别：文本解读　　　　　　　难度系数：A 级／ABCDE
适读人群：所有的语文教师　　推荐指数：★★★★

评介：

童话充满了象征意味，特别是历经几千年的流传，里面往往隐藏着人类的许多密码，这些密码，被一代代地刻写到儿童甚至成年人的心灵之中，成为他们潜意识的一部分，以不自觉的方式，左右着他们的行为方式，影响着他们的人格。而这一点，在漫长的岁月中，极少被人意识到，甚至极少被童话的书写者意识到。

《童话人格》这本书，就是试图以一种浅显易懂的方式，揭示许多经典童话或故事后的奥秘，揭示这些故事如何反映了人类的深层无意识，如何面对并试图解决人类的问题，以及如何形成我们的人格。书里涉及的情结有：狼来了情结、俄狄浦斯情结、孙悟空情结、贾宝玉情结、托尔斯泰情结、埃勒克拉特拉情结、灰姑娘情结、海的女儿情结、丑小鸭情结、思嘉丽情结等，还重点分析了《西游记》、《渔夫和金鱼的故事》、《白雪公主》等几部作品以及作品中的叛逆人格。

以《西游记》为例，柯云路认为，这本书主要讲述了一个儿子和其父母关系的故事，其中也隐含了一个儿子童年期的"恋父憎母情结"。孙悟空的故事是一个小男孩健全人格发展的故事。孙悟空的婴幼儿时期是大闹天宫时期，自由自在，无拘无束，调皮捣蛋，无所不至。对于儿童无法无天的行为，又必须有必要的管教，因此如来佛祖（父亲形象）对孙悟空，先是晓之以理，说服教育无效时，就采取必要的制裁，让他在隔离中反省（五行山下）。当父亲的严厉制裁给儿子以足够的教训后，母亲（观音菩萨）就出现了。她配合父亲的教育方针，以母亲的慈爱形象解放了受到惩罚的儿子，同时按照父亲的旨意，为儿子指出一条正确的道路。

在西天取经道路中，父亲（如来佛祖）一方面为儿子的成长提供了一个光辉的楷模，另一方面也可能成为限制，使儿子无法超越父亲。取经是让儿子独立奋斗的过程，而唐僧可以视为孙悟空"超我"的存在，这个"超我"掌握了父母给予的紧箍咒，代表了父母及社会制定的规范，猪八戒代表"食色本性"的"本我"。西天取经，就是与自身的"超我"、"本我"不断冲突，在冲突中锻炼"自我"的完整性。而孙悟空之所以百折不挠地跋涉在取经路上，是因为西天的正果在召唤他，这里的正果，就是父母及整个社会的肯定，这是一切动力的源泉。

这种含义当然不是吴承恩有意构想出来的，他只是不自觉地开始象征地描述人类的命运，一个人的命运。孙悟空的出世，隐含了人类起源的概念，而求师学道之路，也是人类从赤裸身体的原始状态走向文明的缩影。后面孙悟空的发展，俨然一个人的成长之路，唐僧代表的是自我道德规范，猪八戒代表人类的欲望本体，沙和尚象征一个人的体力和身躯，白龙马则是伴侣的象征（人类在幼年时代以动物为伴侣）。而金箍棒，则是男性生殖器的象征。但所有这些，在吴承恩不自觉书写的时候，已经被人类、被人的生命的故事与逻辑所捕获。

这些童话分析深受精神分析理论的影响，可读性强，不但有助于帮我们理解童话，而且有助于自我分析，从而形成更为完美的人格。

《名作细读》

作者：孙绍振　　　　　　　　　出版信息：上海教育出版社
类别：文本解读　　　　　　　　难度系数：A 级／ABCDE
适读人群：所有的语文教师　　　推荐指数：★★★

评介：

　　孙绍振有一段非常有意思的话，一定会让许多语文教师汗颜："在语文课堂上重复学生一望而知的东西，我从中学生时代对之就十分厌恶。从那时我就立志有朝一日，我当语文教师一定要讲出学生感觉到又讲不出来，或者认为是一望而知，其实是一无所知的东西来。"如果有足够的真诚，许多语文教师就会发现自己在课堂上或许真的没有发掘出知识的魅力来，缺乏文本解读的能力，只能重复教参上的结论。而在课堂上，除了不厌其烦地作者介绍、背景分析、背诵默写零碎以及修辞分析外，究竟离文本有多远？缺乏文本解读能力的人（包括许许多多的专家）往往喜欢宏观分析，但是微观分析才是真正的功夫。孙绍振这样批评当下许多人对文本的处理："缺乏微观基础的空话、套话、大话、胡话乃至于黑话，本是由来已久的顽症，却在基础教育改革中，借强调师生平等对话之机，找到了合法的避难所，于是，满堂灌变成了满堂问。所问肤浅，所答弱智，滔滔者天下皆是。表面上热热闹闹，实质上空空洞洞，糊里糊涂。在处理课文的方法上作秀，多媒体豪华包装，花里胡哨，目迷五色。但是，对文本内涵的分析却有时如蜻蜓点水，有时如木偶探海。"

　　鉴于此，本书对大量的不同体裁的课文进行了文本细读，力图揭示文本背后的玄机。例如贺知章的《咏柳》，教材选入的一位唐诗研究权威解释此诗的好处在于：第一，万千柳丝表现了"柳树的特征"。不但写了柳树而且歌颂了春天。第二，从"二月春风似剪刀"中看到，诗人歌颂了"创造性的劳动"。作者批判了这种机械唯物论（反映了对象的特征，就是好诗吗？）和狭隘功利论（所谓歌颂劳动）的观点，也批评了那种动辄"构思新颖"、"比喻十分巧妙"、"形象突出"之类的论调，对此诗进行了重新分析："二月春风似剪刀"妙在哪里？用"菜刀"为什么不行？明明说是二月春风剪出来的，作者为什么要说"不知细叶谁裁出"？经过这样的追问，诗歌中寄寓的主观情感或者说审美价值，以及诗歌句法上的错综跌宕，就被细致入微地揭示出来了。又如《荷塘月色》一文，传统解读多在"这几天心里颇不宁静"上下功夫，动辄联系时代背景，过于强调社会学的政治功利价值。作者指出："光用小资产阶级知识分子的普遍性的苦闷作为大前提，并不能揭示出朱自清的个性来。因为普遍性的内涵小于特殊性，正如水果的内涵小于苹果一样……就算知道了朱自清的一般的个性，也不足以彻底分析《荷塘月色》的特点。因为，个性和瞬息万变的心情并不是一回事。个性是多方面的，有其矛盾的各个侧面；个性又是立体的，有其深层次和浅层次。一时的心情充其量只是个性的一个侧面，矛盾的一个方面，心理的某一个层次。《荷塘月色》写的是，他离开家、妻子、孩子一个短暂的时间之后的心情。人的心情是不断变化的，在不同的时间、地点和条件下，是千变万化的。而文章的要害，是这个时间段在特定空间的特殊表现，而不是他在任何时间、任何地点、任何条件下都比较稳定的个性。"许多人忽略了文章中的这一句话："忽然想起日日走过的荷塘，在这满月的光里，总该另有一番样子吧。"所以实际上文章中的矛盾是两个世界的矛盾，矛盾的深层则是"自由"。

本书不但对大量文本有鲜活的分析，更重要的是，在这种细读背后，渗透着一种基本的方法观。就是说，洞悉作者所使用的基本工具并学会运用，才是阅读此书最根本的目的。作者运用的主要有还原的方法和比较的方法。还原的方法包括"艺术感觉的还原"、"情感逻辑的还原"、"审美价值的还原"，比较的方法包括"同类比较"和"异类比较"、"横向比较"、"艺术形式比较"、"历史比较"、"流派比较"、"风格比较"等。在作者运用武器的过程中，读者可以尝试理解和掌握这些基本的分析武器。

因此对语文教师而言，孙绍振老师的书，可以作为"另类教参"。

延伸阅读：

1.《孙绍振如是解读作品》，孙绍振著，福建教育出版社，2007 年 8 月第 1 版，定价：58.00 元。

这本书收录了孙绍振先生对更多课文的解读，分为古代诗词、现代诗歌及散文诗、小说、古代散文、现代散文、童话及寓言、纪实作品、议论文及小品文，而且与《名作细读》不重复，可当教参用。

2.《直谏中学语文教学》，孙绍振著，南方日报出版社，2003 年 4 月第 1 版，定价：19.80 元。

这本书是孙绍振先生向高考制度以及中学语文教学提出的挑

战，分为以人为本还是以考为本，新课本编撰的原则、语言的丰富和精神的全面发展，作品分析的观念和方法的操作性问题，口头交际四章，写得酣畅而性情，也值得参考。

3.《文学性演讲录》，孙绍振著，广西师范大学出版社，2006年5月第1版，定价：39.00元（附光盘）。

本书主要阐述了文学批评和文学创作中的诸多理论，如表达力、想象力、审美价值、审美规范等。如果说前几本重在现象分析（文本解读）的话，这本书则重在理论建设，若有对孙绍振先生文学批评思想特别感兴趣的教师，也不妨一阅。

《古老的回声》

作者：王富仁　　　　　　　　　出版信息：四川人民出版社
类别：文本解读　　　　　　　　难度系数：A级／ABCDE
适读人群：所有的语文教师　　　推荐指数：★★★★★

评介：

这是一本才华横溢的诗歌鉴赏之作。本书有两大特点：一是作者对诗歌出色的感受力，仿佛拥有了第三只眼，诗歌的每一条"叶脉"，都被看得清清楚楚。二是作者运用哲学，尤其是心理学方面的功底，将诗歌的兴发感动之所由，一丝一缕地清理出来，令人叹为观止。

以对孟浩然《春晓》的分析为例。"春眠不觉晓，处处闻啼鸟。夜来风雨声，花落知多少？"作者用上万字的篇幅，细致入微地分析了这首诗中的意象、意境以及心理过程。"春"是强调"眠"之酣，而"不觉"是相对的，说"不觉"，其实已经"觉"到了，这是由"不觉"到"觉"的乍觉，由昏睡至醒觉的乍醒，是作者的心灵与外部世界重新建立联系的时候。这时候，感官的职能恢复了，但自我意识的主动能力尚未建立起来，还没有主动思考和自由联想的能力，也正是这时候，人的感官印象是单纯而又格外清晰的。"处处闻啼鸟"则是外部世界通过诗人的感官向诗人的心灵投射的第一缕光，人醒来之后第一步是感官能力的恢复，接着是记忆力的恢复。最简单、最初步的记忆能力，是距离现在时间最短的听觉印象，即"夜来风雨声"。这里的"风雨声"不仅仅是一种声响，同时也是整个外部世界的象征，风雨在世界中，世界也在风雨中。在此背景下，进一步唤醒的，则是意识中印象最深、关系最密切的事物，即"花落知多少"中的花。但这个落花只是在整个明丽的晨景中被感受到的，因此，诗人的心灵与落花仍是有距离的。这句既表现了诗人对落花的关切，也表现了这种关切的程度。"处处闻啼鸟"营造出了一种圆满的世界，而"花落知多少"则是这个世界显得不十分圆满，因此完全平静的心境中，渐渐流露出一缕青烟一样的惆怅之感。但这一切又在若有若无之中，因为整个美丽的晨景仍然呈现在你的眼前，这是喜剧之中的一点悲剧意味。

又如对王昌龄《闺怨》的分析。一般多认为，"闺中少妇不知愁"是写无忧无虑，"春日凝妆上翠楼"正是心情愉快的表现。而在本书作者看来，说有还无，说无实有，既有且无，有无难分是诗歌有无观的核心。这里的"不知愁"，恰恰是暗示有愁。借用弗洛伊德的说法来解此诗，"不知"只是她意识层次的心理活动状况，而在潜意识层面，她实际是"愁"的，而"春日凝妆上翠楼"，既是受到美好春光的吸引，是"不知愁"的表现，从潜意识层面讲，又恰恰是"愁"的表现。"凝妆"二字分明不是为春景而设，而是出于强烈的自我表现的欲望，其根源生于内而非生于外。而"忽见陌头杨柳色，悔教夫婿觅封侯"写的则是潜意识向意识升华的过程，因为春日美景，春天的生命力唤醒了少妇内心的生命欲求，所以被压抑的欲望便一下子升华到了意识层面。因此，此诗便有两条线索，既描写闺中少妇在初春的欢悦，又表现了她内心的寂寞和清冷，其心理依据便是意识与潜意识的矛盾。

本书涉及的诗人也甚多，有屈原、曹操、陶渊明、陈子昂、孟浩然、王昌龄、王维、李白、杜甫、岑参、韦应物、韩愈、白居易、贾岛、李贺、李商隐、宋祁、柳永、苏轼、李清照、马致远、岳飞、睢景臣、龚自珍等，书中还对汉乐府和北朝乐府进行了剖析。作者运用了西方的一些解读方法，借用了哲学和心理学等基本工具，但是没有伤害反而促进了读者对诗歌的细微感受，是一本不可多得的诗词鉴赏书。

《如何阅读一本书》

作者：〔美〕莫提默·J. 艾德勒　　　　　出版信息：商务印书馆

　　　　查尔斯·范多伦　　　　　　　　　难度系数：A 级／ABCDE

类别：文本解读　　　　　　　　　　　　推荐指数：★ ★ ★

适读人群：所有的语文教师

评介：

这是一本关于阅读的永不褪色的经典。

主要作者艾德勒曾是《大英百科全书》的编辑指导，有着丰富的阅读经验。他针对越来越多的年轻人阅读能力逐年下降的严峻现实，提出了切实可行的建议。这本书不是为那些喜欢资讯式阅读的读者而写，而是为寻求提升理解力的读者而写。因此，本书不但对希望专业发展的教师有益，对指导学生读者同样有意义。

全书分为四部分，主要讨论四种不同的阅读：基础阅读、检视阅读、分析阅读和主题阅读。基础阅读是指具备一定词汇量和理解力的最基本的阅读，往往在小学毕业或者初中毕业时即可以完成。检视阅读则是一种略读或者说粗读，一般要注意一些基本信息，比如书名页、序、目录页、索引以及相关章节。在检视阅读中，要给自己提出四个基本问题：（1）整体来说，这本书到底在谈些什么？（2）作者细部说了什么，怎么说的？（3）这本书说得有道理吗？是全部有道理，还是部分有道理？（4）这本书跟你有什么关系？

分析阅读是本书的重点，其实就是介绍如何精读一本书。在作者看来，每本书的封面之下都有一套自己的骨架，一本书出现在你面前时，肌肉包着骨头，衣服包着肌肉，可说是盛装而来。读者的任务是不用揭开外衣或者撕去肌肉，就能够看得清柔软表皮下的那套骨架。作者将分析阅读分为三个阶段：第一阶段的任务是，找出一本书在谈些什么。比如依照书的种类与主题来分类，用最简短的文字来说明整本书在谈什么话题，将主要部分按顺序与关联性列举出来，将全书的大纲以及各个部分的大纲列出来，确定作者想要解决的问题。第二阶段的任务是诠释一本书的内容。包括找关键词，概括主旨，确定作者已经解决了哪些问题，哪些是没有解决的。第三阶段则要与书籍进行对话，包括提出批评，证明作者的知识不足、错误、不合逻辑或者分析不完整。在这一部分里，本书详细地讨论了做读书笔记的方法，颇值得借鉴。此外，还详细介绍了阅读实用型书籍、想象文学、故事戏剧以及诗、历史书、科学与数学、哲学、社会科学等不同类型书的具体方法。

主题阅读则分为准备阶段和主题阅读阶段。在准备阶段，要针对研究主题，设计一份试验性的书目，浏览这份书目上所有的书，确定哪些与主题相关，并就主题建立起清晰的概念。而主题阅读阶段，则要直接找到与主题相关的书中最相关的章节，根据主题创造出一套中立的词汇，建立一个中立的主旨，并能够列出一连串的问题。此外还要界定主要议题，然后对不同作者的观点进行分析。

本书的精彩之处比比皆是，作者指出：

> 我们为了"理解"一件事，并不需要"知道"和这件事相关的所有事情。太多的资讯就如同太少的资讯一样，都是一种对理解力的阻滞。换句话说，现代的媒体正以压倒性的泛滥资讯阻碍了我们的理解力。（第 8 页）

> 只有一种方式是真正在阅读。没有任何外力的帮助，你就是要读这本书。你什么都没有，只凭着内心的力量，玩味着眼前的字句，慢慢地提升自己，从只有模糊的概念到更清楚地理解为止。这样的一种提升，是在阅读时的一种脑力活动，也是更高的阅读技巧。这种阅读就是让一本书向你既有的理解力做挑战。

> 这样我们就可以粗略地为所谓的阅读艺术下个定义：这是一个凭借着头脑运作，除了玩味读物中的一些字句之外，不假任何外助，以一己之力来提升自我的过程。（第 11 页）

其实现在真正可怕的是，许多人，不但学生，也包括一些教师，并不知道自己其实不会阅读，他们将资讯式阅读当成了真正的阅读，阅读力理解力下降而不自知。

这并不是一本需要反复咀嚼的书，而是一本需要躬身实践的书。本书中的许多方法，特别是精读一本书（分析阅读）的方法，倘若能够用于专业阅读并养成习惯，那么就一生受用不尽了。

《汉字的魔方——中国古典诗歌语言学札记》

作者：葛兆光　　　　　　　　　　　出版信息：复旦大学出版社

类别：文本解读　　　　　　　　　　难度系数：B 级／ABCDE

适读人群：所有的语文教师　　　　　推荐指数：★ ★ ★ ★ ★

评介：

中国是诗的国度，但是诗歌教学，往往是语文教师最头痛的。古典的诗话、诗注、训诂或者是印象主义传统，讲求"言外之意"、"弦外之音"，只可意会不可言传，仿佛是在打哑谜；或者强调考证，穷字源，追典故，析音律，佶屈聱牙，令人生厌；或者强调"以意逆志"、"诗无达诂"，让人摸不着头脑。教师在教学上既要做精确分析，又要不失掉诗歌本身的意境、趣味、美感，实在是难事。于是常见的课堂，无非是诗眼之类简单的技术分析，再加上背景参读，如此而已。

葛兆光的《汉字的魔方》，则是自觉运用西方文艺理论研究的成果，试图从诗歌的语言形式出发，建立一个新的诗歌阅读规范，在个人主义、经验主义的解读之外，对古典诗歌的一些基本的概念和手法进行细致的技术分析，让人读之常有"原来如此"之感，既能够更深入地理解诗歌何以如此，也方便在课堂上给学生讲出所以然。

本书共分为八章，第一章背景与意义——中国古典诗歌研究中一个传统方法的反省意义重大，作者并未一概地反对背景分析，他生动地指出，犹如镜头取景，当焦距没对准时，背景就会突破自身的定位，渗入诗歌批评，这时候往往会背景清晰而主题模糊，人物画就成了山水画，许多诗歌解读者因此对诗歌王国的城堡"围而不打"，以免损兵折将。事实上生活在同一背景中的诗人也往往多姿多彩，因此背景分析绝不能代替诗歌本身的分析，其实类似的分析何止是诗歌？第二章语言与印象——中国古典诗歌语言批评中的一个难题，重点批评了那种传统的过于印象化的诗歌批评，提出必须追寻诗歌语言中的"历史"和"暗示"。例如陶潜《归园田居》中的"归"："英语中无论是 return 还是 go back to，都不曾有中国古诗里'归'字那种摄人心魄的召唤力，前者仿佛只是单纯的'返回'，而后者蕴含了《老子》'夫物芸芸，各复归其根'的宇宙哲理，'复得返自然'的人生情趣与对'举世少复真'的失望之心。""汉字中的这个'归'字，不仅包含了《说文》中的'女嫁也'，不仅包含了《诗经》中'牛羊下来，鸡栖于埘'时的回家，甚至不仅包含了'土反其宅'的安顿，而且是带有寻找精神家园和归宿的意味。"第三章意脉与语序——中国古典诗歌中思维与语言的分合，则着重分析语序问题，特别强调了汉字的充分视觉性、图画性和汉语非直线性组合等特征，指出汉字块状地拼合与语法的简略松散恰好在诗人那里是诗思的直接体现，诗人通过陌生化手法，构筑了一个更为真实的世界。第四章论格律——中国古典诗歌语言结构分析中，作者精辟地指出："中国古典诗歌语言的图案化结构中所表现出来的错综、对称与和谐的语音节奏并不是一种后天理性设计的产物，而是一种由对天道或宇宙的整体领悟、对生理与心理的内在体验以及对语言符号的外在把握综合形成的审美习惯自然选择的结果。"此外，在五六七八章，作者分别讨论了典故、虚字、诗眼以及诗歌语言的演变等问题，见解独到，读来兴味盎然。

本书之所以名为《汉字的魔方》，是因为作者重新强调诗歌研究要从汉字出发，从以往的诗论路线走向真正融汇东西的语言研究，这对于目前诗歌教学的常用方法构成了冲击，也带来了新的可能性。

《听王荣生教授评课》

作者：王荣生　　　　　　　　出版信息：华东师范大学出版社
类别：学科理论及实践　　　　难度系数：B 级/ABCDE
适读人群：所有的语文教师　　推荐指数：★★★★★

评介：

这本书对语文教师的价值是巨大的，应该成为语文教师在课堂教学方面的必读书籍之一。

想想看我们平时是如何进行观课评教的？

大家习惯上讨论"怎么教"，反复琢磨考虑的是教学技巧、教学艺术、教学风采、教学模式，新课程改革后，又增加了"教学理念"，但教学理念又被理解为教学方法，主张平等对话、体验探究学习等等。后来强调学生的主体性，又开始强调课堂上的所谓双边活动、课堂气氛、教学效果。在这种气氛之下，强调精心的导入、精妙的过渡、精练的板书、精彩的讨论甚至精致的课件，成为主流，甚至发展到了对普通话水平乃至于上课教师仪表的畸形强调。在这种情况之下，语文课越来越强调表演性，可观赏性，成了一种四十五分钟的舞台艺术。这种舞台艺术流毒甚远，它让大多数教师在日常教研中边缘化甚至退场，或者只是拙劣地学到了一些花招，缺乏对整节课乃至于整门学科真正意义上的理解与把握。如此语文课，哪有什么专业性可言？任何学科教师都可以听评语文课甚至说得头头是道，语文教师的职业尊严丧失殆尽。在日常课堂中，大部分教师因此花了大量的时间在备课上，但是语文教学的重复低效却从来没有得到过革命性的改变。于是，上课一套，力求热闹，考试一套，力求实效，这就是语文教学的现状。

在这个背景下，本书作者，大陆课程与教学论专业语文教育方向的第一位博士生王荣生教授在语文课程及教学论方面的研究，便具有了里程碑式的意义，其学术成果，体现于《语文科课程论基础》一书中。而本书则是他关于语文课程及教学方面的研究在观课评教方面的具体运用，有助于对语文教学中诸多重要的问题通过课例研讨进行清理。

本书最大的特色，在于革命性地将观课评教的重点从教学方法转向教学内容，即使讨论教学方法，也是从教学内容的角度去讨论。这种角度，切中了语文教学少慢差费的脉搏。也就是说，对语文教学而言，第一位的是教什么，而不是怎么教，并且，教什么往往决定了怎么教。一节具体的语文课要教什么，长期以来一直稀里糊涂，缺乏专业标准。这导致了即使同一篇课文，不同的教师在教授不同的内容，传递不同的理解，而缺乏共同的尺度。这种凭各自理解的作坊式的教学，一方面既使语文教学界名师辈出，另一方面又使得绝大多数语文教师陷入沉重的备课负担中，结果效率仍然没有提高。

为什么说这是革命性的转变？

因为教学内容的问题，才是语文教学的核心问题。而对教什么的研讨反思，将促使教师进行一系列的清理：何谓语文知识？对于具体一篇文章而言，哪些是最合宜传授给学生的知识，如何据此确定教学目标？一节课之教学内容，与单元教学内容乃至于整个语文课程构成何等关系？语文教学目标与教学策略构成何等关系？这种追问，将会使教师将关注的重点聚焦于本体性知识，并真正理解课程的意义。一旦完成了这种转变，为观赏表演进行的公开课，意义就消失了。

更重要的是，将目光聚焦于教学内容，将导致真正意义上的持续的专业发展。这种专业发展将导致语文知识越来越清晰，并进而推动语文课程以及教学的研究。而教师，也将通过这样的日常教研，日益清楚自己在课堂上究竟要做什么，从而随着岁月的推移，备课越来越轻松和深入。唯有如此，才能够真正具有不可替代性，拥有职业尊严。

本书分为五个板块，也可以看成是教学内容角度观课评教的五种样式："名课研习"——细致解析优秀语文教师的名课，供语文教师研习。"课例研讨"——由一堂课延伸，研讨执教者在理论和实践上的某种主张，讨论其在课程论或教学论上的意义。"课例评析"——评议比较典型的课例，从学理上分析语文教学中值得提倡的做法或普遍存在的问题。"课例兼评"——分析语文教学的某种现象，兼及对一些课例的评议。"课例综述"——对某一篇课文或某一课题（作文和口语交际等）进行全面、综合的评述。五个板块中涉及相当一批名师名课，对这些名师名课的重新审视，对于语文教学的拨乱反正具有积极的意义。

当然，作为语文课程论专家，王荣生教授也仅仅提供了理解课堂的一个维度，并不能概括语文教学或者观课评教的全部。并且，因为对课堂教学的复杂性认识不够，本书中对课例的点评，过于强调孤立的语文知识，将之与蕴含在文本中的思想情感割裂开来，有从旧的工具论走向新的工具论的嫌疑。要更全面地考虑观课评教的问题，还需要有一个更为合理，包括更多领域的框架，新教育的有效教学框架在这一方面提供了一个新的平台，它充分吸纳了王荣生教授等人在课程理论方面的卓越贡献，同时也继承了几十年来语文教学研究方面的有效成果，在这个框架之上，可以更好地审视语文教学的问题，不过，这已经不是这一本书能够承载的了。

延伸阅读：

1.《语文教学内容重构》，王荣生等著，上海教育出版社出版，2007年9月第1版，定价：32.00元。

本书对如何使用语文教材、语文教学内容与教学方法、语文知识、文学作品教学内容、文章教学内容、古诗文教学内容以及写作与口语交际教学内容进行了细致的研讨并附有若干案例。在阅读《听王荣生教授评课》的基础上研读此书，能为语文课程与教学问题建立一个良好的框架。

2. 《语文科课程论基础》，王荣生著，上海教育出版社，2005年9月第2版，定价：39.00元。

这是一本填补语文课程论空白的学术书，是学术界研讨语文问题绕不过去的原点。作者对人文性与工具性的问题，语文知识的问题，语文教材类型等一系列重大问题进行了基础性的梳理。本书有一定难度，建议研究型或者专家型教师阅读。

此外，王荣生教授还有以下书籍可供选读：

《1978—2005语文教育研究大系（中学教学卷）》；

《1978—2005语文教育研究大系（理论卷）》；

《口语交际教例剖析与教案研制》。

数学科阅读

数学学科知识书目说明

1. 类别的划分主要考虑了数学教师专业成长所需的知识结构。

2. 程度大致随 A、B、C、D、E 的顺序逐级提高，A 级水平主要适用于刚刚开始担任数学教师的教师，强调入门；B 级水平的书籍选择是希望教师在具备基本的课堂教学能力的基础上能有所提高，能逐步学会如何分析课堂教学，同时拓宽视野；C 级水平则开始强调提升教师认识和分析问题的角度，能够有一定的课程意识和对数学本身的理解；D 级水平是在 C 级的基础上进一步提高，要求教师的眼光逐步趋向数学教育的前沿问题；E 级水平书籍的阅读安排则是强调和鼓励教师们成长为研究型、学者型的教师。

3. 书目中没有明确区别中学和小学，有些书中的具体内容（如马复编著的《设计合理的数学教学》，高等教育出版社）虽然是以中学内容为主，但其所传递的思想方法却同样适用于小学。

4. 数学科普类图书目前主要是面向教师，但 A 级书目中所列的图书也可供小学高年级及以上的学生阅读。

5. 小学数学书目由中央教科所陈晓东老师主持，特级教师、江苏省苏州市工业园区第二实验小学徐斌校长，江苏省南通市海安实验小学储冬生老师，新城花园小学缪建平老师，江苏省常州市湖塘桥小学马曙辉老师等一大批小学数学方面的朋友给予了大力帮助，特此致谢。

数学学科分阶推荐书目

数学本体性知识

数学史

阶梯一

《世界数学通史》：梁宗巨等著，辽宁教育出版社。

《数学符号史》：徐品方著，科学出版社。

阶梯二

《数学简史》：张红著，科学出版社。

《数学的源与流》：张顺燕编著，高等教育出版社。

阶梯三

《中国古代数学思想》：孙宏安著，大连理工大学出版社。

阶梯四

《数学史概论》：李文林著，高等教育出版社。

阶梯五

《数学史》：[英] 斯科特著，广西师范大学出版社。

数学与数学教育

阶梯一

《数学教学基础》：郜舒竹著，教育科学出版社。

《小学数学的基础理论》：钟善基、李家骏编，北京师范大学出版社。

《给数学教师的 101 条建议》：季素月著，南京师范大学出版社。

阶梯二

《数学教育的价值》：黄翔著，高等教育出版社。

《作为教育任务的数学》：弗赖登塔尔著，上海教育出版社。

《数学中的美学方法》：徐本顺、殷启正著，江苏教育出版社。

阶梯三

《数学方法论入门》：郑毓信著，浙江教育出版社。

《数学教育再探——在中国的讲学》：弗赖登塔尔著，刘意竹、杨刚等译，上海教育出版社。

阶梯四

《数学教育：动态与省思》：郑毓信著，上海教育出版社。

《文化视野中的数学与数学教育》：张维忠著，人民教育出版社。

《小学数学教学新视野》：吴亚萍著，上海教育出版社。

阶梯五

《数学教育学导论》：张奠宙等著，高等教育出版社。

《中国数学双基教学》：张奠宙著，上海教育出版社。

数学心理

阶梯一

《走进儿童的数学学习》：张兴华著，河海大学出版社。

阶梯二

《小学数学学习心理研究》：徐速著，浙江大学出版社。

阶梯三

《数学教育心理学》：章建跃等著，北京师范大学出版社。

阶梯四

《数学教育心理》：李士琦编著，华东师范大学出版社。

《中小学数学能力心理学》：［苏］克鲁捷茨基著，李伯黍等译，上海教育出版社。

阶梯五

《数学教育心理学》：喻平著，广西教育出版社。

数学课程与教学

课程理论

阶梯一

《小学数学教学论》：周玉仁著，中国人民大学出版社。

《小学数学新课程教材教法》：陆丽萍主编，东北师范大学出版社。

阶梯二

《当代中小学数学课程发展》：王林全著，广东教育出版社。

阶梯三

《数学课程发展的国际视野》：孙晓天著，高等教育出版社。

《数学教学理论选讲》：唐瑞芬著，华东师范大学出版社。

阶梯四

《数学教学论》：陆书环等著，科学出版社。

《现代数学教学论》：叶立军等著，浙江大学出版社。

阶梯五

《小学数学课程标准比较研究》：黄建弘编著，华东师范大学出版社。

课程实施

阶梯一

《设计合理的数学教学》：马复编著，高等教育出版社。

《数学解题思维策略——波利亚著作选讲》：刘云章等著，湖南教育出版社。

阶梯二

《数学的发现——对解题的理解、研究和讲授》：［美］乔治·波利亚著，科学出版社。

《怎样指导孩子学数学》：［英］帕梅拉·利伯克著，寿明道译，上海科学技术文献出版社。

阶梯三

《数学新课程与数学学习》：孔企平等编著，高等教育出版社。

《数学思想应用及探究——建构教学》：王培德著，人民教育出版社。

《我教小学数学》：李烈著，人民教育出版社。

阶梯四

《数学习题理论》：戴再平著，上海教育出版社。

《寻找中间地带——国际数学教育改革的大趋势》：顾泠沅、易凌峰、聂必凯著，上海教育出版社。

《小学数学教学改革实践与研究》：郑俊选著，人民教育出版社。

阶梯五

《数学教育：从理论到实践》：郑毓信著，上海教育出版社。

《中国数学课堂教学模式及其发展研究》：曹一鸣著，北京师范大学出版社。

教学研究

阶梯一

《新课标理念下的数学课堂教学技能》：王秋海著，华东师范大学出版社。

《小学数学创新性备课》：《人民教育》编辑部编，教育科学出版社。

《名师备课经验（数学卷）》：肖川著，教育科学出版社。

阶梯二

《小学数学课堂教学案例透视》：张延银著，人民教育出版社。

《松子评课》：宋淑持著，上海教育出版社。

《小学数学课堂教学案例透视》：斯苗儿著，人民教育出版社。

《新课程理念的探索实践》：潘小明著，上海教育出版社。

阶梯三

《数学教学过程中的学生参与》：孔企平著，华东师范大学出版社。

《小学数学课堂诊断》：彭钢等著，教育科学出版社。

《小学数学典型课示例——历史视角下的研究》：吴卫东、丘向理著，东北师范大学出版社。

阶梯四

《教与学的新方法·数学》：［英］J. L. MARTIN 著，北京师范大学出版社。

《小学儿童如何学数学》：孔企平著，华东师范大学出版社。

《数学学习与教学设计》：庞维国著，上海教育出版社。

阶梯五

《新课程小学数学教学叙事研究》：陈亚明著，宁波出版社。

《小学数学课堂教学新论》：徐丽华，浙江大学出版社。

《基于问题解决的数学教学研究》：乔连全著，厦门大学出版社。

数学文化及数学哲学

阶梯一

《数学的本性》：［美］莫里兹著，大连理工大学出版社。

《数学思维与小学数学》：郑毓信著，江苏教育出版社。

阶梯二

《化归与归纳、类比、联想》：史久一等著，大连理工大学出版社。

《数学证明》：萧文强著，大连理工大学出版社。

《数学思想方法》：顾泠沅著，中央广播电视大学出版社。

阶梯三

《康托的无穷的数学和哲学》：［美］道本著，大连理工大学出版社。

《数学领域中的发明心理学》：［法］雅克·阿达玛著，大连理工大学出版社。

《数学文化》：课程教材研究所、数学教材研究开发中心编，人民教育出版社。

阶梯四

《数学思维与数学方法论》：郑毓信等著，四川教育出版社。

《古今数学思想》（共四册）：［美］莫里斯·克莱因著，上海科学技术出版社。

阶梯五

《数学教育中的建构主义：一个哲学的审视》：谢明初著，华东师范大学出版社。

《数学教育哲学》：郑毓信著，四川教育出版社。

《徐利治谈数学哲学》：徐利治著，大连理工大学出版社。

数学科普

阶梯一

《有趣的数学》：［韩］李光延著，北京理工大学出版社。

《创造发明1000例（数学卷）》：李红梅等编著，广西师范大学出版社。

《小臭身边的数学问题——小学数学能力题趣味题》：蔡东彩、慕小飞、刘玉和著，华东师范大学出版社。

阶梯二

《从数学教育到教育数学》：张景中等著，中国少年儿童出版社。

《课堂中的数学游戏》：胡子安等著，福建教育出版社。

阶梯三

《每天变得聪明一点：Happy数学》（A—F六分册）：［美］德尔西蒙著，朴玉等译，长春出版社。

《数盲世界——数学无知者眼中的迷茫》：［美］约翰·艾伦·保罗士著，柳柏濂译，上海教育出版社。

《数学的故事》：［美］曼凯维奇著，海南出版社。

《生活中的数学》：朱乐平著，浙江少年儿童出版社。

《数学游戏新编》：唐世兴、唐方、苏正、沙枫著，上海教育出版社。

《小学生能解答的数学名题》：刘国恩编，中国少年儿童出版社。

阶梯四

《混沌与均衡纵横谈》：梁美灵等著，大连理工大学出版社。

《无穷的玩艺-——数学的探索与旅行》：[匈]路沙·彼得著，大连理工大学出版社。

《稳操胜券》：谈祥柏著，江苏教育出版社。

《数学与智力游戏》：倪进著，大连理工大学出版社。

《从惊讶到思考——数学悖论奇景》：韩雪涛著，湖南科技出版社。

阶梯五

《数学脑》：[英]巴特沃思著，中国出版集团东方出版中心。

《从此不怕数学——经典趣味解题思维训练》：[日]冈部恒治、藤原和博著，姚岚译，中国民族摄影艺术出版社。

《三车同到之谜：隐藏在日常生活中的数学》：[英]罗勃·伊斯特威、杰里米·温德姆著，陈以鸿译，上海教育出版社。

第五章　教师阅读之专业知识重点图书

专业知识类书籍在新教育专业阅读中占据重要地位，在知识结构中约占 30% 的比例。

我们将这类书籍又进一步细分为教育学、心理学、教育管理、职业认同四类。

专业知识类书籍的选择标准是：

1.基于新教育的价值观，强调教育生活的幸福完整，不推荐割裂的机械的教育学书籍，以及缺乏思想背景的片面化的技术型书籍。

2.重视包括有根本概念的根本书籍的推荐，在一定范围内，好书不避其难。

3.能够有效解决教育问题的书籍。

4.符合新教育价值方向（即将发展学生放在首位，与发展教师自身结合起来）的卓越教师的教学手记。

符合以上条件之一者即在推荐考虑之列。此外，在这部分图书中，有一小部分难度相当高，属于专业型教师读物。之所以列于此处，是我们坚信，真正经由共读，许多教师最终可能走到最高层面的阅读。

专业知识分阶推荐书目

教育学

阶梯一

《特别的女生萨哈拉——一个孩子的特别成功经历》：［美］爱斯米·科德尔著；包含丰富场景的处理问题学生的优秀小说。

《小王子》：［法］圣埃克苏佩里著；一本能够帮助教师通过"驯养"深刻理解何谓以及如何建立关系的寓言式作品。

《儿童的秘密——秘密、隐私和自我的重新认识》：［加］马克斯·范梅南、［荷］巴斯·莱维林著；教育现象学著作，通过对儿童秘密问题的现象学研究，促进对儿童的进一步理解。

《孩子们，你们好》：［苏］阿莫纳什维利著；尤其适合小学低段的教育教学叙事作品，全息性的活的教育学。

《给教师的建议》：［苏］苏霍姆林斯基著；以唤醒儿童尊严和培养儿童思维为核心的全息性"教育圣经"。

《学校是一段旅程》：［美］特林·芬瑟著；可领略华德福教育的精髓以及儿童成长的若干奥秘的华德福教师手记。

《童年的消逝》：［美］尼尔·波兹曼著；运用心理学、历史学、语义学和麦克卢汉的学说，深刻揭示了被掩盖在熟视无睹的日常生活下的"童年"消逝的命运。

阶梯二

《教育人类学》：［波］博尔诺夫著；深刻地阐述了教育的非线性特征以及"危机"、"遭遇"的教育意义。

《静悄悄的革命》：［日］佐藤学著；批评广泛存在于小学中的主体性神话，倡导润泽的合作的教育。

《被压迫者教育学》：［巴西］保罗·弗莱雷著；从意识形态角度对灌输、师生关系、对话等有精彩阐述。

《什么是教育》：［德］雅斯贝尔斯著；原典型书籍，对教育中最根本的一些问题有精辟的论述。

《教育的目的》：［英］怀特海著；分析教育中存在的"浪漫—精确—综合"的节奏以及指出"自由—纪律"的辩证关系是本书的精髓。

《论对话》：［英］戴维·伯姆著；探讨人类如何交流和沟通的问题，揭示对话本质的杰作。

《中国古代教育论著选》：姜国均、杜成奥著；华东师范大学、浙江大学教育系主编。

《课程与教学的基本原理》：［美］泰勒著。

《学会关心——教育的另一种模式》：［美］内尔·诺丁斯著。

《生活体验研究》：［加］马克斯·范梅南著。

阶梯三

《民主主义与教育》：［美］杜威著；集中体现杜威实用主义教育思想的作品，也是新教育实验的主要理论基石。

《教育的哲学基础》：［美］H. A. 奥兹门著；以关键概念为纲编写的教育哲学的入门书籍。

《后现代课程观》：［美］小威廉姆·E. 多尔著；描绘了取代传统的单向独白式权威教育的后现代多元而开放的课程设计蓝图。

《理解课程》：［美］威廉·F. 派纳、威廉·M. 雷诺兹、帕特里克·斯莱特里、彼得·M. 陶伯曼等著。

《复杂性理论与教育问题》：［法］埃德加·莫兰著；运用复杂性理论来探讨教育基本问题的原理型著作。

《大学》、《论语》、《学记》。

《课程与教师》：［日］佐藤学著；以"课程"和"教师"为主题对日本学校教育的发展问题进行反思。

《教学原理》：［日］佐藤正夫著。

心理学

阶梯一

《儿童的人格教育》：［奥］阿尔弗雷德·阿德勒著；特别强调自卑对于儿童的影响以及积极意义。

《爱的艺术》：［美］艾里希·弗洛姆著；借助对爱的诠释教导我们如何创造性地生活。

《三种心理学》：对弗洛伊德、斯金纳及罗杰斯的理论进行了精当的介绍。

《西方教育心理学发展史》：高觉敷、叶浩生主编。

阶梯二

《自卑与超越》：［奥］阿尔弗雷德·阿德勒著；对于自卑与人的发展之间的关系进行了全面阐述。

《逃避自由》：［美］艾里希·弗洛姆著；从人的心理、社会因素和人性结构三者相互影响的总体探讨了自由对现代人的意义。

《动机与人格》：［美］马斯洛著；蕴含包括需要层次论在内的基本理论，关于自我实现部分尤其精彩。

阶梯三

《精彩观念的诞生——达克沃斯教学论文集》：［美］达克沃斯著。

《道德教育的哲学》：［美］柯尔伯格著。

《儿童心理学》：［瑞］皮亚杰著。

《同一性：青少年与危机》：［美］埃里克森著。

其他心理学家作品（弗洛伊德、荣格、斯金纳等）。

教育管理

阶梯一

《今天怎样"管"学生》：李茂编译；一个实用的教育管理工具箱。

《小学课堂管理》（第三版）：［美］温斯坦、米格纳诺著；一种基于建构主义的超越技术的积极的课堂管理思维。

《优秀是教出来的——创造教育奇迹的55个细节》：［美］罗恩·克拉克著；管理问题学生的若干技巧。

《做一个专业的班主任》：王晓春著；提供了专业班主任工作的一系列原则与技术，尤其强调思维方式的转变。

《创建优质学校的6个原则》：［美］艾伦·布兰克斯坦著。

阶梯二

《有效的学习型学校——提高学生成就的最佳实践》：［美］杜福尔、埃克著；介绍将学校打造成学习共同体的核心元素。

《儿童纪律教育——建构性指导与规训》（第四版）：［美］费尔兹著；全面实用地介绍3—8岁基于自主建构的儿童纪律教育的方法。

职业认同

阶梯一

《新教育之梦》：朱永新著；关于新教育实验的愿景。

《新教育》：朱永新著；新教育实验的行动指南。

《爱心与教育——素质教育探索手记》：李镇西著；一个永葆童心的教师和一群孩子的爱的故事。

《我的教育理想》：朱永新著；新教育实验的奠基之作，全面丰富地展示新教育实验的愿景目标。

《成功无捷径——第56号教室的奇迹》：［美］雷夫·艾斯奎著。

《班主任工作漫谈》：魏书生著。

阶梯二

《教学勇气——漫步教师心灵》：［美］帕克·帕尔默著；通过认识自我，认识教师心灵来重新认识和体验教育教学。

部分重要图书评介

《孩子们，你们好》

作者：[苏] 阿莫纳什维利　　出版信息：教育科学出版社

类别：教育学　　难度系数：A 级/ABCDE

适读人群：所有小学教师特别　　推荐指数：★★★★★
是数学教师

评介：

这本书是《学校无分数教育三部曲》的第一部，作者是著名的格鲁吉亚教育家，他从 1964 年开始组建教学论实验室，开始了长达数十年的没有分数的教学体系的实验，这本书是小学阶段实验的成果结晶，是一本针对一年级（6 岁）儿童的活的教学法参考书。书中截取了一年级教育教学生活中的六天构成六章，以一种近乎自然主义的描绘展现了作者六天中的全部教育生活（分别包括开学前一天，开学第 1 天，第 20 天，第 84 天，第 122 天和第 170 天即最后一天）。这六天色彩斑斓生机勃勃的教育生活，不但展示了作者形形色色的与众不同的教儿童掌握读、写、算的初步知识的方法，可以直接给我们以巨大的启发，更重要的是，里面流动着一门有血有肉的活生生的教育学，远胜过一万种教条。这股活的教育之泉，既有无限阐释的空间，也可以直接地流入任何认真对待它的教师的心灵里，滋润和丰富他们的个人知识。

这六天的学校生活，简直就像六首优美的交响乐。在最简单的课堂上，充满了最激动人心的挑战，演绎着最神奇美丽的教育教学。阿莫纳什维利给一年级儿童的第一节数学课是怎么上的？一般的数学老师，会从最简单的加减法开始，比如，从 5 只苹果里拿去 3 只，还剩下几只？在阿莫纳什维利看来，加减乘除并不是数学的本质所在，因此，他走向黑板，用彩色粉笔在黑板上写着牛顿公式、导数函数公式，画着带有函数图像的笛卡尔坐标系。

萨沙："这是什么？多么奇怪的字母！"

孩子们都睁大了眼睛盯着黑板。为了能看得清楚些，很多孩子都从座位上站立了起来。

"这才是真正的数学，关于数的相关和空间形式的科学！"

"多美啊！"列拉感叹地说，目不转睛地盯着黑板。

"因为数学本身是美的。科学家们说——数学是科学的女王！"

"你们喜欢数学吗？"

"喜欢！"响起了齐声的欣喜声。

在接下来的教学中，你会发现，即使简单的数量比较，也有着真正的思维挑战在其中，在小学一年级，阿莫纳什维利就将数学的魅力淋漓尽致地展现出来。回顾一下许多教师的教学生活，他们小心翼翼地恪守着所谓的可接受性原则，理直气壮地将学生的视野与思想限制在教师自以为是的范围之内，以为学生只能笨拙地爬行，如果说能够自由飞翔，那是天方夜谭。只有在阿莫纳什维利这样的优秀教师身上，孩子才能够真正地体会到任何学科都是一个无限辽远而开阔的世界，有着无穷的奥秘与神奇。而课堂，则是教师引领着学生不断地冲击挑战自己的认知极限的地方。

在阿莫纳什维利看来，教学越方便教师，就越不方便学生："亲爱的同事们，我们为什么要夺去儿童手中的锡制士兵玩偶呢？是为了让他们更集中地专心听讲吗？无疑，这种愿望是值得称赞的。但是，我们的这种成功之举，能抹掉儿童脑中因被夺去心爱的玩偶而感到的伤心和对这个玩偶命运的担心吗？设身处地地想一想！""儿童不可能把自己的生活、自己的印象、自己的感受通通丢在校门之外，怀着纯而又纯的学习愿望来到学校。"师生关系有两种，一种是强迫命令的、权力主义的，即教师包办一切，不尊重儿童的人格，以盛气凌人的态度对待儿童，用高压手段、体力的优势、处分和分数的恐惧来强迫儿童服从自己的意志。另一种是人道主义、合作的，即师生平等相处，教师信任儿童、尊重儿童，师生合作，共同探索和共同发现，使儿童得到认识的快乐。阿莫纳什维利选择后者作为实验教学的基本原则。对比一下，当我们打着"爱"或者"为了学生的将来"的旗号，为方便自己的教学而粗暴地对待儿童的时候，难道骨子里不是一种利己主义？尊重儿童，理解儿童的感受，应该成为教育最重要的原则之一。要防止师生冲突，不能依靠外在的权威，而应该带着自己的生活，自己的任务、意图和对儿童的关怀进入儿童的生活中去，使师生的生活、愿望、目的、任务和努力在某种程度上一致起来。正如阿莫纳什维利所说："如果想要在人道原则的基础上完善我的教育方法，我就得牢记，我自己也曾做过学生，并且要努力做到：不使从前曾经折磨过我的那种感受同样去折磨我今天的学生。"

阿莫纳什维利对分数教育提出质疑，认为给 6 岁的儿童打分，是"跛腿的教育学的一根拐杖"，是"体现教师绝对权力的一根权杖"，是"教育的怪胎"。他打了一个有趣的比方：如果一个孩子病了去看病，医生在经过了种种检查之后，就写下了他对这个儿童状况的诊断结论"2 分"，然后就一走了之，那么，孩子的妈妈拿着这个"2 分"究竟该怎么办呢？因此他对儿童的评价采用的是秘密纸袋的方法，相当于现在的档案袋评价法。

作为合作教育学派的主要代表人物，阿莫纳什维利实践了合作教学的基本原则，即相信儿童，以发展儿童为目标，使学习成为儿童的需要，从儿童所处的立场出发组织教育工作和他们的学校生活，始终相信每一个孩子的能力和发展前途，合乎道德规范地对待学生，尊重学生的人格，维护他们的尊严。而在这一切的背后，则洋溢着教师对儿童真正的热爱。

这本书生动易懂，但又常读常新，极普通的日常生活里，寄寓了极深刻的教育学心理学原理，并且很容易与我们的日常教育生活形成对照，任何真正热爱儿童的教师，都会自然而然地产生一种敬畏感甚至羞愧感：原来教师还可以这样教书！唯其如此，才能够明白，教育改革的实质和真正困难在于改造教师本身，改造教师的观点、见解和观念，如果不能够选择一条最困难的通向儿童心灵的道路，我们便永远不可能真正地领悟到教育的真谛。

延伸阅读：

《学校无分数三部曲》的第二部《孩子们，你们生活得怎样?》，主要描述二、三年级的学校生活；第三部《孩子们，祝你们一路平安!》则反映了毕业班的学生生活（当时小学四年），均值得阅读。

《学校是一段旅程》

作者：［美］特林·芬瑟　　　　　　出版信息：人民文学出版社

类别：教育学　　　　　　　　　　难度系数：A 级／ABCDE

适读人群：小学教师　　　　　　　推荐指数：★★★

评介：

这本书讲述的是一个作者带着一个华德福班级从一年级一直升到八年级的历程，是华德福教育的入门书籍。

一年级，每天早上孩子们到校时，芬瑟老师会先和他们一一握手交谈几句。等孩子摆好椅子，等候点名时，老师则用竖笛开始吹出"现在开始了"的旋律，或者"大家请安静"的调子，然后唱出每个孩子的名字，用这种办法训练孩子的听力技巧。点完名，大家围成一圈，用晨诗来欢迎新的一天：

> 太阳，闪烁着亮丽的光芒，
> 带给我明亮的一天。
> 灵魂，伴随着精神的力量，
> 赐予我无穷的活力……

连续四年，芬瑟老师和孩子们都用这一首诗开始一天的学习。随着时间的流逝，诗在孩子们心中生长。

之后，是一系列通过运动和体验来进行的热身练习，大家围成圈，唱着《山谷里的农夫》、《燕麦、豌豆、黄豆、大麦粒在生长》等歌曲，做韵律拍手游戏，为学习算术做准备，因为有节奏地数数容易转化为乘法口诀表。

主课开始了。华德福教育是没有课本的，每学期之初，孩子们将会领到空白的本子，到学期末，被孩子们填满的本子，就是他们的"课本"，同时也是作业本。一年级的书写、阅读和算术是和丰富的童话故事交织在一起的，学习的字母来自形形色色的故事：S来自《六只天鹅》，F来自《渔夫和他的妻子》，G来自《金鹅》。芬瑟老师挑选故事时，不仅会考虑是否方便字母学习，也会考虑故事所传达的内在信息或情趣。孩子们会参加到故事中去，比如讲《生命之水》，芬瑟老师找来木盆，里面装上水，然后建造了想象中的障碍通道：几把椅子象征山脉，一块木板成为狭窄的峡谷，几张桌子拼成一个地道。然后，接连几天，孩子们一个接一个，小心翼翼地双手捧着盛有"生命之水"的木盆，开始他们的旅途。从教育学角度讲，这个练习是旅途开始的一个隐喻，将需要八年时间去完成。

一年级的冬季，大家排演了《白雪公主和七个小矮人》，以故事为蓝本自己创作了剧本，最后在演出时献给家长。

每个孩子生日时，教师都会为他精心选择一首诗或者故事来作为礼物。

讲故事前，教师悄悄地点燃生日蜡烛，放在过生日的同学桌上，让全班同学都知道今天是他的生日。教师讲述故事时，心中会有过生日的孩子的轮廓。

二年级课程强调寓言和传说的作用，三年级则从《旧约》中创世记的故事开始，每天试着借助水彩画来体验创世记的过程。四年级开设的地理课，以一条溪流作为开端，鼓励孩子认识周围的世界，孩子们会从画教室平面图开始，一直扩展到学校、社区等等。五年级开始对古代史进行强化学习，重点放在古代印度、波斯、巴比伦、埃及、克利特和希腊。所有的学科，包括算术，都融汇在这个整合性的课程中。在整个华德福课程中，一至三年级的活动和故事唤醒孩子对周围自然环境的欣赏和融入感，四年级学习动物，五年级涉猎植物，六年级学习矿物知识，七、八年级集中于人的知识。

毕业典礼那一天，男生身穿夹克，打着领带，女生穿着长长的女服，全班站在台前，开始最后一次朗诵五年级开始的晨诗：

> 我凝望世界，
>
> 太阳正在照耀，
>
> 群星正在闪烁，
>
> 石头安静地躺着。
>
> 植物正在生长，
>
> 动物生活在情感中，
>
> 有灵魂的人，
>
> 是精神的家园……

芬瑟老师从大量的原始素材中去粗存精，记叙了一个华德福班级八年的历程，串起了一个又一个感人的故事。这是一种让中国教师感觉到十分陌生的教育，它让人的身体、生命体、灵魂体和精神体都得到迎合和发展，让孩子最终长成自己，达到具有超越物质、欲望和情感的洞察与判断力，结合与生俱来的智慧和本质达成自我，最终找到自我的定位和人生方向的教育，你看不到半点应试的痕迹。

因此这本书本身不能为读者提供更多的教育技术，它仅仅是展现了一种已被实现的可能性，让任何中国教师都生动直观地看到一个孩子如何按照本来面目健康成长。对于早已经被割裂得七零八落的中国教育而言，本书有助于教师对儿童以及真正意义上的课程的完整理解。绝大多数教师都不可能实践华德福课程，但是华德福课程的精髓，将伴随着这些感人至深的故事，在我们的灵魂深处持续地发挥影响。当然，前提是我们还没有真正丧失聆听天籁，聆听生命之音的能力。

《给教师的建议》

作者：［苏］苏霍姆林斯基　　　出版信息：教育科学出版社
类别：教育学　　　　　　　　　难度系数：A 级／ABCDE
适读人群：所有教师　　　　　　推荐指数：★★★★★

评介：

多年来，苏霍姆林斯基的《给教师的建议》一直是教育界长盛不衰的经典，堪称中小学教师必读的"教育圣经"。

这本经过认真选编的书，集中了苏霍姆林斯基对中小学教育教学中 100 个重要问题的看法，基本上涵盖了教育教学的方方面面。这些问题，对目前中小学而言，意义重大的大致可以分为六类：教师素养问题、阅读问题、后进生转化问题、思维问题、记忆力问题、学习兴趣问题。

在教师素养方面，苏氏特别强调教师的学科知识以及教育学心理学知识，他讲到过一个有 30 年教龄的历史教师在一节精彩的公开课后回答另一个教师的问题："对这节课，我准备了一辈子。而且，总的来说，对每一节课，我都是用终生的时间来备课的。不过，对这个课题的直接准备，或者说现场准备，只用了大约 15 分钟。"苏氏认为："衬托着学校教科书的背景越宽广，犹如强大的光流照射下的一点小光束，那么为教育技巧打下基础的职业质量的提高就越明显，教师在课堂上讲解教材（叙述、演讲）时就能更加自如地分配自己的注意。"

如何积累越来越宽广的知识背景？最重要的是阅读，日不间断的阅读。苏氏不但强调教师阅读，更强调学生阅读，他甚至认为，后进生的问题，往往与缺乏阅读有关，而不能依靠补课来解决。学科学习是第一套大纲，而丰富的课外阅读则构成了第二套大纲，这套大纲为儿童的学科学习奠定了丰厚的智力背景。苏氏的这一思想，被新教育实验吸纳转化，新教育儿童课程即志在构筑第二套教学大纲，并且将苏氏的思想进一步课程化、明晰化，不但解决读什么的问题，还解决怎么读的问题，并且有了教育学以及深厚的儿童哲学以及心理学背景。需要指出的是，苏氏所讲的课外阅读，绝非仅仅指文学作品的阅读，更指科学及数学阅读。

苏氏对死记硬背深恶痛绝，他指出：

> 死记硬背一贯是有害的，而在少年期和青年期则尤其不可容忍。在这些年龄期，死记硬背会造成一种幼稚病——它会使成年人停留在幼稚阶段，使他们智力迟钝，阻碍才能和爱好的形成。死记硬背的产儿，它的最不吉利的产物之一，就是书呆子气。就其实质来说，这就是把教小孩子时特用的那些方法和方式，搬用到少年和青年的身上来。这样做的结果，就是青少年的智慧尚处于幼稚阶段，却又企图让他们掌握严肃的科学知识。这样就使知识脱离生活实践，使智力活动和社会活动的领域受到局限。

《给教师的建议》之所以成为长盛不衰的名著，一个很重要的原因是，它并非教育教学技巧的简单堆砌，在100条建议的背后，有着深刻的对教育教学本质的理解。因此贯穿全书的核心是"自尊"以及"思维挑战"。

在苏氏看来，自尊是一个人得以持久发展的内在源泉，也是根本目的之一。可以说，一切教育，都要以促进、保护学生的自尊（尊严）为旨归，任何损伤学生自尊的做法，都是危险的，不值得提倡的。而苏氏又认为，形成自尊的最佳方法，是在学习上取得成就，也就是说，学习上的成功感，将带来学生的自尊，而自尊，会促使学生去获得更高的成就。相反，向学生提出不切实际的、只能导致失败、带来失败感的要求，会严重地损害学生的自尊心，而自尊心的丧失，将使灵魂黯淡，一切教育失效。这是本书的精髓之一。

在教学上，苏氏特别强调思维训练。他说："小学的任务就是逐渐地使儿童养成不仅在体力劳动中而且在脑力劳动中克服困难的习惯。应当使儿童懂得脑力劳动的真正的本质，那就是：要努力地开动脑筋，要深入地钻到事物、事实、现象的各种各样的复杂而微妙的关系、细节和矛盾中去。无论如何不要让学生感到一切都轻而易举，不知道什么叫作困难。在掌握知识的过程中，要同时培养脑力劳动的素养和自我纪律。"在苏氏看来，认识本身就是一个激发生动的、不可熄灭的兴趣的最令人赞叹、惊奇的奇异的过程。自然界的万物，它们的关系和相互联系，运动和变化，人的思想，以及人所创

造的一切，这些都是兴趣的取之不竭的源泉。而在我们的日常教学中，往往
过于追求那种表面的、显而易见的刺激，以引起学生对学习和上课的兴趣，
这样就永远不能培养起学生对脑力劳动的真正的热爱。思维挑战既是学生兴
趣的来源，也能够让学生充分体验到尊严感和成就感。

　　这本书的奇妙在于，它不是严谨的理论阐述，但是包含了教育教学方方
面面的丰富营养，是生动而鲜活，如流水一般润泽的日常教育教学生活。因
此，它是常读常新的，会随着我们对教育教学理解的深入而展现出不同的奇
妙风景，适合每一年或几年重读一次，或者说，是一本值得终身阅读的教
育书。

　　当然，本书毕竟是苏联教育的产物，也并非尽善尽美。因为苏联是以培
养工业模式下的劳动者为目标，因此本书特别强调劳动技术教育以及集体教
育，与以培养公民为目标的现代民主社会也并非完全合拍。而且受到了时代
限制，苏氏的课程意识并不强，这些缺陷，都需要通过另外的阅读来弥补
修正。

《静悄悄的革命》

作者：［日］佐藤学　　　　　　　　出版信息：长春出版社
类别：教育学　　　　　　　　　　　难度系数：B 级／ABCDE
适读人群：所有教师特别是小学教师　推荐指数：★ ★ ★ ★ ★
　　　　　和小学校长

评介：

　　这是一本典型的"大家小书"，作者佐藤学深入地分析了广泛存在于教
学、教研以及综合课程中的形式主义，指出其根源在于将学生从"学生、教
师、教材、学习环境"这四个相互联系的要素中抽取出来所造成的"主体性
神话"，以及教师之间缺乏真正的合作关系。为了对付已经沦为"勉强"（日
语中的"学习"的意思）的学习，佐藤学提出了润泽的教室——关系的、相
互倾听与理解的教学，提出了学习的多重对话，提出了以现实生活问题为中
心而组织起来的综合学习。佐藤学还指出，学校应使教研活动成为中心，建
构教师之间的合作性同事关系，促进真正意义上的相互开放和对外开放。在

此基础上，他还提出了以构筑学习共同体为核心的学校改革的若干设想。

众所周知，很久以来，学校教育便一直受应试文化的支配，以高效率地学好规定的教科书内容并应付考试为目的。许多教师认为，学生不需要与任何事物接触，不必与任何人对话，单单坐在教室里，一味地开动大脑细胞就可以了。当应试教育的弊端一天天地显露出来，作为一种解决对策，东亚各国普遍开始了课程改革，学生的主体性地位被提到一个空前的高度。想想看，哪个校长或者教师不希望教室里"小手如林"？这种追求经由日渐异化的公开课逐渐变形，从"棒棒棒你真棒"到教室四面改成黑板，已经成为一种根深蒂固的教学观，而这种教学观，也成为一些学校扬名立万的噱头，贻害不浅。

佐藤学一针见血地指出，在这种教室里，学生"表面上看起来非常活跃，而实际上学生学习的内容杂乱、学习的质量低下，教育被表面化，陷入了浅薄与贫乏"。导致这种现象的根本原因，是我们将学生从"学生、教师、教材、学习环境"四个要素中剥离出来，忽略了学习从本质上讲是一个立足于活动、合作与反思的三重对话的过程，即与事物对话、与他人对话、与自身对话。而在对话中，倾听能力比表达能力更为重要，而倾听能力，只有在"润泽的教室"里才能成为可能。"在'润泽的教室'里，教师和学生都不受'主体性神话'的束缚，大家安心地、轻松自如地构筑着人与人之间的基本关系，构筑着一种基本的信赖关系，在这种关系中，即使耸耸肩膀，拿不出自己的意见来，每个人的存在也能够得到大家自觉地尊重，得到承认。"

这三重对话，不但是教学的灵魂，同时也应该成为学校改革的基础。佐藤学指出，转变一所学校，使之成为学习共同体，至少需要三年："第一年，在学校里建立起教师间公开授课的校内教研体制；第二年，提高研讨会质量，以授课方式和教研活动为中心，重新建构学校的内部组织、机构；第三年，以学生和教师有目共睹的转变为依据，把新的授课方式和课程设置正式固定下来。"现在学校的教研活动往往流于形式，根本原因在于由恶性竞争导致的教师之间相互防御的心态，解决之道在于通过制度变革，促使并鼓励教师开放教室，包括彼此开放和向家长开放。佐藤学在实验学校的改革中，大大简化了学校的机构和组织，在教师中建立以教学的研究和创造为中心的"合作性同事"，一年半内，教研活动就超过了 100 次。佐藤学的实践，对于许多急于求成的管理者，无疑是一剂良方。

综合学习也是近年来比较流行的，但许多教师将综合学习与学科学习对立起来，将前者理解为通过"经验（体验）"进行学习，而把后者理解为通过"知识（技能）"而进行的学习，结果综合学习陷入五花八门的活动主义与体验主义中，而学科学习则陷入知识主义与技能主义中去了。针对这种误解，佐藤学指出："综合学习和学科学习的区别在于把'知识'和'经验'组织成单元的方法不同。综合学习是以现实的'主题（课题）'为核心，把'知识'和'经验'组织成单元的学习；而学科学习是以学科的'内容（题材）'为核心，把'知识'和'经验'组织成单元的学习。也就是说，综合学习和科学学习是两种把学习组织成单元的不同模式。"可见，真正的综合学习也渗透了三重对话，是一种基于合作的从现实出发的没有正确答案的学习，而真正的课程，就是在学习过程中被创造出来的。

在佐藤学看来，这种从教室及一线教师那萌生的变革，是一场静悄悄的革命，是"植根于下层的民主主义的、以学校和社区为基地而进行的革命，是支持每个学生的多元化个性的革命，是促进教师的自主性和创造性的革命"。

对于一线教师而言，这本书像一把尖利的刀子，切开了新课程改革之后笼罩在教师心灵中的主体性神话的魔咒，促使我们重新开始思考教学当中更为本质的一些问题：怎样创造以"学"为中心的教学？怎样的教师是优秀的教师？怎样去"倾听"学生、"理解"学生？何谓课程？什么是真正的学习？师生交往的实质是什么？而对于校长而言，这本书提出另外一些问题：如何使教研成为学校的核心并实际而有效地帮助教师成长？如何将学校改革为学习共同体？……因此对于迷失于公开课之中的教师及管理者，更是一针清醒剂。这本书的卓越之处不在于理论阐释得透彻，而在于作者能够从课堂以及学校中习见的细小问题及现象入手，最终走向更为宽广的变革前景，深入而浅出，言近而旨远，是真正理解教育，理解课堂，理解新课程，推动学校变革的不可多得的好书。

（新教育实验教师专业发展项目组供稿）

《儿童的秘密——秘密、隐私和自我的重新认识》

作者：［加］马克斯·范梅南　　　　　出版信息：教育科学出版社

　　　　［荷］巴斯·莱维林　　　　　　难度系数：A 级/ABCDE

类别：教育学　　　　　　　　　　　推荐指数：★ ★ ★ ★ ★

适读人群：具备一定理解力的研究型
　　　　　教师

评介：

生活中充满了秘密，儿童也是如此。"有些秘密与个人有关，有些与家庭有关；还有一些秘密存在于兄弟姐妹之间、朋友之间，或者教师与孩子之间。有美好的秘密、深沉的秘密、亲昵的秘密、社会的秘密，也有可怕的秘密、尴尬的秘密、恐怖的秘密、阴森的秘密、不情愿的秘密。"儿童体验到"秘密的渴望、秘密的愉快、秘密的恐惧、秘密的困扰"，"权利、惩罚、害羞、犯罪、关心、爱恋、憎恨等种种感觉都与秘密领域有关"。本书探讨的不是心理治疗上导致情结乃至于疾病的特殊的秘密，而是广泛存在于儿童之中的普通的秘密。

作者对秘密的模式、我们是如何体验到秘密的、小说中的秘密等进行了相当细致的描绘和合理的分析，全面展示了有关秘密的图景。作者研究发现，秘密是人生成长中非常重要的力量，儿童是通过秘密来体验别的世界、探索未知的意义、获得深层的自我意识和自我认知，因为秘密的存在，我们才与他人区分开来，内心世界以及自我才得以形成。因此秘密的积极意义远远大于消极意义，它是儿童走向成熟与独立的标志之一。儿童在不同阶段对于秘密有不同的态度，这本身就是儿童自我形成的过程。作者还区分了秘密、隐私以及谎言之间的异同，令人耳目一新，并对现代以及后现代背景下秘密对于自我形成的区别进行了探讨。

对于教师而言，这本书真正的价值在于提醒注意秘密的教育意义。因为在日常教育中，我们不但对诸如打小报告之类的行为缺乏正确的理解，而且很容易将秘密视为不好的、不健康和不应该有的东西，甚至热衷于刺探学生的秘密。实际上，秘密有助于形成良好的教育关系，良好的教育关系本身就意味着某种层面的分享秘密。诚如精神病专家范登伯格曾说的，"每一种友谊、每一个婚姻、每一次爱情能够得到存在要感谢人与他人之间秘密的恩惠"。好的教育，一定也是父母或者教师与孩子之间拥有"共同的语言和密码"。好的教师知道尊重这种分享，并借此与儿童建立起信任关系。特别重要的是，一方面是秘密或隐私，一方面是监督或控制，这两者之间总是存在着一定的紧张关系，但在教育意义上同样重要，成人如何在尊重与洞悉儿童秘密之间取得平衡，就成了非常重要的教育问题。

关于秘密，目前存在的问题主要有两方面，一种情况是对儿童内心世界的漠视，导致了儿童被照顾但不被关注，也就是说儿童可能生活在训诫或者饮食照顾之下，但是精神世界始终被忽略，儿童的秘密也是被嘲讽的对象。

另一种情况，则是对儿童的高度控制，对儿童秘密的粗暴干涉侵犯，甚至以此要挟迫使儿童就范，伤及儿童的自尊以及自我形成。本书提醒了儿童秘密的重要性，以及养成儿童秘密的私人空间的重要性，即儿童也要有足够的闲暇以及个人空间来反思、探索和体验自我，这也是儿童创造力的源泉。

秘密不是小问题，本书通过秘密这个渠道，实际上是探索了儿童自我的形成，对儿童进行重新认识。而在写作上，本书采用现象学写作方法，既有大量浅显丰富的娓娓描述，同时又涉及诸如皮亚杰、埃里克森等一批心理学、哲学、社会学大家的重要理论，可谓深入浅出。因此本书也是现象学写作的范本，对于教师如何进行专业写作，也提供了一个经典的样例。

当然，虽然任何教师都可能从本书中获益，但是要真正透彻地理解这本书，仍然需要具备一定的关于儿童自我形成以及认知发展等方面的基本知识。

《童年的消逝》

作者：［美］尼尔·波兹曼　　　　出版信息：广西师范大学出版社
类别：教育学　　　　　　　　　难度系数：A 级／ABCDE
适读人群：所有教师　　　　　　推荐指数：★ ★ ★ ★

评介：

这本书的标题，足以吓中国读者一跳，然而紧跟着，或许会想，童年的消逝是以童年的存在为前提的，假如童年主要是一个心理的或者社会的概念，而不是简单的年龄分界，那么一个悲哀的事实或许是，在欧美世界，童年持续了 350 年左右，而在中国，童年这个概念，至多不超过 100 年，并且还不包括中间几十年的隔断：即小兵张嘎式的"童年"，那个年代以及之后的年代，儿童被当成少年先锋队，是成年的预备，是随时准备或者已经投入战争或生产之中的。等儿童终于可以像儿童一样生活，不必负载成人斯巴达式的任务时，电子时代来临了，童年开始被损蚀甚至消亡。

直到今天，许多父母或者教师的头脑中，都并没有童年的概念。"不要让孩子输在起跑线上！"这不是广告语，而是我们这个时代的事实。于是，儿童从走出婴孩时代，跨进学校开始，便开始了去儿童化的过程。为了十多年以后的一份工作，儿童被教导以及逼迫投入无休无止的竞争，童年戴上厚厚的眼镜，埋首于一张张苍白的试卷之中，很早就变得世故、圆滑和老练。

在这种背景下，《童年的消逝》对中国的父母与教师有着特别的意义。本书分两部分：第一部分主要表述"童年"这个概念的起源，具体说，就是童年起初不需要存在，而后却发展成不可避免的存在，它们各自的传播条件是什么。第二部分则将我们置身于现代时空，企图揭示从谷登堡的印刷世界转换到塞缪尔·莫尔斯的电报密码世界，这个过程使童年作为一个社会结构已经难以为继，并且实际上没有意义。

波兹曼认为，印刷术发明之前，一切人际交流都发生在一定的社会环境下，甚至连阅读所采用的也是口语模式：一个读者大声朗读，其他人随后跟上。在这种情况下，儿童与成人的生活是没有界限的，儿童有机会接触的范围几乎和成人同样广泛，儿童本身就是小成人，儿童的学习也是一种学徒式的学习，并没有单独设立相应的环境。自从有了印刷术，知识垄断被打破，大量印刷品出现后，学习方式随之发生了改变。印刷品的学习需要经历一个学习阅读的过程，儿童经验的范围与成人经验的范围有了很大的差别，儿童逐渐不再共享成人的语言、爱好、社交生活等等，专门为儿童设立的学校出现了，大量关于儿童的训诫以及禁忌也随之出现，儿童必须经过识字训练、阅读教育、自我控制训练以及羞耻感的培养，才能够逐渐成人，童年的概念因此诞生。

19 世纪以后，特别是 20 世纪，随着电子时代的来临特别是电视时代的来临，儿童可以不需要很强的阅读力和理解力，就可以很直观地看到成人世界的一切，世界各地的电视节目中，充斥着暴力、色情，成人世界像口语时代一样一览无余甚至有过之而无不及。这种情况，摧毁了儿童的羞耻感，使儿童过早地操着成人的语言，模仿成人的方式生活，甚至儿童本身也成为成人消费的对象，儿童节目的成人化以及成人节目的儿童化形成合流，由印刷术发明所形成的信息等级制度的基础崩溃了，童年在迅速地消逝。

此外，传播技术的变革，往往还会带来新的思维方式。印刷术所导致的书本学习，要求儿童要精神高度集中和镇定，在走向成人的过程中要逐渐获得好读者所具备的能力："即活跃的个性意识，有逻辑、有次序的思考能力，能使自己与符号保持距离的能力，能操控高层次的抽象概念的能力和延迟满足感的能力。"而在电视时代或者说娱乐时代，信息排列方式发生了变化，观众不再需要丰富的想象力以及比较强的逻辑思维能力，电视上播放的所有事件往往缺乏历史背景及其他相关背景知识，而且是以支离破碎和连篇累牍的方式播映，结果导致了观众不需要思考或者来不及思考，要求观众去感觉而不是去想象，理智和情感日益迟钝，智力开始单一化。世界性的阅读力的连续下降，就与这种思维方式的变化息息相关。

我们必须问自己：童年是重要的吗？

从某种意义上讲，童年是一条彩色的，梦幻般的，涌动着信心、激情、勇气、纯真的河流，是一生幸福与创造的源泉，是自我形成的根基。没有梦幻岛上的游戏与幻想，儿童在成人之后，很难保证不被喧嚣的时代所吞噬，从而变成"单向度的人"，变得势利、庸俗、肤浅，成为技术时代的牺牲品，丧失真正的自由与尊严。而家庭特别是学校，正是保护童年的最可靠的堡垒。只是，当教师们也同样丧失阅读能力，沦为电子时代的奴隶时，谁来保卫童年？因此，这本书有着很强的现实意义。

当然，仅仅将童年的概念与印刷术联系起来，并不足以说明全部。儿童不仅仅是一个社会概念，同时也是一个生物学和心理学的概念，还需要用更复杂的思考去把握。另外，电子时代的来临是不可逆转的趋势，或者说本身是社会的进步。对印刷时代童年的留恋，从另一方面也忽视了童年本身是一个不断变化发展着的概念。人类不可能返回过去，伊甸园只是梦境，我们只能带着对梦境的回忆，勇敢地面对今天的儿童，让他们离幸福比以往更近，这是我们这个时代教育所面临的任务与挑战。

《特别的女生萨哈拉——一个孩子的特别成长经历》

作者：［美］爱斯米·科德尔　　　　出版信息：陕西师范大学出版社
类别：教育学　　　　　　　　　　难度系数：A 级／ABCDE
适读人群：所有教师尤其是班主任　　推荐指数：★★★★★

评介：

在大家都蜂拥着阅读《窗边的小豆豆》的时候，这本比《窗边的小豆豆》更优秀的教育小说，却一直静静地沉睡着，等待着被吻醒。好在真正的好书是经得起等待的，这本书不但被越来越多的教师和孩子喜欢，而且成了新教育儿童课程推荐的共读书籍。

小说讲的是波迪老师与一群学生的故事，特别是接受特别教育的女生萨哈拉和男生德里。所谓特别教育，就是对于问题学生歧视性的"个别辅导"。

　　萨哈拉跟母亲生活在一起，是一直被教师和同学歧视嘲笑的学生。她热爱阅读和写作，将自己写的东西悄悄地藏在图书馆的一个角落里。在学校里，她一直坐在最后一排，孤单而自卑，从不举手发言。和她一起接受特别教育的是德里，萨哈拉这样描述德里："有时候德里·赛克斯会和我们一起上课。我想，他可能从恐龙时代就开始接受特别教育了。好吧，没那么夸张，可至少也是从建国那天就开始了。他一年级的时候就踢断了一个老师的脚骨。三年级的时候长高了，终于可以打老师的鼻子了，于是一位老师又倒霉了。虽然这都是听别人说的，但是上帝知道是不是真的！妈妈说看书不能只看它的封面，如果德里也是一本书的话，书名一定是《犯罪故事集》。"

　　因不堪忍受特别教育，萨哈拉留级读五年级，遇到了新老师波迪小姐。波迪是一个表面另类但其实很优秀的教师，她的优秀，不但表现在课程改革方面（猜灯谜、时间旅行、世界探索、疯狂科学、故事分享等），更表现在她对学生真正地理解与尊重上。她鼓励学生写日记并热情回复，她对每一个学生都寄予无限的信任与期待，她不但相信种子，还相信岁月。她热爱诗歌并读给孩子们，但并不强迫，让萨哈拉以及读者印象至深的是富兰克林·奥哈拉的《我的自画像》：

　　　　当我还是个孩子，
　　　　我只躲在草场的角落，
　　　　自己做自己的玩伴。

　　　　我不喜欢娃娃，
　　　　我不喜欢游戏，
　　　　动物们在我看来也不友好，
　　　　鸟儿甚至也飞走了。

　　　　如果有人找我，
　　　　我会躲在树后，
　　　　然后大声地叫："我是个孤儿！"

　　　　而现在，我成了所有美好的中心，
　　　　写着美丽的诗篇，

倾诉着美丽的梦想!

在波迪小姐的引导下,萨哈拉逐渐开始走出封闭的圈子,走出自卑,开始拿起笔疯狂地书写,最终在班上公开宣读自己的作品,赢得了大家一致的赞誉,并成了"美好事物的中心"。

但不是所有孩子都会成为"美好事物的中心",比如德里。尽管如此,波迪老师从未放弃,她讲了一个关于苹果的故事:从前有一个老师,她教了25年书,从未打过一个学生——尽管打学生是那时候许多老师的习惯。但她遇到了一个特别的男生,"每天,男孩儿不做作业,用不同的语言伤害他的老师,男孩儿的话就像鞭子一样打在她的脸上,让她觉得自己当老师这么多年实在是很失败"。但她不愿意打这个学生,一次布置了一个作业,以"我希望"为题写一篇日记。老师自己也写了日记,内容是"我希望我是一只鸟;我希望我是一匹马;我希望我是一个孩子",同时,男孩也写下了他的愿望:"我希望她不是这个学校的老师!"第二天,当男孩来到学校时,他发现他的老师已经不在了,换了一个新老师上课。新老师打学生,也打男孩。看男孩什么都不会,上课也不提问他。一开始,男孩觉得挺自由的,可是慢慢觉得自己像空气一样,没人注意他了。有一天,他去上学的路上,突然听到树在说话,他吓跑了,停下来后发现前面有一棵苹果树,他摘了几个苹果边走边吃,把最后一个苹果插在篱笆的一根柱子上。一整天,他透过窗户可以看到许多小鸟过来吃他插的苹果,于是他每天插一个苹果在柱子上。再后来,他找到了一棵树,发现原来那个老师的包放在树林的地上,他拿出那些课本,每天一下课就在操场上自己读这些课本。现在,有一匹马也过来吃苹果,只吃一两口,就绕着空地飞快地奔驰。又过了许久,男孩子长大了,新老师退休了,他成了新老师,而且学问很深,没有人知道他是多么的后悔、悲伤。他站在教室门口,拉响了上课铃,孩子们都跑回教室,其中有一个满脸雀斑的小女孩,手里握着一个又大又圆又红的苹果,给了站在门口的老师。因为当她还是一只鸟的时候,男孩每天给她苹果吃,当她还是一匹马的时候,男孩也每天给他苹果吃,因此她现在要把苹果还给男孩。从此,每天,小女孩都给她的老师一个苹果。日子一天天地过去,曾经是小男孩儿的老师和曾经是老师的小女孩儿都幸福地生活着,他们的幸福是那么的多,多得不需要任何"愿望"了。

讲完故事,波迪老师把一个苹果放在了德里的桌上。

这就是波迪老师。

我为这本书流下了眼泪，尽管这本书写得相当朴素，波迪老师也不是万能老师，更不是那种煽情的或者习惯于道德教唆或者"自我牺牲"的老师。卓越的教育，隐藏在干净的叙述里，隐藏在教室的许许多多细节里，仿佛不经意，却发人深省。通过这本书的阅读，我们不但感受到了一种优秀的教育，聆听到了感人至深的故事，还和作者以及所有为此书感动的人拥有了共同的语言及密码，比如"尺码相同的人"、"额外的奖赏"、"美好事物的中心"。

我坚信，这本书也会打动许多与波迪老师"尺码相同"的或者渴望"尺码相同"的老师，而包含在此书中的许多教育学原理，也可以在漫长的专业阅读中仔细品味。

《小王子》

作者：［法］圣埃克苏佩里　　　　出版信息：人民文学出版社

类别：教育学　　　　　　　　　难度系数：A 级／ABCDE

适读人群：所有教师　　　　　　推荐指数：★★★★★

评介：

一个因飞机故障被迫降在撒哈拉沙漠里的飞行员，遇到了来自另一个星球的神秘的小王子。小王子在一座属于自己的 B－612 星球上认识了一朵玫瑰并喜欢上了她，后来闹了别扭，便离开自己的星球去拜访别的星球，他先后遇见了国王、爱虚荣的人、酒鬼、商人、点灯人、地理学家，最后来到了地球。在地球上，他认识了一只狐狸并与他建立了友谊，从狐狸那里获得了人生的真谛。最后，借助蛇的毒液，他想要回到自己的星球。

这本童话影响了数以亿计的小孩与成人。简单而深邃，美好而忧伤，是一部优秀的存在主义童话。全书借对国王、爱虚荣的人、酒鬼、商人、点灯人以及地理学家的描绘，批判了成人世界追逐权力、爱慕虚荣、热衷算计、利益至上的现实，揭示了由此带来的生活及生命的无意义感，试图唤醒人们对爱、希望、友谊以及生命意义的重新理解与深刻思考。

这本书中也包含有丰富的教育学营养，可用以理解儿童，反思教育。例如书中著名的一段：

"你是谁？"小王子说，"你很漂亮。"

"我是一只狐狸。"狐狸说。

"来和我一起玩吧，"小王子建议道，"我很苦恼……"

"我不能和你一起玩，"狐狸说，"我还没有被驯养呢。"

"啊！真对不起。"小王子说。

思索了一会儿，他又说道：

"什么叫'驯养'呀？"

……

"这是已经早就被人遗忘了的事情，"狐狸说，"它的意思就是'建立联系'。"

"建立联系？"

"一点不错，"狐狸说。"对我来说，你还只是一个小男孩，就像其他千万个小男孩一样。我不需要你。你也同样用不着我。对你来说，我也不过是一只狐狸，和其他千万只狐狸一样。但是，如果你驯养了我，我们就互相不可缺少了。对我来说，你就是世界上唯一的了；我对你来说，也是世界上唯一的了。"

"我有点明白了。"小王子说，"有一朵花……我想，她把我驯养了……"

……

可是，狐狸又把话题拉回来：

"我的生活很单调。我捕捉鸡，而人又捕捉我。所有的鸡全都一样，所有的人也全都一样。因此，我感到有些厌烦了。但是，如果你要是驯养了我，我的生活就一定会是欢快的。我会辨认出一种与众不同的脚步声。其他的脚步声会使我躲到地下去，而你的脚步声就会像音乐一样让我从洞里走出来。再说，你看！你看到那边的麦田没有？我不吃面包，麦子对我来说，一点用也没有。我对麦田无动于衷。而这，真使人扫兴。但是，你有着金黄色的头发。那么，一旦你驯养了我，这就会十分美妙。麦子，是金黄色的，它就会使我想起你。而且，我甚至会喜欢那风吹麦浪的声音……"

狐狸沉默不语，久久地看着小王子。

"请你驯养我吧！"他说。

"我是很愿意的。"小王子回答道，"可我的时间不多了。我还要去寻找朋友，还有许多事物要了解。"

"只有被驯养了的事物，才会被了解。"狐狸说，"人不会再有时间去了解任何东西的。他们总是到商人那里去购买现成的东西。因为世界上还没有购买朋友的商店，所以人也就没有朋友。如果你想要一个朋友，那就驯养我吧!"

"那么应当做些什么呢?"小王子说。

"应当非常耐心。"狐狸回答道，"开始你就这样坐在草丛中，坐得离我稍微远些。我用眼角瞅着你，你什么也不要说。话语是误会的根源。但是，每天，你坐得靠我更近些……"

第二天，小王子又来了。

"最好还是在原来的那个时间来。"狐狸说道，"比如说，你下午四点钟来，那么从三点钟起，我就开始感到幸福。时间越临近，我就越感到幸福。到了四点钟的时候，我就会坐立不安；我就会发现幸福的代价。但是，如果你随便什么时候来，我就不知道在什么时候该准备好我的心情……应当有一定的仪式。"

"仪式是什么?"小王子问道。

"这也是一种早已被人忘却了的事。"狐狸说，"它就是使某一天与其他日子不同，使某一时刻与其他时刻不同。比如说，我的那些猎人就有一种仪式。他们每星期四都和村子里的姑娘们跳舞。于是，星期四就是一个美好的日子! 我可以一直散步到葡萄园去。如果猎人们什么时候都跳舞，天天又全都一样，那么我也就没有假日了。"

就这样，小王子驯养了狐狸。

这里面包含了两个重要概念："驯养"和"仪式"。教育教学的本质，都可以理解为"驯养"，即建立关系。这种"驯养"有多重含义，包括教师与学生的相互驯养，师生与知识的相互驯养，只有这种相互驯养，才有可能建立起润泽的相互支持的教室，也只有这种相互驯养，知识才会与师生的生活、生命发生共鸣。这是幸福完整的奥秘。

有了相互驯养，还需要有"仪式"，仪式是教育教学中的高潮部分，它具有多方面的意义。通过仪式，好的榜样被传扬开来，教育教学或者团队的基本价值观以及愿景得到了进一步确认，仪式是一种真正的凝聚。

可惜的是，我们的日常教育教学生活中，充满了分裂与争斗，教师与学生是训诫与被训诫的关系，师生与知识是容器与水的关系，这种割裂带来了功利主义以及虚无主义的蔓延，师生的生命之花因而日渐枯萎，幸福不再，意义感日渐丧失。在这种背景下，形式主义泛滥，越来越多的人远离了自己本真的存在。

因此，《小王子》既是对我们存在处境的一种洞察，让我们看到自己灵魂中国王、商人、酒鬼、地理学家、点灯人的一面，又是一种疗治，让我们经过爱与希望的洗礼，重新思考师生关系，思考生命的意义与价值。

《爱心与教育——素质教育探索手记》

作者：李镇西　　　　　　　　出版信息：漓江出版社

类别：职业认同　　　　　　　难度系数：A 级／ABCDE

适读人群：所有教师　　　　　推荐指数：★★★

评介：

多年以前，初次读到李镇西老师的《爱心与教育》，良久无言，内心的感受可以用两个字来概括，不是"感动"，而是"震撼"。我写过这样一段文字来描述：

> 这不是流水线上下来的论文的机械拼凑，不是坐在书斋里的玄妙之思，不是讲席上的高声布道，而是从血管里流出来的文字，是被汗水浸泡过的文字，是蘸着泪水与欢笑的文字，每一页都写着这样的字眼："爱心"、"良知"、"思考"、"责任"、"忧患"……这是我一直在寻找的文字：没有屠龙的玄虚，没有弄巧的文笔，没有油滑的高调，没有剪切的痕迹。这是我所熟悉的文笔：朴素中闪烁着华美，流畅中渗透着忧虑，峻急中深藏着思考，舒展中流动着智慧。这样的文字是生活之树上最大的果，实践的枝头最美的花！

多年以后，我与李镇西老师成了同事兼朋友（当然，他更是我的师长），更深刻地感受到他的纯粹、真诚以及对学生无私的爱。后来，李老师的著作越来越多，但我始终以为，最初的这本《爱心与教育》，是最值得用心阅读的。

这本书介绍的是 20 世纪 80 年代李镇西老师最早的充满浪漫主义气息的"未来班"的实践，是一次自觉不自觉的素质教育实践。这是一本让无数人（包括我）泪流满面的书，我常常想，《爱心与教育》最能打动人的故事是什么？是每天煮给汪斌的鸡蛋，还是特别感人的生日祝福？是宁玮带给我们的感慨，还是对伍建的那份爱传递给我们的感动？都是，但是最能打动我的，毫无疑问，是后进生万同的故事。一个教师"制造"一个感人的场面并不难，师道中不乏煽情高手，但一个教师，能够长期地像李镇西老师对待万同这样地对待一个学生，难！这份长达五十页的转化一个学生的教育手记，是我迄今为止见到过的最翔实最感人的后进生转化手记。在阅读过程中，我不断地被感动，不断地在想，我有多少耐心来对待万同这样的学生，来对待他身上的这些让人难以预料的反复？这么一问，羞愧无比！在万同的身上，我看到了转化一个差生到底有多难，更看到了一个为人师者的爱心、耐心、信心。万同的每一点变化，无论是朝哪个方向，都牵动着教师的心，而万同身上所体现出的反复，足以考验最有耐心的教师。我读书喜欢反观自身，一路阅读中，我在问自己：如果万同是你的学生，你会怎么做？我相信我也是一个有爱心的老师，我也会如镇西老师一样耐心细致地对待他，谈心，讲道理，但我会容忍他太多的反复吗？我想不会，我会伤心，会愤恨，会觉得万同是不可教育的学生，会搬出孔夫子的"朽木不可雕也"来劝慰自己，会理直气壮地将万同清除出班级，而自己没有半点良心上的不安，因为自己已经尽了力，而"教育不是万能的"。

有人会说，李镇西无非是"爱心"而已。且不说这本书中不仅有爱心，同样也有智慧，即使仅以"爱心"而言，有多少人真正懂得爱的含义？

李老师毫不掩饰自己对学生的爱，而这份爱总觉得与其他人的爱有所不同。我看到过不同的教师表达过对学生的爱。有保姆式的爱，有恨铁不成钢式的爱，有施恩式的爱，无论哪种，总是在潜意识里把学生看成是教育的对象，这当然也没错，但我们能够非常明显地感觉到这种居高临下的态度，感觉到为人师者深藏骨髓的那一份道德优越感。而李老师却不止一次地说过，学生的心灵往往要比教师纯洁得多，学生在道德上也往往高出教师，这是整部书中我最以为然的结论！所以李老师的爱是建立在真正的民主的基础之上的，是真正平等的爱，发自内心的爱，不含任何杂质的爱，而更重要的是，这份爱不是单向的灌输，而是双向的互动。"春种一粒粟，秋收万颗子"，李老师时时都在收获！当看到学生精心准备的生日礼物时，那一刻，难道不是为人师者最大的幸福吗？而当一个教师能够真正在与学生的交流中获益，提升自己的时候，他收获的是人生最大的幸福！所以在整本书中，镇西老师并没有流露出一种功成名就的感觉，没有流露出对学生施过恩德的那种隐隐的得意（这是在公开发表的文章中经常能够感受到的），而是不断地感谢，感谢学生，感谢编辑，感谢同事，感谢同学，感谢一切帮助过他的人，正是这一种做人的态度，才提升了镇西老师的生命内涵，并且深深地感染了我们。然而，教育，仅有爱心是不够的。这一点，镇西老师多年以前就意识到了。所以，在爱心的背后，是对学生的严格要求，甚至有对学生必要的惩罚。

全书由七大篇手记构成，分别为《爱心和童心——我和学生的感情故事》、《与顽童打交道——"后进生"的转化》、《锻造卓越人格——"优秀学生"的培养》、《回答心灵的呼唤——青春期教育的尝试》、《沉重的思考——由一位女生自杀引发的德育剖析》、《生死两地书——和远方一群中学生的通信》、《"让人们因我的存在而感到幸福"——引导学生关注周围的人》。

李镇西老师受苏霍姆林斯基影响极深。苏氏对他的影响集中体现在两个方面，一是对学生的爱和尊重，二是集体教育。甚至苏氏几十年如一日每天早上5点起床写教育日记的精神和做法也深刻地影响了他。

但是今天重新面对《爱心与教育》，我的心情又极其复杂。这既是一本绝对值得一读的好书，同时又先天地带着某种需要弥补的缺陷。

首先，李老师对苏霍姆林斯基的理解和继承是不完整的，受到了当时时代的限制。苏氏的背后，有非常完备的教育学，涉及教育教学的方方面面，尤其以自尊和思维为核心。李老师继承和强调了对学生的尊重和爱，而对苏氏关于思维的论述以及背后所潜藏的知行观认识不足。即使以爱和尊重学生而言，苏氏更为强调通过激发学生的成就感来让学生体验到自尊，也就是说更强调一种知性，而李老师则更为强调一种道德修养和感染，这两条路径有一定的差异。此外，苏氏的集体教育，其实也是需要加以检讨的。而李老师在继承集体教育思想的同时，虽然也强调了"个性"，但也同时继承了某种危险。

其次，今天的教育，与《爱心与教育》所发生的时代的教育已经有很大的不同。今天的学生，很难单纯靠感染去达成教育目标。李镇西老师曾经说过：教育的核心是师生关系。这也是他成功的奥秘，但是在目前复杂的背景下，教育对教师提出了更高的要求，除了要爱学生，与学生建立良好的关系之外，还需要相当程度的专业素养，去辨识学生中种种问题背后的症结。这一部分专业能力，可能也要靠另外的书来弥补。

最后，《爱心与教育》在叙事上，仍然是随笔式或者说随感式的，优点是感染力强，缺陷是很容易形成某种遮蔽。而新教育所强调的专业化写作，则更强调严谨的案例写作，即通过专业性反思，让被遮蔽的东西尽可能显露出来，从而更加逼近真相。

此书应该成为新任教师的必读书籍。

延伸阅读：

若对李镇西老师的教育教学思想感兴趣，或者觉得"气息相投"，可以再去翻阅他另外的著作。例如：

1.《走近心灵——民主教育手记》

这是《爱心与教育》的姊妹篇，本为一本书，因为篇幅过长才分为两本。记载了大量他和学生的故事，鲜活生动，也引人深思。

2.《民主与教育》

这是李镇西老师的博士论文，从理论上阐述民主与教育的关系。

3.《心灵写诗》

这是李镇西老师2004年起在成都市盐道街中学外语学校担任班主任的工作经历。

4.《做最好的老师》

这本书集中了李镇西老师多年来做班主任工作的心得体会，算是一个总结本。

5.《听李镇西老师讲课》

这本书收录了李老师若干语文教学实录，他的语文课堂，亲切自然，强调对话和不着痕迹，强调学生自主学习，颇值得一看。

《我的教育理想》

作者：朱永新　　　　　　　　出版信息：漓江出版社

类别：职业认同　　　　　　　难度系数：A 级/ABCDE

适读人群：所有教师　　　　　推荐指数：★★★★

评介：

朱永新教授曾经多次讲过这样一个故事。在 1950 年的元旦，约瑟夫·熊彼特在弥留之际，曾对前去探望他的彼得·德鲁克及其父亲阿道夫说了这样一番话："我现在已经到了这样的年龄，知道仅仅凭借自己的书和理论而流芳百世是不够的。除非能改变人们的生活，否则就没有任何重大的意义。"

2000 年夏天，在美丽的太湖之滨，朱永新教授为参加创新教育笔会的教师们做了一场题为"我心中的理想教师"的讲演，整整四个小时，连服务员也静心地听着，气氛十分感人。或许连他本人也没有意识到，这是他人生中，或许也是中国教育中的标志性事件。这一年，他出版了这本《我的教育理想》，同一年，新教育实验在江苏省昆山市玉峰实验小学正式启动，后来波及全国，影响了十多万教师，上百万学生的民间教育实验拉开了序幕。而新教育实验的种子，就在这本书里。

本书分为十章，包括理想的德育、理想的智育、理想的体育、理想的美育、理想的劳动技术教育、理想的学校、理想的教师、理想的校长、理想的学生、理想的父母，用诗一般的语言，绘制了一幅理想教育的蓝图。

朱永新教授的教育理想，具有以下鲜明特色：

一是重视人的整体的和谐发展。朱永新教授多次引用爱因斯坦的一段话："用专业知识教育人是不够的。通过专业教育，他可以成为一种有用的机器，但是不能成为一个和谐发展的人。要使学生对价值有所理解并产生强烈的情感，那是最基本的。他必须获得对美和道德的鲜明的辨别力。否则，他连同他的专业知识就更像一只受过很好训练的狗，而不像一个和谐发展的人。"因此他特别强调德智体美劳全面发展，反对过早文理分科，提倡通识教育，更重视学生的人文素养。

二是强调师生阅读。朱永新教授说过，一个人的精神发育史，就是他的阅读史，一个民族的精神发育水平，在很大程度上取决于这个民族的阅读水平。因此他看来，理想的学校应该是书香四溢的学校，理想的校长、教师、学生、父母，都应该浸润于阅读之中。德育、智育和美育等，也应该更多地依赖阅读来达成。本书中关于阅读的诸多精辟论述，对于阅读力逐年下降的中国人，的确有振聋发聩的作用。

三是强调人文关怀。在理想的学校中，朱永新教授引用欧洲家长协会总干事所提出的好的小学应该符合的标准，第一条即为：一所现代小学是使校内每个儿童都感到自己没有被忽视。无论是理想的教育，还是理想的教育者被教育者，首要的都不是知识本身，而是对人的真正的关注关心。朱永新教授强烈反对过于豪华的校舍和设施，以及在这种豪华设施背后的冷冰冰的教育，在他的教育理想中，甚至知识也不是第一位的，第一位的永远是儿童，是活生生的人。

朱永新教授的这些教育思想，在转型期经济发展决定一切，社会价值严重颠倒，人文精神陷入危机，应试教育大行天下的背景下，具有深远的意义，也体现了一位严肃的教育学者希望走出书斋，改良教育的良心及努力。值得欣慰的是，理想并非幻想，并非空中楼阁不可实现，朱永新教授不但为中国教育鼓与呼，写书著文做提案，而且身体力行，深入一线去演讲推动自己的教育理想。在他的努力下，他和他的团队逐渐将教育理想具体化、课程化，凝结为五大理念、六大行动直至三大课程，如今，"过一种幸福完整的教育生活"已经成了中国教育的一面旗帜，成为成千上万教师在自己教室里的日复一日的实践。

特别值得一提的是本书的写作风格。许嘉璐委员长在序中曾经这样描述："论述、抒情、问答并举，逻辑严密的理性语言、老百姓习惯于说和听的大白话、思维跳跃富于激情的诗句兼有，依思之所至、情之所在、文之所需而施之。有的文章读时需正襟危坐，有的则不禁击节而赏，有的还需反复品味。可贵的是，这些并非他刻意为之，而是本性如此，自然流露。"确是至评。风格即人，激情与理性并举，始终怀抱现实关怀，既是朱永新教授的风格，其实也奠定了新教育实验的实验品格。

《教学勇气——漫步教师心灵》

作者：〔美〕帕克·帕尔默　　　　　出版信息：华东师范大学出版社

类别：职业认同　　　　　　　　　难度系数：B 级/ABCDE

适读人群：所有教师　　　　　　　推荐指数：★ ★ ★ ★ ★

评介：

当越来越多的研究者把研究指向"如何成为一名优秀教师"或者"什么样的教育是好的教育"这一类问题的时候，帕尔默关心的是："谁"在教书？"我"是谁？"我"的心灵是什么样子？"我"对教学以及学生的恐惧源于何处？"我"如何面对教与学的关系？"我"如何处理自己与知识、学生以及同事之间的关系？对这些问题的回答，构成了这本书的主要内容，而所有的问题最终都指向一个问题：认识你自己。过于关注外部世界，关注具体的教育技术，忽略对操作这些技术的教师自我的深入认识，正是许多教师不幸的根源。

全书共分八章，帕尔默一开始便指出：真正好的教学不能降低到技术层面，真正好的教学来自教师的自身认同与自身完整。但是许多教师却生活在对教学和学生的恐惧中，这种恐惧来自对学生的错误认识，来自我们的自我封闭，特别是来自我们习惯于分离事物的客观主义的认知方式。要走出恐惧，需要全面改造我们认识教与学，甚至认识世界的方式。只有把教学看成是师生围绕知识这一伟大事物而进行的一场旅程，只有勇敢地开放自己的教室与心灵，与同事学习于共同体中，我们才能够真正获得解放，走出绝望，并真正地通过教学、学生、同事认识自己，使生命重新获得意义并焕发光彩。帕尔默的作品"罕见地整合了严密与典雅、热情与精确、智慧与人性"，将会给那些挣扎于痛苦中的热爱教学的教师带来真正的教学勇气。

在教育改革如火如荼的今天，许多热衷于花样翻新的教育理念以及教育技术的教师将会对此书感到陌生，有部分人甚至有可能完全不理解此书，因为在庸俗的成功学的背景下，很少有研究者真正关注教师的心灵问题。包括教师自身，也往往对自我心灵缺乏省察，很容易被外在的力量所控制，包括提供破碎名词的专家、朝令夕改的领导、追逐分数的家长以及学生。我们如帕尔默所描述过的那些教师一样，也会对学生、对教室有一种潜在的恐惧，也不愿意向同事开放教室，并且轻率地推责于制度或他人，但却不去思考恐惧的真正根源。

有部分教师以为仅仅依靠技术可以解决职业所带来的疲倦与恐惧，这种认识本身就是职业倦怠的根源之一。正如帕尔默所说，我们所教授的学科像生命一样广泛和复杂，我们所教的学生远比生命广泛、复杂，要清晰完整地认识学科以及学生，需要融入鲜有人能及的"弗洛伊德和所罗门的智慧"。在这种状况下，单纯地强调教育技术是徒劳无功的，即使练就了超级专业化的本领，最终也可能导致超级无能，这正是现代化的某些特征。因此，帕尔默的言说背后，是对盛行于教育界乃至于整个学术界的科学主义的深刻反思。这种科学主义将人工具化甚至物化，不但造成了人与世界、他人的分离，而且造成了教师心灵的割裂，这是教育问题的深层根源。

基于对科学主义的认知方式的反省，帕尔默重新强调了复杂思维，强调了全面整体地把握世界的重要性，更强调了教师保持自我认同和自身完整的重要性，帕尔默说："除非教师把教学与学生生命内部的鲜活内核联系起来，与学生内心世界的导师联系起来，否则永远不会'发生'教学。"那些理解帕尔默的教师，他们会真正明白，当教师并不热爱知识的时候，他只是一个简单的搬运工而无法在知识中灌注热情，因而也无法真正理解知识；当教师并不热爱学生的时候，一切技术都是无用的，最终会走向伤害性的控制与训诫；当教师并不热爱职业的时候，他便永远不可能真正地获得职业幸福。

这本书颠覆了我们关于教学的许多观念，将许多支离破碎的东西用心灵整合起来，它检讨我们的认知方式，要求我们将知识当成一种信念，将教学当成生生不息的对话，当自己融入共同体之中。那些优秀的读者，将会通过这本书重新认识教学，重新认识自己，用心灵拥抱教育，将自己的生命融入到职业之中，重新燃起教学热情，并在不断地重读中获得勇气。

《成功无捷径——第56号教室的奇迹》

作者：[美] 雷夫·艾斯奎
类别：职业认同　教育管理
适读人群：所有教师

出版信息：英属维京群岛商高宝国际
有限公司台湾分公司
难度系数：A级/ABCDE
推荐指数：★ ★ ★ ★ ★

评介：

在美国洛杉矶一个充满贫穷与暴力的地区，有一间不同寻常的小学教室，被称为"第56号教室"。这里的孩子大多是移民之子，家境贫困，多半都没有自己的房子，英文也不是他们的母语。在这样的环境下成长，这些孩子似乎注定一生平庸。但事实是，这些孩子长大后大都就读于全美顶尖学校，许多人在各个领域内都有不凡的成就。而改变这一切的，是一个叫雷夫·艾斯奎的老师。

在这本书中，雷夫老师介绍了一系列精心设计的教学方法，涉及阅读教学、写作教学、数学教学、地理教学、自然教学、历史教学、美术教学、音乐教学、体育教学，也包括班级活动，如旅行、电影欣赏、戏剧演出。以阅读教学为例，雷夫老师批驳了许多劣质的教学以及阅读测试，提出了阅读的首要目标：乐趣、热情、引人入胜。"我阅读，是因为我喜欢这样做。"他们班的学生自己设计了一份只有三个问题的阅读测验：

1. 你是否曾因为老师教得很无聊又很想看完手上正看到一半的书，而在上课时偷看藏在桌子底下的书？

2. 你是否曾因为边吃饭边看书而被骂？

3. 你是否曾在睡觉时间偷偷躲在棉被下看书？

在雷夫看来，阅读不是一门科目，而是生活的基石，是所有和世界接轨的人们乐此不疲的一项活动。雷夫老师每天坚持阅读的习惯，他的学生也每天沉浸在阅读之中。

除了阅读，这个班每年都会去全国各地旅游，并花一年时间来排演莎士比亚的戏剧。雷夫老师排演的戏剧震撼了各地的老师，他们甚至有机会去欧洲的大舞台上去演出莎士比亚戏剧，其专业程度令人震惊。许多看到这些十岁大的孩子将莎剧完美地呈现在舞台上的观众，常常掩饰不住诧异：这一切是怎么发生的？请看雷夫是怎么说的：

> 我们的目的是学习语言的力量和团队合作的乐趣。在这一年当中，孩子将克服挑战、解决问题、尝试冒险。他们会学会大量高难度的乐曲，以及为了能有精彩的演出而认真练习。他们会学习舞蹈和说故事。他们将探索剧中的各个主题，并将它们应用在自己的人生当中。他们将分析、研究、拆解、建构一出戏剧，而他们看待自我和世界的观点，也将因此而改变。

经过这样一年排练的学生，将是怎样的学生？而雷夫老师为了这出戏剧，花掉的时间居然在数千小时！

为了让学生可以提早了解真实世界的经济运作模式，以及培养理财的观念，雷夫还为第56号教室设计了一个特别的经济体系。你想象得到吗？学生必须打工赚钱来租自己的座位，若是你够有钱，甚至还可以买下它，租给其他的同学……当然这一切都是使用第56号教室自己的货币。

雷夫老师始终坚持品格第一。因此第56号教室的教育，首先是做人的教育。因此本书第一章，雷夫老师即重点介绍了他将科尔伯格道德发展六阶段理论导入第56号教室。如果说信任是地基的话，六阶段则是引导学生学业和人格成长的基础建材，这六阶段，是在上课的第一天就教给孩子的：第一阶段：我不想惹麻烦。第二阶段：我想要奖赏。第三阶段：我想取悦某人。第四阶段：我要遵守规则。第五阶段：我能体贴别人。第六阶段：我有自己的行为准则并奉行不悖。经过一年的训练，雷夫老师的学生，基本都达到了较高的阶段甚至第六阶段，因此，无论是外出旅行，还是在学校上课，孩子们总是彬彬有礼秩序井然，让人大为赞叹。更重要的是，雷夫老师的学生无论何时何地，无论是雷夫在的时候，还是在其他老师上课或者无人监管的时候，表现始终如一，这是何等的教育境界？

雷夫坚定不移地相信，真正的卓越是靠牺牲、错误以及大量的努力挣来的，成功并没有什么捷径。他的学生每天要比别的班级的学生早到一个小时，下午又很晚才回家，节假日也经常不休息，而这全部是学生自觉自愿。无论是他，还是学生，都要比常人付出很多。正因为如此，他才在一个对孩子而言恶劣的环境中创建了一个避风港，创建了一个充满温暖和奇迹的家庭。

作为一名小学教师，雷夫在他的岗位上整整待了27年，始终没有离开。在美国，许多出了名的教师和中国的一些名师一样，一旦功成名就，就立刻转行或在全国飞来飞去地演讲，而雷夫老师获得了美国其他任何小学教师难以企及的荣誉，但他认为，对他来说，离开，就意味着背叛。在他的身上，读者感受到的不仅仅是敬业，更是一种疯狂。

雷夫老师的出现意义深远，他让千千万万抱怨教育的教师看到了一种不可思议的可能性，即使我们无法像雷夫这样疯狂，至少我们知道，教育蕴含着无限可能。

《小学课堂管理》（第三版）

作者：［美］卡罗尔·西蒙·温斯坦　　　出版信息：华东师范大学出版社
　　　安德鲁·J. 米格纳诺　　　　　　难度系数：A 级／ABCDE
类别：教育管理　　　　　　　　　　推荐指数：★★★★★
适读人群：所有的小学教师

评介：

课堂管理是影响学生学业因素的第一要素，在"兵法"之类图书充斥的今天，太多的人相信存在割裂的可以单独操练的所谓技巧，结果或陷入基于行为主义的训诫，或导致技术主义幻觉而没有真正解决问题。《小学课堂管理》则是一本比较切实和通俗的论述课堂管理的书籍。它包含技术，涉及课堂管理的诸多细节，但它又不过于强调技术，更强调技术背后教师对课堂真正的理解。

统领这本书的是以下重要假设：

第一个假设是，成功的课堂管理能培养自律性和个人责任感。教师最担心的就是管理失控，因此使用奖惩制度来使学生顺从就显得很有诱惑力。很多教师倾向于创建自上而下的高压管理体系并进行监控，这种管理方法在培养孩子顺从的品质时是有效的，但不利于培养儿童真正的道德自律并形成责任感。成功的课堂管理应该建立这样一种环境，使学生出于个人责任感或者说内心的道德律令来规范自身行为，而不是出自外在的奖惩。

第二个假设是，如果教师运用预防性管理策略，大多数课堂混乱的问题都是可以避免的。调查发现，有效的管理者和无效的管理者的反应十分类似。那么，在课堂秩序方面，什么才是重要因素？课堂有序是因为教师能够管理小组活动，而不是因为他们在处理不当行为方面有特殊的办法。我们要将训诫与课堂管理区分开来，前者是对不适当行为的反应，后者是创建相互关爱，相互尊重的环境，从而支持教学的方法。

第三个假设是，教师对管理的理解方式对其行为有很大影响。无效的管理者把自己的角色看成是"领土保卫者"，对威胁课堂秩序的事情始终保持警惕，一旦发生不当行为，都能细心地捕捉，并利用训斥告诫、摆出教师面孔来控制不当行为。有效的管理者则把自己看成是"在复杂、危险的路线上巡行的司机"。

第四个假设是，对课堂秩序的需求不应超过对有意义的教学的需要。过度地追求安静和统一会妨碍教学，一堂井然有序但什么也不教的课与混乱到不能开展任何学习活动的课一样无用。许多教师满足于对学生的身体进行控制，结果导致学生在课堂上身体紧张，头脑放松，而好的课堂应该是身体放松，头脑紧张。

第五个假设是，不同课堂条件下课堂管理的任务各不相同。也就是说，课堂并不是一个"均质的整体"，想想看，学生在阅读、讨论等不同时段，对纪律的需求肯定不同。

第六个假设是，成为一名有效的课堂管理者需要知识、思考、努力和时间。

很显然，这是一种基于建构主义的课堂管理观。

本书共分为四部分，第一部分探讨课堂的本质特点，以及小学课堂管理中的核心问题。第二部分是主体，探讨如何创建有助于学生自律，提高学习效率的课堂环境，包括教室环境的设计、行为规范的制订、教室气氛的营造、如何合理使用时间以及家校合作等问题。第三部分则讨论与授课直接相关的管理任务，包括激励学生、管理小组活动以及组织讨论等。第四部分探讨应对不当行为，帮助有特殊需要的学生，以及预防和处理校园暴力等问题。

这本书在写作上的卓越之处在于，它并不是生硬地介绍理论或者技术，而是通过四位真实的教师来讲述课堂管理问题，介绍他们如何应对课堂上的危局，并将自己的班级带向卓越。这四位教师分别来自不同的地区，负责不同的年级（一年级、三年级、四年级、五年级），这样就有了广泛的代表性，可供不同年级的教师去借鉴。更有意思的是，四位教师不同的个性风格，也在课堂管理中体现出来了。在相似的问题上，他们甚至有着相反的处理方式，这种张力有助于克制读者机械模仿的冲动，理解教育技巧与学生情况以及教师风格之间的关系，从而默会于心，寻求自己解决问题的方式。

也就是说，最重要的永远不是现学现用，而是通过一个个鲜活的案例去理解课堂管理的复杂性，这需要在阅读时有更多的耐心，在迁移到自己的课堂管理时有更多的思考。对于中国读者而言，要同时注意到中美在文化上的差异，这也是非常重要的。

延伸阅读：

中学老师可以参阅《中学课堂管理》，体例大致类似于《小学课堂管理》。

《优秀是教出来的——创造教育奇迹的55个细节》

作者：〔美〕罗恩·克拉克　　　　**出版信息：**电子工业出版社

类别：教育管理　　　　　　　　**难度系数：**A 级/ABCDE

适读人群：所有教师特别是初任教师　**推荐指数：**★★★★

评介：

这本书讲述的，是28岁就获得美国最佳教师奖，唯一被克林顿夫妇接见三次的美国明星教师罗恩·克拉克的教育故事。他用本书中的55条规矩成功地教育了他的学生，不但让他们变得卓越，而且这些规矩将使他们终身受益。尤其难能可贵的是，克拉克所执教的往往是薄弱学校和薄弱班级，他也因此被称为"问题解决专家"。

这55条规矩包罗万象，涉及如何生活、如何与人交往以及如何感激生活等等。小到说话要有礼貌，要注意与别人的眼神沟通以至于打喷嚏时的细节问题，大到坚持信念与主张等等，与其说是55条并列的规则，不如说是一个完整的教养课程。克拉克总结出孩子的四个特点：1. 孩子需要并喜欢组织；2. 如果孩子喜欢你这个人，他们就会为你而努力进步；3. 孩子们想知道别人希望他们怎么做；4. 孩子们希望知道他们受到了怎样的关心。克拉克的成功，首先是他将对孩子的严格要求与对孩子无私的爱结合起来，不折不扣地执行了这55条规矩。因此，那些封闭的乡下的孩子，或者纽约贫民窟里的孩子，无论在教室里，还是在飞机上，晚宴上，甚至在美国的白宫里，无论克拉克是否在场，均表现得彬彬有礼，极有教养。

例如第16条规则"完成作业不拖延"，克拉克要求所有学生每天必须将所有作业都交上来，以此来进行训练。为此他做了三件事：首先，如果有谁没有完成家庭作业，他就要被留堂，放学以后不准走，必须在学校多待一个小时，第二天还要多做作业。第二，他做了一条巨大的家庭作业记录的横幅贴在教室外边，上边记录着全班同学连续完成全部家庭作业的天数，老师在上面简单地写着"全班所有同学连续完成全部家庭作业＿＿天"，然后每天检查完每个孩子的家庭作业后就去修改天数。坚持十天以后，就开始给予学生一定的奖励。第三，充分利用学生之间的压力。想想看，因为一个学生忘了做家庭作业而害得全班不得不跟着回到"连续0天"将会在班里引起多大的震动。老师从不斥责破坏记录的孩子，仅仅中断记录这个压力就已经足够他受了。第24条规则"上厕所，讲公德"，则更为苛刻："上完厕所以后应该立即冲马桶和洗手。上公共厕所的时候，洗手前要先拿一张纸巾。洗完手以后，要用这张纸关水龙头和按出纸机抽取另一张纸来擦干手（或用这张纸按干手机的按钮）。你要做的最后一件事就是用你干净的手去拿你想拿的东西，而其他人都是用脏手去摸的。"诸如此类的规矩很多，比如要避免不良姿态，常对人说谢谢，不主动讨要奖品，做事有条理，见老师问好，餐桌上要讲究礼仪，接受服务要感谢，要随手清理垃圾，进出门要懂得礼节，公共场所要安静，开会要守纪律，搭乘扶梯要靠右站，排队时要快、静、齐等等。每条规则都有详细的讲解并反复练习，比如热情接待来访者，就要一遍一遍地排练，不厌其烦。

如果简单地看这条规矩，中国教师也许会觉得奇怪：这些与教学有什么关系？但当你真正地翻开此书，便会深受感染，并看到这 55 条规则无论是在学习上还是在做人上对整个班级所产生的巨大影响。这本书最大的价值不在于 55 条规则，只记下这些规则是买椟还珠。我相信任何教师都会制订出适合自己管理风格以及自己所在区域文化的规则来。这本书的精髓在于坚持不懈和对学生全身心的热爱。

在第 51 条规则"梦想面前别犹豫"中，克拉克这样表达："既然想做一件事，就只管去做，不要犹豫。永远不要让恐惧、怀疑或别的什么困难阻挡住你前进的步伐。你想得到什么，就要全身心投入地努力去获得；你想做一件什么事，那就动手去做，不达目的决不罢休；你想成为一个什么样的人，就要创造一切条件去实现目标。"克拉克是这样要求学生的，首先自己就是这样充满热情做的。他用充分的时间帮助孩子理解规则并示范，然后带着孩子练习掌握规则，最后毫不动摇地坚持规则。但克拉克又不是无情的人，他竭尽所能地帮助所有学生，比如为了促使学生按时交作业，连续许多天，天天晚上熬夜为学生制作食品作为第二天的奖赏；为了融入学生之中，坚持学习三个月的跳绳，直至绳子打到额头鲜血流下来，最终感动了学生并在他们的支持下学会了跳绳。因此坚定不移地执行规则的背后，是对学生的爱，是创造相互支持的教室。

克拉克是个疯狂的人，他不但在教室里创造了奇迹，还四处寻求基金支持，带着这些学生周游美国甚至去白宫参观，与总统及总统夫人交谈。在第 55 条规则中，他告诉学生，尽你可能成为最出色的人，让你的一生中，永远有七件事情相伴：笑、家庭、历险、美食、挑战、变化和对知识的追求。在阅读本书前，建议先看介绍克拉克事迹的电影《热血教师》。

对教育的信仰、对学生的热爱、对知识的追求、目标始终如一，成就了克拉克和他的学生的卓越，也会给那些不甘平庸的教师以激励：只要愿意，你也可以创造奇迹，就像克拉克那样。

延伸阅读：

由华东师范大学出版社出版的《在与众不同的教室里——八位美国当代名师的精神档案》也值得一读。

《做一个专业的班主任》

作者：王晓春　　　　　　　　　　出版信息：华东师范大学出版社
类别：教育管理　　　　　　　　　　难度系数：A 级／ABCDE
适读人群：所有教师尤其是班主任　　推荐指数：★ ★ ★

评介：

在基础教育领域，既不缺乏理论研究者，也不缺乏一线名师，真正匮乏的，是能够上天（精通理论）入地（有丰富的实战经验）的问题解决专家，本书作者王晓春老师就是典型的问题解决专家。

王晓春老师认为，教育有三种方式：管孩子、哄孩子和帮孩子。管孩子就是用各种规则和批评、惩罚手段迫使孩子就范，哄孩子就是用表扬、赏识等手段诱使学生走成人设定的道路，这两种办法都强调从成人的主观愿望出发的外部干预。帮孩子则不然，它是先搞清楚孩子的特点，从他的现实出发，帮他实现自我。管孩子时，教师是指挥者，希望孩子害怕，恐惧是动力；哄孩子时，教师是鼓动者，希望孩子欣喜，兴奋是动力。二者都主要诉诸感情，比较情绪化。而帮孩子时，教师是研究者，希望孩子冷静、清醒，动力是智慧。如果用一句话来概括本书的内容，那就是：主张班主任实现思路和工作方式的转轨，从只会交替使用"管"和"哄"的方式转变到逐渐更多采用"帮"的办法上来。

这本书的目标，就是帮教师特别是班主任实现真正的专业化转型。

全书共分为七章。第一章《班主任工作的角色要求》，重点讲班主任如何自我角色定位：教育型的管理者、学习指导者、学生的平等对话者、学习者、心理工作者、家庭教育指导者等。一个班主任，往往是数个角色的复合体，更认同哪种角色，将形成不同的班主任风格，而对自身承担角色的反思，则有利于班主任正确地形成职业自我。第二章列举了班主任影响学生的主要手段：定规矩、评比、批评、惩罚、说服、表扬、榜样、集体舆论、师爱、威信等。这是班主任的常见武器，每种武器都有利有弊，运用之妙，存乎一心。王老师对每种手段的运用及利弊，都提出了非常中肯的意见。第三章写班主任工作的类型：班妈型、班官型、鼓动家型、领袖型、导师型、科学家型、维持会长型、寨主型、书生型，每种类型均有精妙的评述，可作为镜子自我观照反思。第四至七章分别写班主任工作的重点和边界，班风建设，班级日常管理以及问题学生诊疗等重要而日常的问题。

王晓春老师不但有着丰富的班主任工作经验，更重要的是，最近几年他在不同的论坛（主要是 K12 网站以及教育在线网站）建立主题帖，非常热情地帮一线教师们解决班主任工作中遇到的大量问题，特别是疑难杂症，受到了热烈的欢迎。这些丰富的案例经过精心地筛选，有一部分也融入本书中，丰富鲜活，实践性强，构成了本书的一大特点。

本书的另一个特点是特别重视研究精神。王晓春老师特别反对教师情绪化地或者因循守旧地解决问题，强调对问题本身的研究，对问题中潜在的因果关系（特别是多因多果的情形）进行仔细梳理，然后有针对性地采取措施。他自己在案例点评中，也思维缜密，分析中肯，措施得当，深受一线教师欢迎。

王晓春老师的著作，一贯文风活泼风趣，又准确犀利，案例也顺手拈来，皆是日日得见之平常事，读之如在耳侧，亲切贴切，不觉会心。因为本书的智慧，皆从中国本土的教育实践中来，因此除启发教师开动脑筋之外，书中若干路径技巧，也可资借鉴。

本书可作为班主任工作的入门书籍。但门厅之后，另有堂室，那涉及对教育以及管理更为深刻的认识，则非此书所长，需要用另外的专业阅读来弥补了。

延伸阅读：

喜欢王晓春老师风格的读者，还可以阅读他所著的这几本书：《问题学生诊疗手册》、《做一个聪明的教师：教师思维方式案例点评》、《教育的智慧从哪里来——点评 100 个教育案例（小学）》、《今天怎样做教师——点评 100 个教育案例（中学）》。特别推荐后两本书。

《创建优质学校的 6 个原则》

作者：［美］艾伦·布兰克斯坦　　　　**出版信息：**华东师范大学出版社

类别：教育管理　　　　　　　　　　**难度系数：**A 级／ABCDE

适读人群：所有教师　　　　　　　　**推荐指数：**★ ★ ★

评介：

本书的哲学和价值观基础，与《有效的学习型学校——提高学生学业成就的最佳实践》一脉相承，也是作者在多所学校 15 年教育改革研究经验的结晶。

何谓优质学校？本书旗帜鲜明地提出优质学校的标准，就是拒绝失败，让所有学生都获得成功。而要通过改革使自己的学校成为优质学校，就必须正视以往改革中常见的失败因素，这些障碍包括：人们不喜欢改变，因为这会带来不确定感，从而让教师和家长感觉到恐惧；领导负责制下，权力垄断会有意无意地妨碍组织中的个体产生长期的责任感；人总有惰性，必须通过奖励和惩罚等外在手段加以约束；教师和家长放不下等级评定（分数）；上级部门的命令经常与新的教学与管理方法失调；改革缺乏良好的支持体系，也未被深入理解等等。本书中对改革过程中从领导、教师直至家长可能出现的反应有清醒的认识，并在此基础上提出建立真正的专业发展共同体。作者认为，好的专业发展共同体必然有一种关系型信任，团队成员之间通过团体学习和建立共同愿景共同发展。作者也为专业发展共同体确定了一些指标，其中有一些很有意思，例如："同事在周末时到你家拜访……讨论工作！"或者是："放学铃敲响后，教师和校长并不会率先冲出大门！"

本书的核心是作者提出的创建优质学校的六条原则，分别为：

1. 共同的宗旨、愿景、价值观和目标；

2. 确保所有学生学有所成：预防和干预系统；

3. 以教与学为中心的合作团队；

4. 利用数据指导决策和可持续发展；

5. 赢得家庭和社区的积极参与；

6. 发展可持续的领导力。

作者对这六条原则进行了透彻的分析。所谓透彻分析，是指它不仅是提出具体的方法、策略以及案例，来阐述如何确立目标，组织合作，收集和使用数据以及建立家校关系，更重要的是对这六条原则背后的整个系统包括哲学观念、价值观等进行了清晰的解释。这实际上是始终在强调教育改革的复杂性，而一切复杂性的背后，归根到底都是人的问题。

正因为如此，作者从本书一开始就始终强调勇敢的领导力，或者说领导勇气的问题。这种勇气，是指一种勇敢的领导力使命，即使面对恐惧，面对潜在的损失和失败，也要顺应心灵的召唤，遵循自己的价值观、信念和行动宗旨，这是成功之根本。在这个过程中，作为领导，为渴望和理想而奋斗可能变得孤单、充满痛苦甚至被伤害，成为"职责的囚徒"，但是重要的是认识自我，明确什么是自己的核心责任，然后坚定、透明，以真正的热情将学校卷入其中直至建立良好的共同体。

因此，这既是一本充满方法与策略的书籍，更是一本充满力量的书籍，只有真正渴望改变的校长，渴望追求生命意义的管理者，才能够真正地让本书中的技术发挥力量，让优质学校成为现实。

《儿童纪律教育——建构性指导与规训》（第四版）

作者： ［美］费尔兹　　　　　　　**出版信息：** 中国轻工业出版社
类别： 教育管理　　　　　　　　**难度系数：** B 级／ABCDE
适读人群： 所有教师尤其是班主任以　**推荐指数：** ★★★★★
　　　　　　及幼儿园、小学低段教师

评介：

儿童需要纪律，这是无需论证的事实，但是纪律教育的目的何在？如何进行纪律教育，则不同的人可能有不同的回答。行为主义者将纪律教育与教育教学相分离，主张通过威胁、惩罚等压制儿童内心的冲动，对儿童的身体进行训诫，让儿童变得安静、顺从，这是我们目前纪律教育的主流。这种纪律教育培养出来的孩子，不是听话的乖孩子，就是暴躁的叛逆者，长大成人后不是"奴隶"就是"暴君"，不是民主社会所需要的公民。

针对这种教育方式，另外的声音则呼吁将纪律教育与教育教学相融合，认为符合儿童天性的教育教学就是最好的纪律教育，这往往导致了不受约束的自由放纵。

和成人相比，儿童常常更得不到尊重，他们被成人用成人绝不能忍受的方式加以责备、忽视、欺负和贿赂。本书作者主张采纳建构主义的观点，认为规训的目的应指向培养具有积极的自我概念和自尊，并能进行自我规训的道德自律的人。也就是说，教育的目的是培养学生的自主能力，而自主，是指不受奖励和惩罚的影响，通过考虑相关因素，自己做出是非判断的能力。当一个人考虑了相关因素时，他就不会任意说谎、偷窃、违背诺言、干扰他人或不负责任。规则和价值观必须从儿童内部建构或产生，才能成为儿童自己的规训和价值观。

本书分为三部分，第一部分是基础部分，首先将规训视为一种在提高自尊的同时教以自主和自律的方法，并考察了儿童的生理、情感、智力与社会性发展的阶段，了解儿童发展知识是讨论规训的基础。第二部分从最积极到最消极的递减顺序介绍了各种规训的方法。这些方法包括：营造一个最支持儿童发展的情感环境和物理环境来预防问题行为的发生；设计可以预防纪律问题产生的课程；通过榜样指导适当行为；通过有效交流来进行有效规训；帮助儿童理解和接受限制；从外部控制行为、惩罚等等。第三部分从行为入手来追溯问题产生的原因，比如儿童的不成熟状态、需要未满足、身心缺陷以及特殊的情感需要等等，最后分析了纪律问题，对规训方法与原因做了精当的叙述。本书作者一再强调，建构主义视野中的指导与规训是一项复杂的工程，因为儿童纪律问题的背后，往往有错综复杂的原因，儿童的身心发展水平、个体差异、文化差异、家庭生活、班级生活等都可以引发行为问题，有时一个问题还是多种原因共同作用的结果。而针对一个问题，规训方法也可能多种多样，选择哪种办法，只能依情形而定。

很显然，相对于目前普遍存在的简单粗暴的训诫，建构主义方法强调理解儿童，强调儿童理解规则，强调儿童从内部建构规则，强调从更长远的发展来看当下的纪律问题。而在使用建构主义方法时，也无机械生硬的"兵法"可循，仍然需要在理解儿童发展规律以及建构主义基本原则的基础上逐渐形成自己的经验。

因此，本书解决纪律问题的方法，基于深厚的心理学基础，含有非常重要的思想，值得反复研读。而本书在写作风格上，则充分运用大量对比性案例，采取了对话式的写作风格，深入书中，会感觉到轻松而投入，是一本深入浅出的讨论纪律问题的杰作。

本书讨论的儿童大致在3—8岁之间，对幼儿园教师以及小学低段教师特别有益。

《有效的学习型学校——提高学生成就的最佳实践》

作者：［美］杜福尔、埃克   **出版信息：**中国轻工业出版社
类别：教育管理   **难度系数：**B级／ABCDE
适读人群：所有教师尤其是校长   **推荐指数：**★★★★★

评介：

打开这本书，要有足够的心理准备，因为这本书所讲述的，是一种全新的管理学校的模式，即将学校变成真正意义上的学习型学校。而这不是通过一纸行政命令可以简单达到的，而是需要彻底地更新管理思维。

作者首先为我们描述了美国20世纪80年代名为"卓越运动"的教育改革和90年代名为"重建运动"的教育改革。"卓越运动"是在全美国学生质量普遍下降的情况下提出来的，它的标志事件就是建立国家课程标准。它采取的方式，就是自上而下的行政推动：国家制订课程标准，州政府负责执行课程标准，为了达到国家制订的提高了的学业标准，学校不得不加班加点，增加课时，增加课程，增加工作时间，增加作业量……统一与提高了的课程标准，自上而下的行政推动，一切体现为加法的学校教育实践，以及相伴而来的教师与学生的疲惫不堪，这就是对"卓越运动"的一个简单描述。"重建运动"的基本设想是：国家建立标准，学校自主管理。自上而下，与自下而上，双线并进。解放了自主性的重建运动为学校带来了活力，但是，不久之后，它也被宣布失败了。作者和一些专家经过研究发现，重建运动失败的根本原因，是"改革在教室之外发生"，也就是说，学校和教师并没有变革学科教学，而只在校园布置、举办各种活动上下功夫。所有的学校旨在发展自己的特色，但这些特色却并没有旨在改进最重要的学科教学的质量。这样的重建运动，结果可想而知。

我们可以发现，这两个发生在美国的教育改革我们并不陌生，只是在中

国的时序上有些不一样：素质教育颇神似于美国的重建运动，而新课程改革又与美国的卓越运动有几分相像。

目前我们最常见的管理模式是工业模式：科层管理系统，加流水线作业。对教育而言则是：局长命令校长，校长命令主任，主任命令教师，教师执行命令的学校教育体系，采取的正是流水线作业：将教育划分为若干学科和若干年段，编排好一定的时间表后，不同的学科教师进入不同的车间进行不同零件的装配……将这种模式简单地移接到人的管理与人的教育上，把更为复杂与有机的问题强行地简单化，问题就大了：人最大价值的创造性，在这样的层级管理中消失了；人的复杂性与丰富性，在这样的流水作业中被拒绝承认了。

那么，路在何方？

作者提出了一种由若干优秀学校的经验考察而来的解决之道：把学校改造成"专业学习共同体"。

作者认为，打造一个优质共同体至少需要四块基石，它们分别是：使命、愿景、价值观和目标。其中使命是回答"我们为什么在一起"的问题；愿景回答"我们想成为什么"或"我们要到哪里去"的问题。本书详细地描述了我们应该拥有怎样的使命与愿景，以及我们从哪里获得我们的使命与愿景。价值观（集体承诺）可能是一个共同体中最难形成的部分，因为真正的价值观，是人们行为处世的思维方式。人们带着各种各样的偏见、成见、思维定式走到一起，许多东西已经是根深蒂固，要想真正改变是非常困难的。譬如在我们中间，有人可能把工资作为第一价值标准，有人可能坚持认为应试教育（题海及延时教学）是提高成绩的唯一方法，有人可能认为，对学生太和善是教师无能的体现……这些成见，都已经成为我们生命的重要组成部分，而它们，有可能会破坏共同体的集体价值系统使其不断地受到否定与冲击。

作者介绍了共同体打造过程中的几个注意点，并提供了一些有益于形成共同体的妙招。这几个注意点分别是：沟通——有效的沟通并不意味着高谈阔论，而是通过沟通向所有的组织成员展示：我们关注什么！我们将注意力放在哪些事情上。对话（深度会谈）——这是《第五项修炼》中的一个重要概念。讲述自己的故事——能否拥有和及时分享共同的故事，这也是一个组织是否有生机活力的体现。典礼、庆祝、仪式——也就是说，要把许多能体现价值的事情与事物，转变为真正的文化，让它成为我们的固定的习俗。奖励、榜样——优秀者，是共同体的真正领导。

一所优秀学校及优秀学习型组织，其核心特征就是对学生学习的关注，而不是任何其他的东西。也就是说，除非我们把提高学生成就当成我们价值系统中的核心因素，否则我们注定是在走一条南辕北辙的弯路。作者还详细地介绍了学习型组织，以及组织内的各个"任务共同体"，如何合作开发课程体系：课程目标的设定，教学目标的设定，单元的设定，以及评估标准及方法的设定。他强调：一个人的力量是有限的，他往往在错误中认识不到自己的错误。只有对话的共同体，命运息息相关的共同体，才能把团队带向一个新的高度。最后，作者论述了校长、教师、家长及普通职工等在学习共同体中的作用。

这本书是新教育小学，也是整个新教育实验在学校管理方面最重要的指导性书籍。需要特别指出的是，学习型学校的组织非常复杂、非常艰难，整个过程会有冲突、焦虑、不确定性，因为这意味着文化上的彻底转型，除非有特别坚定的信念，否则不易成功。

《儿童的人格教育》

作者：[奥] 阿尔弗雷德·阿德勒　　出版信息：上海人民出版社
类别：心理学　　　　　　　　　　难度系数：A 级／ABCDE
适读人群：所有教师尤其是班主任　推荐指数：★★★★★

评介：

和《给教师的建议》一样，《儿童的人格教育》应该成为所有教师，特别是班主任的案头必备之书，并且应该经常翻阅。阿德勒非常准确而又清晰地介绍了儿童人格发展的基本动力和问题儿童诞生的原因，他关于儿童人格结构的基本框架，可以视为理解儿童问题的一把钥匙。

阿德勒认为，儿童的人格是一个整体，不能被割裂开来。每一个儿童自出生起，就不断地追求发展，追求伟大、完善而优越的希望图景。这是无意识存在的，但又无时不在，这种追求，决定了儿童一生的具体行为。这种希望图景，取决于儿童对生活事实的主观看法，这种观念和看法不是事实本身，但却是儿童塑造自己的依据。这里所讲的，其实就是儿童的自我镜像。

儿童对于希望图景的追求，源于一个重要的心理事实，即儿童的自卑感。所有儿童都有一种天生的自卑感，它激发儿童的想象力，激励儿童通过各种方式来消除自卑感，追求优越感。因此自卑感是儿童发展的基本动力，自卑感与优越感是同一基本事实的两面，难以截然区分，在病理学上，我们很难判断是过度的自卑感还是膨胀的野心对个体的伤害更大。但是当自卑感过于强烈时，儿童最终只是在心理上而非行为上加以克服，这是问题学生的根源。有三类儿童极易成为问题儿童：生来就衰弱或有器官缺陷的儿童，从小受到严厉管教、没有受到父母慈爱的儿童，从小被宠坏的儿童。

换句话说，每个儿童都会追求优越感，这是出自对自卑感的补偿作用，健康的小孩通过正当的途径追求优越感，问题儿童则用不正当的畸形的方式追求优越感。教师要真正读懂儿童，必须明白，儿童的每个活动都是他总体生活和整体人格的表达，不了解行为中隐蔽的生活背景就无从理解他所做的事。因此，要对儿童人格的统一性有足够的重视。解决问题儿童的问题，也要防止简单的训诫，而应该从儿童的整体人格入手，检查儿童理解事实以及做出反应的方式。优秀的教师（当然也包括家长）会洞察儿童追求优越感的方式，引导孩子反思并改变错误的方式，逐渐走到正确的道路上来。这有赖于帮助儿童树立信心（成就感），鼓励儿童用足够的勇气面对生活的挑战。

阿德勒分析了大量的问题儿童案例及其与生理、家庭问题的联系，比如疾病对儿童的影响、儿童在家庭中的地位（是长子还是次子，以及与兄弟姐妹的关系）、左撇子、口吃、懒惰、丢三落四、尿床、嫉妒、离家出走、白日梦、肮脏、粗暴等等，分析了这些事件背后所潜藏的儿童对于优越感的追求，对教师理解儿童的异常行为有非常重要的意义。例如许多懒惰的儿童，他们之所以懒惰，是因为懒惰的儿童无需背负别人对他的期望，他即使无所建树，也会在一定程度上得到人们的原谅。并且，他的懒惰行为使他成为人们关注的对象，最起码他的父母得为他操劳。在另外的情形中，儿童的懒惰，是为了缓和他们的处境，这样他们就可以把目前的无能为力和无所成就归咎于懒惰。孩子的家人会说："如果他不懒惰，他什么都能干！"孩子对这种说法沾沾自喜，因为它对缺乏自信的儿童来说是一种安慰，也是一种成就补偿——如果他不懒惰，他什么都能干——使得他的毫无成就感变得尚可忍受。

对这本书的反复阅读，能够帮助教师建立起理解儿童人格的基本结构。因为阿德勒的这本书，确实揭示了儿童发展过程中最重要的程序之一，可以解释许多难以管教的问题儿童的根源。书后的附录1是个体心理问卷，是供理解和矫治问题儿童之用。我以为，这15个问题可以看成是本书，甚至是个体心理学的框架。15个问题所涉及的种种情况，阿德勒大半都在正文中结合案例进行了详细的阐释，对这15个问题的反复研习，不但有助于理解本书，还能形成理解儿童问题的专业框架以及专业写作的基础。

这本书应该成为一线教师的最基本的阅读书籍，也应该成为学校教师以及各类教师读书会的共读书籍。

> 延伸阅读：
> 若对阿德勒个体心理学感兴趣，还可继续阅读《自卑与超越》
> 一书。

《爱的艺术》

作者：［美］艾里希·弗洛姆　　　　　**出版信息：**京华出版社
类别：心理学　职业认同　　　　　　**难度系数：**A 级／ABCDE
适读人群：所有教师　　　　　　　　**推荐指数：**★★★★★

评介：

爱是一切教育的前提和核心，但是，爱是什么？我们真的理解爱，甚至真的在爱吗？爱只是一种姿态，还是一门需要加以学习的能力或者说艺术？弗洛姆的《爱的艺术》，便是从心理学、伦理学角度对这些问题进行最通俗但又最深刻精辟的解答。这本书的阅读，不但有助于我们理解博爱、自爱、父母之爱、性爱、上帝之爱等等，更能帮我们理解自己的生活。

弗洛姆将人的性格分为创造型、消费型以及交易型。交易型人格在与他人交往中强调的是投入与回报的平等，根植于视自身为商品，许多教师对学生的爱便是交易型的，他们将对学生的爱视为一种投资，这种投资需要收取回报（成绩、对老师的感激等等），若没有收取回报，教师便会陷入抱怨甚至采取惩罚手段。消费型人格对社会最具有破坏性，不想为社会付出任何东西，只想获得和索取。而创造型人格，则是指人自由地、自觉地运用自身的力量，实现自身的潜能。弗洛姆认为，我们应该增加创造型人格的因素，减少交易型，杜绝消费型。一个拥有创造型人格的教师，会对学生怀有一种真正的期待与信任，这种无所求的爱，才能够真正激发出师生的创造。

爱源于人的孤独感，人要消除孤独感有许多途径，比如动物崇拜、人命祭献、军事征服、放纵享受、清教徒式的节制、忘我工作、艺术创造、寄托于对上帝和人类的爱等等，但归根到底只有三条路径，一是纵欲；二是从众，即将自己交付于一个集体甚至一个领袖，在现代社会里也不例外，媒体控制着大多数人的生活，让大多数人产生了自己在控制自己生活的错觉。这两种消除孤独的方式都制造了一种虚假的同一性，无法真正解决孤独感的问题。消除孤独的第三种方式是创造性的劳动，就是要在爱中实现人与人之间的统一。

什么是爱？弗洛姆认为，爱是一种"积极活动"，而不是消极的情感；它是主动地"投入"的活动，而不是盲目地"沉迷"的情感。通俗地讲，爱是给予而不是接受。

给予不是通常意义上的放弃或者牺牲，而是力量的最高体现，正是通过给予，人才体验到了自身的力量、财富以及潜能，体验到了生命力的升华，才在对方身上唤起了生命深处的生机，这种生机会激发自己的活力，从而使对方也成为"给予者"，并感觉到幸福快乐。因此给予不能把对方看成是自己帮助、赐予的对象，而应该是与对方建立起坦诚的、创造性的紧密关系。所以爱的基本要素是关心、责任感、尊重和了解，是对我们爱的对象的生命及成长的主动的关心。如果没有这种主动的关心，就只是一种情绪而已，而不是爱。自爱是一切爱的基础，那些自私的人，并不是爱自己的人，而是根本不爱自己，因为他们缺乏爱的能力，缺乏内在的创造性，所以通过其他的满足来弥补自己失去的幸福。

弗洛姆对爱的诠释，建立在对西方现代社会对人的异化的批判之上。消费社会中人与人之间的关系被消费化、交易化，从而让更多的人陷入盲从、索取与日常工具化，也日渐孤独，因此需要真正地理解爱，培植爱的能力。因此，爱需要加以学习，而要学习爱，需要自律、专注、耐心以及极大的热情，要不断地培养自己的谦逊、客观性和理智。实践爱的艺术则需要信仰的支持，信仰不是指服从于一个非理性的权威，而是指立足于自己的思想和情感体验的一种坚定的信心，是对自己思想中所具有的确定性的坚持。在教育中，是否有信心构成"教育"与"操纵"之间的差别。弗洛姆说："教育是相信孩子拥有这些可能性，我们所做的只是帮助孩子发现并开发自己所蕴藏的潜能。而操纵则是不相信孩子自身蕴含的可能性，认为只有把自认为正当的东西灌输给孩子，并且把自认为不正当的东西压抑下去，孩子才不会出差错。人，不需要对机器人有信心，因为机器人根本就无所谓成长，也就无所谓成长的可能性。"

《爱的艺术》是非常重要的一本书，弗洛姆的许多精辟论述都是理解教育的很好的工具，比如父性之爱与母性之爱的阐述，就揭示了儿童成长的重要秘密，也已经被新教育专业发展项目开发为理解儿童以及解决儿童问题的基本武器之一。对这本书的反复阅读，不但可以用来真正理解爱，也可以用来理解教育，理解自我，洞悉幸福完整背后的秘密。

《教育的目的》

作者： ［英］怀特海　　　　　　　**出版信息：** 三联书店
类别： 教育学　　　　　　　　　　**难度系数：** B 级／ABCDE
适读人群： 所有的教师　　　　　　**推荐指数：** ★ ★ ★ ★ ★

评介：

当我们埋头去研究课程、教学，乃至于许许多多的细枝末节的教育教学工作时，很少有人抬首望一望教育的星空，认真想一想我们究竟要往何处去，教育的目的究竟是为什么。对于这些教育最本原的问题，人类那些最伟大的哲学家（同时也是教育家）始终在思考，卓越的哲学家、教育家怀特海的思考，尤其值得我们给予敬意。

怀特海是机械死板的考试制度的坚决的反对者，他认为，支离破碎的知识、信息与真正意义上的文化毫不相干，教育不是传授僵死的知识，而是教人们如何掌握知识的艺术，让知识充满活力，这是一切教育的核心问题。我们是在与人的大脑而不是僵死的物质打交道。唤起学生的求知欲和判断力，以及控制复杂情况的能力，使他们在特殊情况下应用理论知识对前景做出展望——所有这些能力不是靠一条体现在各科目考试中的固定规则所能传授的。因此他主张，要根除各科目之间那种致命的分离状况，教育只有一个主题，就是五彩缤纷的生活。

这本书最大的价值在于，作为过程哲学家，怀特海敏锐地把握住了教育的基本节奏，即"浪漫—精确—综合"以及"自由—纪律"。

怀特海指出，儿童智力的发展，并不是一种均匀不变的、持续稳定的发展，生命的本质是周期性的，它包括日的周期，如工作和娱乐的交替，活动和睡眠的交替；季节的周期，它规定了学校的学期和假期；智力发展也有周期，它们循环出现，可以用"浪漫—精确—综合"来加以描述。教育的浪漫阶段，指的是事物未以清晰的结构呈现，而以混沌的面目出现在学习者面前，学习都通过想象等浪漫的方式与之游戏的阶段。这一阶段是精确阶段的必由基础。而精确阶段则是对浪漫阶段已经存在于头脑中的活跃而混乱的思想进行有序排列的阶段，同时，它需要不断地补充新的知识，以促进对原有知识的认识，对浪漫阶段的一般内容做出揭示和分析。而综合阶段则是掌握系统知识后的复归浪漫，相当于哲学概念上的综合，它同时又是下一个浪漫的起点。怀特海认为每一堂课，每一门学科，甚至人的一生，都是由这三个阶段不断交错重叠着的，教育就应该是这样一种不断重复的循环周期。

在《自由与纪律的节奏》一文中，怀特海从教育必不可少的一对矛盾"自由"与"纪律"来重新检讨这教育的三个阶段。他说："通往智慧的唯一的道路是在知识面前享有自由，但通往知识的唯一途径是在获取有条理的事实时保持纪律。自由和纪律是教育的两个要素。"因此上面的三个阶段在此就转化为"自由—纪律—自由"的表述，并指出：居于次要地位的严格纪律必须以保证某种长远的利益为目的。

真正透彻地理解怀特海关于教育的基本节奏的论述，对反思中国当前的教育具有极其深远的意义。应试教育的弊端，就在于破坏了教育本身的节奏，过早地强调精确，而忽略了浪漫期，忽略了学生对于知识的原发的热情与惊奇。例如小学阶段对于儿童阅读的忽视以及对于考试的过分重视就是一例，这造成了智力发展的贫瘠甚至枯竭。片面地强调纪律而忽视了必要的自由，或者恰恰相反，导致了训诫或者主体性神话。新教育的儿童课程，就是建立在对教育节奏的认识的基础之上而设计的。

此外，书中精彩的论述比比皆是，比如怀特海提出教育上的两条戒律：

不可教太多科目，所教科目务必透彻，均包含着重要的教育思想，值得反复咀嚼品味。怀特海还对技术教育以及古典文化教育等发表了自己的看法，特别值得注意的是，他猛烈地抨击了当时的大学制度，提出大学存在的理由是："它使青年和老年人融为一体，对学术进行充满想象力的探索，从而在知识和追求生命的热情之间架起桥梁。大学确实传授知识，但它以充满想象力的方式传授知识。至少这是他对社会所应起的作用。一所大学若不能发挥这种作用，它便失去了存在的价值。"

虽然怀特海尽可能通俗易懂地阐释了自己非常重要的思想，但是要真正理解怀特海的思想，仍然有一个过程，不过一旦真正理解和掌握，这些思想便会成为非常有用的力量，成为我们思考教育问题的基石之一。

《被压迫者教育学》

作者：〔巴西〕保罗·弗莱雷　　　　**出版信息：**华东师范大学出版社

类别：教育学　　　　　　　　　　**难度系数：**B 级／ABCDE

适读人群：研究型教师　　　　　　**推荐指数：**★★★★★

评介：

反对灌输，提倡对话，提倡师生之间的平等交流，这是新课程的精神。但是何谓对话？仅仅是一群人坐在一起发出声音？如何更深入地理解师生关系，理解对话，而不被那些表面化的活动或者说伪对话所迷惑？对话背后的实质究竟是什么？那些真正卓越的思想家、哲学家、教育家已经进行了深入的思考，例如伯姆《论对话》、马丁·布伯《我与你》等等，分别从不同的角度，丰富了我们对于对话本质的理解。保罗·弗莱雷的《被压迫者教育学》，也是为数极少的阐述对话问题及其实质的卓越著作，被誉为被压迫者的"教育圣经"。

弗莱雷认为，现实世界中充满了"不公正的待遇、剥削、压迫以及压迫者的暴行"，这导致了一种"文化沉默"，即被压迫者或者听由天命，只考虑满足最基本的需求，或者适应甚至与压迫文化相互依存安于被压迫的现状。在这种"文化沉默"的背景下，被压迫者丧失了主体意识，甘心被压迫者操纵，被动地接受自己的命运。而教育，则是维护这种现状的重要手段。要改变这种现状，需要使被压迫者"意识化"，即通过教育培养人的批判意识，即"人作为知识的主体，而不是被动的受体，对于形成他的生活的社会文化现实及其改变现实之能力的深刻意识"。而要形成批判意识，必须回归现实，通过对话来打破"文化沉默"，发出自己的声音，以主体的姿态参与到历史的进程中来，并因此获得解放。

对于教育者而言，第二章是本书的精华。这一章中，弗莱雷精辟地分析了师生关系，指出灌输式的教育中，师生关系的基本特征是讲解，表现为：

1. 教师教，学生被教；

2. 教师无所不知，学生一无所知；

3. 教师思考，学生被考虑；

4. 教师讲，学生听——温顺地听；

5. 教师制订纪律，学生遵守纪律；

6. 教师做出选择并将选择强加于学生，学生唯命是从；

7. 教师做出行动，学生则幻想通过教师的行动而行动；

8. 教师选择学习内容，学生（没人征求其意见）适应学习内容；

9. 教师把自己作为学生自由的对立面而建立起来的专业权威与知识权威混为一谈；

10. 教师是学习过程的主体，而学生只纯粹是客体。

在灌输式教育中，教育变成了一种存储行为："学生是保管人，教师是储户。教师不是去交流，而是发表公报，让学生耐心地接受、记忆和重复存储材料。""教师越是往容器里装得完全彻底，就越是好教师；学生越是温顺地让自己被灌输，就越是好学生。"灌输式教育的背后，是人与世界可以分离的假设，人不是作为主体积极地参与到世界之中，而是作为客体，是历史进程的旁观者，被日渐边缘化。同时，灌输式教育也是基于一种错误的知识观，即将知识从复杂的社会现实中分离出来抽象出来，成为可以存储和转移的货物，从而妨害了对现实的真正认识和批判。弗莱雷提出了与灌输式教育相对的提问式教育。提问式教育克服了上述师生之间的矛盾，出现了教师学生以及学生教师，即师生在双向的对话中共同发展，基于真实问题进行真实的思考，打破压迫者对于现实的美化以及对被压迫者的控制。弗莱雷的论述是基于巴西的专制现实，但他又不止于此。事实上，压迫与被压迫是在任何社会中都广泛存在的现实，这里的压迫者，是指任何社会中的掌控意识形态话语权的权力阶层，在消费社会中，则显得更为隐蔽。而超越这种权力关系，弗莱雷提醒我们的是，必须重建人与人之间、人与世界之间的关系。而要建立一种不再彼此割裂，而是彼此支持的关系，需要通过对话发展学生或者说人类的批评性以及反思。基于此，弗莱雷提倡对话教学（也即提问式教学），他认为这是民主社会的教育基础。

弗莱雷对于当下教育的重要性在于，他从意识形态的角度提醒了师生关系中压迫与被压迫存在的事实，从而引发每一位教师的反思：在我们的课堂上，是否存在压迫？它因何形成？以何等面目出现？为什么在我们的课堂上真正的批判性思考难以形成？我们如何通过自我批判营造一种真正的对话，从而推动学生的人性趋向完美？

值得注意的是，弗莱雷的教育学是有语境的，因此阅读弗莱雷也需要一种批判的或者说对话的姿态，否则容易误入歧途甚至倒向愤青，而忽略了弗莱雷理论的真正价值。

《论对话》

作者：［英］戴维·伯姆　　　　　　**出版信息：**教育科学出版社

类别：教育学　　　　　　　　　　**难度系数：** B 级／ABCDE

适读人群：研究型或专家型教师　　**推荐指数：**★★★★★

评介：

何谓对话？不同的人有着不同的理解。有时是以"聊"为特征，并无目的，只是一种宣泄而已。有时是以"辩"为特征，是为了证明我对你错，我说的才是真理。有时是以"商"为特征，是一种博弈，一种谈判，最终双方各有妥协，至于谁对谁错，并不重要。伯姆所论述的对话，则并非以上三种形式，并且远远超越了传统意义上所指的谈话和交流范畴，不但探索人类的体验过程，而且探索人类思维的作用方式。

首先，伯姆认为，对话是一种分享，在对话中，没有人试图去赢，也没有人强求对方接受自己的观点。相反，我们通过对话，来发现任何人身上可能出现的任何错误，大家通过对话来共同合作而不是彼此对抗。

为什么在现代社会里，人与人之间接触越来越频繁，但对话却越来越艰难？伯姆对人类思维进行了深入分析后指出，每一个人都有各自不同的思维假定和观念，这些思维假定不但包括那些微不足道的关于具体事情的假定，还包括根植于每个人内心深处的关于事物看法的最根本的思维假定，比如关于生命意义的假定，关于个体利益及国家利益的假定，关于宗教兴趣的假定等等。当每个人意识深处的思维假定受到挑战时，人们总会情不自禁地保护和捍卫它们，并且极易情绪冲动。在这种情况下，人们的种种看法、意见或观念已经与自己浑然融为一体，别人质疑的本来只是你的意见，你却觉得别人似乎是在质疑你本人，所以奋起为自己辩护。

对话的目的，就是让人们暴露出各自的思维假定并"看到"自己是如何思维的。伯姆提倡一种空灵的对话，即让人们围成一个圆圈来面对面地交流，不需要主持人，也不需要日程，甚至没有明确的目的，人数控制在20—40人之间最佳。如果能够长期地坚持对话，参与者内心的思维假定就会逐渐浮出水面，虽然这中间要经历困难，参与者可能会沮丧，会陷入不良情绪，但最终，新的东西会从对话中萌生，你会观察到思维的实际过程以及它发生的次序，观察到它紊乱之所在，会形成一种具有本体感受性的思维，即对自身思维方式的省察。而本体感受性的建立，需要培育一种敏感性，即既可以感知事情的发生，又能感受自己和别人做出的反应，并敏锐地觉察出其中微妙的区别与联系。

人类之所以很难对话，与人类的思维特征有关。早期人类曾经存在一种共享性的思维方式，人类认为，他们能够彼此参与和共享那些他们所看到的事物，万物有灵论以及中国的天人合一思想在很大程度上就是基于这种思维方式。在这种思维方式的作用下，主客体往往是不分离的，是浑然一体的，人人参与分享大自然并维护它。但是后来，特别是在现代社会中，平实思维越来越占优势。平实思维旨在依据现实的实际面貌来反映现实，即是用一种分裂的而不是整合的，旁观的而不是身入其间的方式来对事物进行思考，将万事万物客观化。比如专业技术思维即是一种平实思维。平实思维既有优势，也导致了人与人之间、人与世界之间的分离，现代的官僚机构和等级制度，人与人之间、国与国之间的仇恨，人类对大自然无休无止的掠夺，都与这种思维方式有关。思维方式本身造成了问题，但人们却以这种思维方式来思考它本身造成的问题，结果不但没有解决问题，反而制造了更多的问题。

由此可见，伯姆的对话理论，不但要求人们对自己所固守的文化观念、生存意义及对自我的认识提出严格的质疑，从更深层意义上，也是探索人类如何通过共享性思维，拓展自身生存和发展的空间。

对于教师而言，伯姆的《论对话》具有非常积极的意义。它不但有利于对日常教育教学对话的反思拓展，更重要的是，它会促使教师对师生关系进行深刻反思，对自身的思维方式进行悬置观察，从而打破思维障碍，以更为积极友好的姿态去理解学生。

第六章　教师阅读之人类基本知识重点图书

人类基本知识在知识结构中大约占到 20%。

这部分知识，是教师必须具备的知识背景。这部分阅读的匮乏，将影响到对专业的深刻理解，因为任何理解都是基于背景的。

人类基本知识如浩瀚海洋，涉及诸多领域，难以尽述，更难以拟定一个合理的书目。同样，我们也不会试图拟出一个客观的、全面的书目，仍然是基于以下选择：

1. 能够直接启发教育教学，包括从方法论等角度可以直接迁移打通的书籍（例如对话理论以及关于儿童的论述）。

2.尽可能包含丰富的人文或科学元素的书籍（例如一些选本）。

3.人类文明原典型书籍（如神话、宗教、哲学方面的书籍）。

4.跨学科论述某一与教育相关的重要问题，并且深入浅出的书籍。

5.一些重要学科的基础性书籍。

即使有这些标准，我们仍然非常审慎地选择，例如我们不会轻率地选择四书五经，但会选择类似《论语今读》这样的好的注解书籍，以及类似《儒教》这样的大家小书，我们认为对教师更有益。

人类基本知识推荐书目

类别	书目	
文学艺术	一切优秀文学名著及批评理论	
	《美的历程》（李泽厚著）	《十九世纪文学主流》（勃兰兑斯著）
	《时间的玫瑰》（北岛著）	《歌德谈话录》（爱克曼著）
	《谈美书简》（朱光潜著）	《艺术哲学》（丹纳著）
	《美学散步》（宗白华著）	《艺术的故事》（贡布里希著）
哲史宗教及社会学	《西方哲学史》（罗素著）	《哈维尔文集》（哈维尔著）
	《希腊的神话和传说》（斯威布著）	《乌合之众——大众心理研究》（古斯塔夫·勒庞著）
	《苏菲的世界》（乔斯坦·贾德著）	《万历十五年》（黄仁宇著）
	《圣经的故事》（房龙著）	《1932—1972年美国实录：光荣与梦想》（威廉·曼彻斯特著）
	《儒教》（杜维明著）	《官僚主义的弊害》（阿兰·佩雷菲特著）
	《基督宗教》（哈维·寇克斯著）	《娱乐至死》（尼尔·波兹曼著）
	《佛教》（阿部正雄著）	《通往奴役之路》（哈耶克著）
	《老子的智慧》（林语堂著）	《剑桥中国史系列》（麦克法夸尔、费正清编）
	《中国文化的深层结构》（孙隆基著）	《丑陋的中国人》（柏杨著）
	《论语今读》（李泽厚著）	《黄河边上的中国》（曹锦清著）
科学	《时间简史》（霍金著）	《昆虫记》（法布尔著）
	《上帝掷骰子吗：量子物理史话》（曹天元著）	《别闹了，费曼先生》（费曼著）
	《爱因斯坦的圣经》（萨缪尔等著）	
综合及其他	《教师人文读本》（商友敬等编）	《拯救与逍遥》（刘小枫著）
	《大学人文读本》（夏中义编）	《给青年诗人的十封信》（里尔克著）
	《近距离看美国》（林达著）	《傅雷家书》（傅雷著）
	《沉默的大多数——王小波杂文随笔全编》（王小波著）	《宽容》（房龙著）
	《从优秀到卓越》（吉姆·柯林斯著）	《潜规则：中国历史的真实游戏》（吴思著）
	《首先，打破一切常规》（吴建宏著）	《现代化的陷阱》（何清涟著）
	《第五项修炼》（彼得·圣吉著）	《寂静的春天》（卡逊著）
	《美德的起源——人类本能与协作的进化》（麦特·里德雷著）	

部分重要图书评介

《大学人文读本》

主编：夏中义　　　　　　　　**出版信息：**广西师范大学出版社

类别：综合及其他　　　　　　**难度系数：**A 级/ABCDE

适读人群：所有教师　　　　　**推荐指数：**★★★★★

评介：

人文背景阅读之重要，无须赘言，但应试背景下成长起来的教师，人类基本知识之空疏，令人叹惋。一个人的"精神成人"，甚至主要不在于专业知识，而在于基本的人文科学素养。一个缺乏"独立之精神，自由之思想"的教师，如何能够引领学生的精神成长？应试教育愈演愈烈，便与此不无关系。因此对人文背景书籍的阅读，一方面是教师自身精神成长的需要，另一方面也是引领学生精神成长的需要。在目前的背景下，人文背景方面的选读书籍便显得尤为重要。而在我们所接触到的选本中，《大学人文读本》无疑是最好的一套。

这套书共分为三本，分别为《人与自我》、《人与国家》、《人与世界》，构成了一个完整的体系。

《人与自我》一书，主要是引发读者思考，你将如何为自身的日常生存注入意义，从而使生物学层面的个体生命真正转化为文化学层面的"主体角色"。这本书由十章构成：大学：人文精神的旗帜、人生须活出意义、回到日常，超越日常、心灵因博大而悲悯、青春·性爱·身体、婚姻·家庭·代沟、我是女性，但不主义、角色的自期与自律、直面苦难的勇气、生与死的对话。在物欲横流的今天，这本书重新让人摆脱工具化生存，确认生存的意义，创造意义自我，升华青春自我，沉思苦难自我。诚如编者所说：

意义自我叫人超越世俗的拘束而达精神自由的高度，青春自我叫人守住生命的热情，苦难自我叫人伸展情志的深度与广度，如此，人的生命既光彩夺目，又平淡温柔，它才达到了最佳状态的超常发挥。而将这三个维度有机融合起来，就形成了一个整体的人文自我，此时的自我具有人文情怀、人文视野、人文目标，不被极端的情感所制约，不为简单的功利主义所遮蔽，它就能将入世与出世、灵与肉、个体与群体、享受与创造、生与死等统一起来，在一种仁爱而非滥爱、博大而非庞大中去守护生命、创造生命，去守护文化、创造文化。

职业生涯中，毕生最重要的问题永远是"我是谁"的问题，我们对自我的理解有多深，对学生的理解、对职业的理解、对世界的理解便能够走多远。从这个意义上讲，这些大家关于自我的文字，能够有形无形地化为精神血液注入我们的精神自我之中，使我们对自我的思考与这些伟大灵魂的思考融为一体，从而摆脱狭隘，获得一种真正的自由与超越。

《人与国家》一书，主要是引发读者思考，你将如何面对故土的百年沧桑及其社会文化转型，以期将自己塑造成迥异于卑微子民的"现代国民"。这本书由九章构成：让记忆唤醒历史、传统与变革、重新点燃启蒙火炬、革命反思录、自由思想档案、民主ABC、平等与公正、个人·社会·国家、什么是知识分子。教师作为知识分子，必然要考虑自己如何成为真正意义上的现代国民，而教育的终极目的之一，也是将学生培养成为现代公民，这在目前的教育背景下，意义尤其重大。这本书分为两大部分：第一部分是回顾梳理百年历程中的问题与矛盾。这部分收录了一组反思苦难的文章，回顾了从1840年鸦片战争以来的中国历史，从洋务派的经济改革开始，到维新派的政治体制改革，再到陈独秀、胡适、鲁迅等人的文化革命和"立人"之举，涉及一系列的矛盾和问题，如启蒙与救亡、改良与革命、传统与现代、世界化与本土化等等，提醒我们不要忘记历史的悲剧并正视生活的沉重，帮助我们理解和认识中国问题。第二部分是张扬现代国家理念，重铸现代社会伦理。现代人应该如何对待国家？纳税人应该享有怎样的权利？从臣民社会到公民社会，这个社会转型的标志何在？如何理解自由？民主的价值观是否适合中国国情？如何理解平等和社会公正？人类历史上那些卓越的思想家关于这些问题的思考，以及人类关于这些问题的实践，应该成为我们思考中国问题的精神资源。

《人与世界》一书，主要引发读者思考，你将如何置身于新世纪的"全球化"格局，尝试用全人类而非狭隘族国的眼光，来关注我们这颗星球所发生的宏大事件与国际难题，诸如生态、种族、战争、宗教、人权……而无愧为"世界公民"。这本书由九章构成：和平：文明的曙光、以人权的名义、告别狭隘民族主义、多样文化与普世价值、只有一个地球、发展有无极限、科学精神及其责任、市场：看不见的手、走向全球化。本书的重点不是介绍与全球问题相关的学科知识，而是着眼于帮助读者树立世界公民的情怀，对一些最重大、最根本的问题做入门的思考。发生在地球上其他地方的事件，如战争风云、恐怖事件、金融风波、生态污染、灾难饥荒、疾病传染、科学发现、技术创新、体育比赛、艺术创作等，都与我们息息相关。如果缺乏了对这些问题的基本理解，很难成为称职的教师，特别是在网络时代，学生本身已经置身于全球化的语境之中，若教师缺乏基本理解，如何引领学生并与之对话？

这套书为我们理解自我、国家及世界，或者说为理解人类构筑了一个良好的背景，是一张导游图。读者若有兴趣，可以按图索骥，去探寻某篇触动你的文章背后的伟大灵魂。所以本书的对象虽然是大学生，但对没有经历过这样阅读沐浴过的教师而言，也是极其重要的。可惜的是，因为长期的应试教育导致了阅读力下降，虽然编者声称考虑到了可读性与通俗性，但是缺乏阅读习惯的教师仍然会遇到困难，但这是没有办法的事情，阅读本身就需要面对这种挑战，需要有足够的勇气。若能常读这套书籍，必定会为你理解学生，理解自我，理解专业问题奠定相当坚实的基础。因此对于此类阅读缺乏的教师而言，此套书甚至适宜精读。

延伸阅读：

1.《大学活页文库》，华东师范大学出版社，共34辑，每本0.5—1.5元，2003年12月出齐。

这套书涉及诸多学科以及人类文化中诸多主题，每辑仅选几篇文章，作者几乎都是一流的作家、思想家、科学家、艺术家等。选文精粹，深入浅出，也是极好的人文读本。

2.《青春读书课》，严凌君主编，商务印书馆，包括《成长的岁月》、《心灵的日出》、《古典的中国》、《白话的中国》、《人类的声音》、《人间的诗意》、《世界的影像》等共七卷十四本。

这是一套为青少年精神成长准备的经典读本，定位为精英教育的课外阅读书，以关注青少年心智成长为基本，从青少年成长的心理和生理角度出发，遴选古今中外经典，内容博大，涵盖政治、历史、哲学、美学、宗教、心理学、科学、自然、教育、文学等各个领域。不过，这套书具有一定的挑战性，因此对许多教师而言，可能许多文章在理解上都会存在一定的困难。因此，对人类基本知识严重匮乏的那部分教师而言，这套丛书也可以作为人文背景阅读书籍。

3. 《教师人文读本（修订本）》，商友敬、尹后庆、吴国平主编，上海辞书出版社，2006 年 6 月第 1 版，定价：58.00 元

这是比较好的教师读本，分为上下册，编写者是按照"感性—知性—理性"的层面汇编而成，从生命意义、爱、美、人格、民主与启蒙、传统与现代化、什么是教育等角度出发，融汇了生与死、宇宙与人生、历史与现实、传统与变革、科学与人文、物质与精神、个人与集体、道德与审美等人类的基本问题，比《大学人文读本》选文浅易一些。

《万历十五年》

作者：［美］黄仁宇   **出版信息：**中华书局
类别：哲史宗教及社会学   **难度系数：**A 级／ABCDE
适读人群：所有教师   **推荐指数：**★★★★★

评介：

《万历十五年》是一本严谨而有趣的历史书籍，作者黄仁宇没有采取通常的撰史方法，从所谓政治、经济、文化的宏观概括中去寻求历史的"规律"，以印证某些放之四海而皆准的"结论"，而是别出心裁地选择了明朝万历十五年（即 1587 年）这平淡无奇的一年作为切口，截取了历史横断面，然后从这一横断面中，选择了七位代表人物，来分析当时的明代社会中盘根错节的关系。

全书共分七章，分别写了最高统治者万历皇帝、大学士申时行、首辅张居正、模范官僚海瑞、自由派知识分子李贽、抗倭英雄戚继光等，同时，也写了他们之间存在的重重矛盾，如皇帝与群臣的矛盾，保守派与自由派的矛盾，官员与官员之间的矛盾等等。无论是皇帝还是官僚，是将军还是知识分

子，都各有自己的理想，又都各有自己的局限，最终在相互制衡冲突中彼此消耗，导致了整个国家的全面平庸与危机，整个中国社会逐渐走向衰亡的趋向似乎不可避免。此书写作历时七年，作者先后翻阅过大量史料，在明史研究方面也有非常扎实的功底，因此虽然是横断面，但是非常严谨。另一方面，作者又用"梦幻般"的笔触，既敏感又客观冷静地在一定程度上还原了"历史"，使读者仿佛能够触摸到历史真实的脉搏，感受到一个朝代的呼吸。

黄仁宇此书，反映的乃是明朝乃至整个中国古代社会大失败的全记录，作者又进一步一针见血地指出："中国两千年来，以道德代替法制，至明代而极，这就是一切问题的症结。"由于作者熟悉西方宪政及历史，因此他认为中国古代社会缺乏数目化管理，并将中国社会的结构比喻为"潜水艇面包式"（submarine sandwich）的社会结构："上面一块面包，大而无当，此乃文官集团；下面也是一块长面包，也没有有效的组织，此乃成千上万的农民。其中则是儒家的道德原则，此即尊卑男女老幼，没有一个涉及经济和人权，也没有一个可以改造利用。因而，我们这个庞大的古老国家，在本质上无非是数不清的农村合并而成的一个集合体，礼仪和道德代替了法律，对违法的行为做掩饰则被认为忠厚识大体。各个机构之间的联系从来没有可资遵循的成文条例（即使有成文的规则，也多半道德宣誓的作用远大于实际功效）。而这种社会在体制上实施中央集权，在精神上的支柱为道德，管理的方法则依靠文牍。"王小波曾评论道：

> 老百姓说：罐子里养王八，养也养不大。儒学的罐子里长不出现代国家来。《万历十五年》是今日之鉴，尤其是人文知识分子之鉴，希望他们读过此书之后，收拾起胸中的狂妄之气，在书斋里发现粗浅原则的热情会有所降低，把这些原则套在国家头上的热情也会降低。少了一些造罐子的，把精力放在用技术和法律等实际的方式改造社会陋习，让大家的日子好过一点。到那时候，老百姓自然能够自己判断出该有什么样的道德和信仰。

之所以推荐此书，意在一洗许多人脑海里的教科书般的历史痕迹，从抽象的历史走向可触摸的感性的大历史，从而明白历史原来可以这么写。同时，因为自从《百家讲坛》开坛以来，历史日渐平民化也日渐恶俗化，从原来板着面孔变成了涂满脂粉，在这种背景下，这种严谨而纹理细腻的学术著作，无疑能够给人以多方面的启发。

第七章　部分电影介绍

在影像时代，影像阅读已经成为阅读的一种重要方式。一方面，影像阅读对传统的书籍阅读构成了妨害，导致了越来越多的电视人电脑人，波兹曼在《童年的消逝》以及《娱乐至死》中有痛切的描绘。人们越来越远离书籍，陷入基于感官刺激的影像阅读中去，从而导致了思考力的下降，这也是构成现代社会精神奴役的基础。另一方面，影像阅读的出现，又是技术进步以及人类自身高速发展不可分割的一部分，不能够用排斥的方式简单对待。我们认为，影像阅读同样也可能是知性阅读，而且影像阅读相比于传统的纸质阅读，在丧失一部分品质的同时，又获得了另外的品质或者说可能性。而且，许多真正优秀的艺术家（编剧、导演等）用影像的方式，同样对教育问题乃至人类存在的根本问题进行了深刻的思考。

因此我们认为，影像阅读也是教师专业发展的重要组成部分。如果没有高品质的影像阅读，则更多的人容易完全堕入纯娱乐性的影像阅读中去，思考力和想象力均会受到妨害，若能够走向高品质的影像阅读，则影像阅读会以自身的优势，为理解教育、理解儿童、理解人类以及我们自身，提供一个深邃的入口。

在本章，我们推荐了部分儿童电影、教育电影和人类电影。和推荐纸质图书一样，我们之所以没有列举百部千部优秀电影，也是基于知性阅读的理念。真正的好电影并没有想象中那么多，就好像人类生活（包括儿童生活和教育生活）的基本主题并没有想象的那么多一样。因此，我们从浩如烟海的电影中选择 27 部为代表并进行简略评述，遗珠之憾是无法避免的，但这 27 部电影则分别是儿童电影、教育电影以及人类电影中的精髓，对这些影像文本的阅读和思考，将与专业阅读相互贯通，共同构筑合宜的大脑，构筑教师的专业基础。

另外，部分电影简介取自网络，谨此致谢。

电影推荐目录及介绍

《狮子王》

类别：儿童电影　　　　　　　　　**地区：**美国

导演：罗杰·阿勒斯（Roger Allers）　　**年代：**1994 年
　　　罗伯·明科夫（Rob Minkoff）

简介

当太阳从地平线上升起，夜晚转成白昼，非洲苏醒了，万兽群集，荣耀欢呼，共同庆贺小狮子王辛巴的诞生。但是他的叔叔刀疤却因他的出生妨害了自己继承王位而仇恨不已。

在刀疤的引诱下，辛巴和好朋友娜娜去国界外的大象墓地探险，3 只受刀疤指使的鬣狗开始围攻辛巴，在这危急的时刻，狮王木法沙突然出现并救了辛巴和娜娜。刀疤用计杀害了木法沙并嫁祸于辛巴，让他误以为是自己害死了父亲。刀疤怂恿辛巴逃走，自己登上了王位。

侥幸逃脱刀疤追杀的辛巴昏倒在路上，被机智聪明的猫鼬丁满和心地善良的野猪彭彭救了下来并共同生活，长成为一头英俊的雄狮。一次偶然的机会，辛巴遇到了娜娜，得知刀疤当上国王后，大家处于水深火热之中，经过巫师拉法奇的劝导和父亲神灵的引导，辛巴回到了狮子王国，他勇敢地战胜了刀疤，成了新的国王。

《小鞋子》

类别：儿童电影　　　　　　　　　**地区：**伊朗

导演：马基德·马基迪（Majid Majidi）　　**年代：**1997 年

简介

贫家小孩阿里，因为他把妹妹拿去修理的鞋子弄丢了，为了体谅父亲无力添购新鞋，于是央求妹妹跟他轮流穿着他的旧球鞋去上学，后来他发现参加跑步比赛的季军可以获得一双新球鞋作为奖品，于是想尽办法参赛，并且只想得第三名，不料却跑了个第一。

《极地特快》

类别： 儿童电影　　　　　　　　**地区：** 美国
导演： 罗伯特·泽米吉斯（Robert　　**年代：** 2003 年
　　　　Zemeckis）

简介

圣诞老人真的存在吗？当玩伴和家人坚持他只是虚构的，任何儿童都会产生怀疑。但是，一个小男孩的坚持终于获得了回报。圣诞前夕，他在恍惚中睡着，忽然地板开始颤抖，桌上的器皿哗哗作响，随着汽笛声呜呜长鸣，一列神秘的火车停在门前，他紧张地打开房门，看见一个和蔼的列车长，列车长邀请他乘车旅行，前往北极参加圣诞庆典。

小男孩惊讶极了，惴惴不安地答应下来，登上火车后，他又发现更多的小伙伴，大家在一起开开心心，经历了一场难忘的旅程。火车终于到达终点站，孩子们欢快地跳下火车，北极城的圣诞庆典正式开始，所有人都沉浸在欢乐的气氛中。这时，一个圣诞老人走到小男孩面前，和蔼地询问他需要什么礼物，小男孩嗫嚅地说，他只想要驯鹿身上的一个小铃铛。但是回家的时候，小男孩不小心弄丢了铃铛，他伤心极了。没想到第二天醒来，他发现小铃铛就完好无损地摆在圣诞树下，母亲看到后非常惊讶，不过她认为铃铛坏掉了。其实小男孩心里非常清楚，只有相信圣诞老人的人，才能听到小铃铛清脆的响声……

《草房子》

类别：儿童电影　　　　　　　**地区**：中国
导演：徐耿　　　　　　　　　**年代**：1998 年

简介

　　一个叫作油麻地的乡村小学校给男孩桑桑留下了快乐又难忘的童年记忆——天生秃顶的秃鹤出于对尊严的执着坚守，而演出的令人发笑又令人心酸的悲喜剧；在孩子眼中显得扑朔迷离的少女纸月的身世之谜；令桑桑自疚不已而实际上注定难成正果的蒋老师与白雀姐的短暂爱情；从精神与物质的顶峰，猝然跌落到最底层的不幸少年杜小康与厄运抗争的艰难历程；当校长的严父终于流露出来的舐犊之情和初涉人生的桑桑对生与死的最初体验……本剧把主人公桑桑童年亲历的几个平常又动人的小故事有机地联系起来，真诚又富于诗意地歌颂了至真、至善、至美的人间情感，展示了富有独特风情的人生画卷。

《夏洛的网》

类别：儿童电影　　　　　　　**地区**：美国
导演：盖瑞·温尼克（Gary Winick）　**年代**：2006 年

简介

　　小猪威尔伯出生后就因为是"落脚猪"而险些丧命，他的人类朋友弗恩竭力从爸爸手下救下了他，并精心喂养他。后来他被送进弗恩的舅舅朱克曼家并待在谷仓里，和一群动物一起生活并和一只叫夏洛的蜘蛛建立了友谊。一个偶然的机会，威尔伯得知自己未来的命运竟是成为熏肉火腿，他害怕极了但又无能为力。就在此时，威尔伯的好朋友夏洛决定救助威尔伯摆脱看似无法逃避的命运。她用自己的丝在猪栏中分别织出了被人们视为奇迹的网上文字："王牌猪"、"了不起"、"光彩照人"、"谦卑"，一次又一次地引来人们的关注，并最终彻底改变了威尔伯的命运，使他在集市的大赛中赢得特别奖，从而摆脱了被屠宰的命运。但这时候，夏洛的生命却走到了尽头，留下卵袋后死了。威尔伯保护着夏洛留下来的卵，直到他们从卵里一个个地飞出去，飞向远方。

《小飞侠彼得·潘》

类别：儿童电影 　　　　　　　**地区：**美国
导演：P. J. 霍根 　　　　　　**年代：**2003 年

简介

　　生活在维多利亚时代的小女孩温蒂，出生在压抑的环境中，还整天被一个呆板顽固的父亲扼杀她童年的快乐和梦想。她的好朋友约翰和米高，也遭受着同样的痛苦，他们梦想着有一天，能够学会在天上飞，这样他们就可以飞离令他们讨厌的家了。

　　终于在一个黑暗的夜晚，长着乳牙的小飞侠彼得·潘，飞到了他们的窗前，说要教会他们飞翔，带他们去一个美丽的地方。他们很快就跟着小飞侠学会了飞，而且飞到了一个美丽的海岛——梦幻岛。这里有茂密的丛林、高大的树木，还有野蛮的印第安人，以及横行附近海面的坏蛋海盗。平时他们在海岛的深处探险，晚上累了就回到树洞休息游戏。

　　岂料，无恶不作的海盗虎克船长带着他的一帮海盗前来大肆破坏。勇敢的小飞侠，这次要营救他的好朋友离开梦幻岛，为此他与铁钩船长展开一轮激战，最终获得成功。

《听见天堂》

类别：儿童电影 　　　　　　　**地区：**意大利
导演：克里斯提诺·波顿 　　　　**年代：**2006 年
　　　　　（Cristiano Bortone）

简介

米可从小热爱电影，但是一次意外事故使他双目失明，必须永远与黑暗为伍，并且只能到政府规定的盲人学校就读。这一打击直到他在学校里找到一台老旧的收音机开始改变，一个崭新的世界为他展开。但是这个生命中重新点燃的希望却被主张盲人不该拥有梦想的校长硬生生地打断。即使不被认同，米可仍是朝着梦想迈进，他的热情逐渐感染了周遭的同学，引导着他们重新定义视障者的梦想与能力，并最终改变了这群孩子，进而改变了家长，改变了学校。这是根据真实的故事改编而成的电影，电影中的人物原型从小失明，但最终成为闻名全欧洲的声音剪接师。

《死亡诗社》（又名《春风化雨》《暴雨骄阳》等）

类别：教育电影   **地区**：美国

导演：彼得·威尔（Peter Weir）   **年代**：1989 年

简介

故事发生在 1959 年的美国，保守、严谨、刻板、功利和封闭的威尔顿预备学院是全美最有名的预备学校，以应试有名而著称，它的校训是："传统、荣誉、纪律、优秀"。在那里，教育的模式是固定的，不仅单调而且束缚了思想。然而这一切在一个叫基丁的新教师的手中发生了改变。基丁老师反传统的教育方法给学院带来了一丝生气：在他的课堂里，他鼓励学生站在课桌上，用一个崭新的视角去观察周围的世界；他向学生介绍了许多有思想的诗歌；他所提倡的自由发散式的思维哲学在学生中引起了巨大的反响。渐渐的，一些人接受了他，开始勇敢地面对每一天，把握他们自己的人生，甚至模仿老师组织了死亡诗人俱乐部。但是，不幸发生了，在基丁精神的鼓舞下，一个叫尼尔的学生因违反了父亲要他努力考医科大学的愿望，执意参加戏剧演出而与父亲产生了剧烈的冲突并在绝望中自杀。在学校的调查中，学生意见产生了分化，基丁因此事被迫离开了学校，在离开之际，大部分支持基丁的学生站在课桌上，以基丁的方式为他送行。

《放牛班的春天》

类别：教育电影   **地区**：法国

导演：克里斯托弗·巴哈提亚   **年代**：2004 年

（Christophe Barratier）

简介

马修老师是一个才华横溢的音乐家，不过在 1949 年的法国乡村，他没有发展自己才华的机会，最终成为一间男子寄宿学校的助理教师，这所学校有一个外号叫"水池底部"，因为这里的学生大部分都是难缠的问题儿童。到任后马修老师发现学校的校长以残暴高压的手段管治这班问题少年，体罚在这里司空见惯，性格沉静的马修老师尝试用自己的方法改善这种状况，闲时他会创作一些合唱曲，而令他惊奇的是这所寄宿学校竟然没有音乐课，他决定用音乐的方法来打开学生们封闭的心灵。在歌声中，学生们逐渐找到了自己，找到了归属，也找到了自信，但是，马修老师却因为与校长教育观念不合而被迫离开了学校。

《蒙娜丽莎的微笑》

类别：教育电影   **地区**：美国

导演：迈克·内威尔（Mike Newell）   **年代**：2003 年

简介

故事发生在 1953 年，坐落在美国马萨诸塞州、被誉为"没有男子的常春藤"的卫斯理女子学院，新来了位艺术史老师，名叫凯瑟琳·沃森，她是个美丽成熟的女人，在大学里接受了自由改革思想，立志要成为一名杰出的教授。

50 年代的美国虽然女性的地位渐渐受到重视，但在上层社会封建思想仍旧非常严重。在卫斯理这所著名的女子大学，学生们大都有着良好的家庭背景，从小接受优秀的教育。但学院对学生的教育不是教她们如何获得自己感兴趣的学科知识，也不重视心理教育，而是把学生的成功与否定义为今后的婚姻，她们学习的目的无非是嫁一个好丈夫。以贝蒂、琼和莉薇为代表的几个非常好动的女孩子，喜欢在班上卖弄风情，甚至用各种办法在课堂上向老师发起挑战。凯瑟琳没有像其他老师那样沿袭学校一贯的教学做法和风格，她不仅挑战学校的一些做法、规矩，而且鼓励学生发掘自己的兴趣，并且大胆去实践她们的想法。最终她以青春率直的作风，丰富的艺术史知识以及风趣热情的授课风格，赢得了学生们的尊敬和爱戴，被女学生称为"蒙娜丽莎"。

《生命因你而动听》（又名《霍兰先生的乐章》）

类别：教育电影　　　　　　　　　　**地区**：美国
导演：斯蒂芬·赫里克（Stephen Herek）　　**年代**：1996 年

简介

1964 年秋天，心怀远大理想的作曲家格兰·霍兰为了挣钱完成他的事业，在一所中学谋到了一份音乐教师的工作。上课的第一天，音乐基础极差的学生们便给了他一个难堪的下马威。他们在弹奏乐器时不但走调，甚至连大名鼎鼎的古典作曲家巴赫都没有听说过。霍兰的信心遭到了打击，女校长杰克布也多次善意地批评。后来霍兰改变了策略，开始努力在音乐与学生生命之间建立联系。在霍兰的悉心培育下，连原本对音乐一窍不通的白人学生格楚和黑人学生路易斯也分别学会了单簧管和大鼓这两样乐器，他的教学开始赢得学生的尊敬。之后的 30 年间，霍兰不但提高了学生们的音乐素养，而且还用爱心、信任和理解赢得了大伙的尊敬和爱戴。在他退休前，深怀感激之情的历届学生们欢聚一堂，为教师开了一个盛大的欢送会，管弦乐队奏响了一支激昂雄壮的"美国交响曲"，向霍兰表示了最崇高的敬意。

《心灵捕手》

类别：教育电影　　　　　　　　　　**地区**：美国
导演：格斯·范·桑特（Gus Van Sant）　　**年代**：1998 年

简介

　　成长于波士顿南区贫民窟的威尔·杭汀是位绝顶聪明却叛逆不羁的年轻人。平日除了在麻省理工学院担任大楼的清洁工作之外，便是与三五好友在酒吧喝酒、泡妞、整整哈佛的"聪明小孩"；一人独处之时，就"一目十行"地吞咽各式人文与科学的新知。某天"随意解答"数学系蓝勃教授所留下的数学难题，旋即引起学校师生们的惊异；在与他人打架滋事，并宣判送进少年观护所之后，蓝勃教授便费心地将他保释出来，要求他参与数学研讨与接受心理辅导。蓝勃教授期望威尔能重视并发挥自己的天赋异禀，不再恶作剧、耍蠢、吹擂而耗费生命；不过，威尔却毫不在意，经常耍弄前来为他辅导治疗的心理专家。

　　蓝勃教授在无计可施的情况下，只好求助于大学好友尚恩出马，开导并救助前途岌岌可危的威尔。尚恩本着"信任是突破心防的关键，不彼此信任就无法坦诚相待"的专业信念，"不以做之师而以做之友"的心态倾听威尔对知识求问、人际互动、爱情探索、人生信念以及亲情伤害等知性问题与情绪的宣泄，日渐抚慰他受创的心灵，帮助他重新拾回对人的信任，并鼓起勇气向女友表达爱意。与此同时，难忘丧妻之痛的尚恩在与威尔彼此"角力互动"的过程中，受到来自威尔莽撞的生命力冲击，亦逐渐开启因丧妻而封闭的心房，重新追寻情感的归宿。

《街头日记》（又名《自由作家》）

类别：教育电影　　　　　　　　**地区**：美国

导演：理查德·拉·格拉文斯　　　**年代**：2007 年
　　　　（Richard La Gravenese）

简介

　　热血的菜鸟教师艾琳·格鲁维尔是个满怀希望要改变世界的理想主义派。然而她将要面对的，是被其他老师放弃的青少年，非裔美国人、拉丁美洲人、亚洲人。班级里不仅族裔混杂，都是附近贫困街区的孩子，甚至还有小混混和黑帮团体成员，他们对学习没有丝毫热情。艾琳对于教师这一职业的热情受到了严重的挑战，但她却并没有同其他成年人一样避之唯恐不及，而是学着真正聆听学生的心声。

逐渐开始了解学生们的世界的艾琳，痛心地发现这些不过十来岁的孩子们，每天不得不挣扎着在街头暴力中生存，能平安无事地度过每一天就是他们最大的希求。于是艾琳借鉴二战时安妮·弗兰克的做法，让学生们利用日记写下点点滴滴的遭遇，互相分享互相倾诉，从生活里找到希望与自由。从艾琳那里，学生们得到了前所未有的尊重，一本"街头日记"改变了他们的人生，使他们得到了救赎。

《热血教师》

类别：教育电影　　　　　　　　**地区**：美国
导演：瑞达·汉尼斯（Randa Haines）　　**年代**：2006 年

简介

克拉克从北卡罗莱纳前往纽约大都市一所中学开始了他新的教师生涯。他年轻、充满热情、富有创造力，但是却接手了一个六年级的垃圾班，全年级成绩和表现最差的学生集中于此，一年之中便气走了六位老师。他运用独特的教学规则和革新式的教学方法教育每个调皮的小捣蛋，为家境困难想要念书的女孩打通通往课堂的道路，让有着艺术天赋的男孩得以发挥特长。即使刚从肺炎中解脱出来，也马上投入他的调皮学生当中。经过艰苦卓绝的努力，这个班的学生在全美的统考中取得了优异成绩，甚至超过了优等生班。

《罗生门》

类别：人类电影　　　　　　　　**地区**：日本
导演：黑泽明　　　　　　　　　**年代**：1950 年

简介

古老的罗生门年久失修，一片衰败现象，大雨滂沱，人们在议论山上一个武士被杀的案件。三天后的过堂时，主人及当事人都讲了自己的见解。杀人者是大盗多襄丸，他讲他本不想杀死武士武弘，因为武弘的妻子真砂很容易就被骗奸了，然后真砂要他俩决斗才把他砍倒的。真砂说，她晕倒在丈夫怀里，丈夫是被他手里的短刀误刺而死的。武弘的灵魂说，是妻子唆使多襄丸杀他，他感到羞耻而自杀的。证人卖柴人说，多襄丸和武弘是在真砂的挑唆之下才交手的，最后武弘被刺中而死。雨停了，卖柴人抱着一个弃婴而去。

《十二怒汉》

类别：人类电影　　　　　　　　**地区**：美国
导演：西德尼·吕美特（Sidney Lumet）　　**年代**：1957 年

简介

一个在贫民窟长大的 18 岁少年因为杀害自己的父亲被告上法庭，证人言之凿凿，各方面的证据都对他极为不利。十二个不同职业的人组成了这个案件的陪审团，他们要在休息室达成一致的意见，裁定少年是否有罪，如果罪名成立，少年将会被判处死刑。

十二个陪审团成员各有不同，除了 8 号陪审员之外，其他人对这个犯罪事实如此清晰的案子不屑一顾，还没有开始讨论就认定了少年有罪。8 号陪审员提出了自己的"合理疑点"，耐心地说服其他的陪审员，在这个过程中，他们每个人不同的人生观也在冲突和较量，最终，这个少年被判无罪。

《肖申克的救赎》（又名《刺激 1995》）

类别：人类电影　　　　　　　　**地区**：美国
导演：弗兰克·达拉邦特　　　　　**年代**：1994 年
　　　　（Frank Darabont）

简介

1946 年，年轻的银行家安迪被冤枉杀了他的妻子和其情人，这意味着他要在肖申克监狱度过余生。银行家出身的安迪很快就在监狱里很吃得开，他懂得如何帮助狱卒逃税，懂得如何帮监狱长将他收到的非法收入"洗白"，很快，安迪就成为了狱长的私人助理。一名小偷因盗窃入狱，他知道安迪妻子和她情人的死亡真相，兴奋的安迪找到了狱长，希望狱长能帮他翻案。虚伪的狱长表面上答应了安迪，暗中却派人杀死了小偷，只因他想安迪一直留在监狱帮他做账。安迪知道真相后，决定通过自己的救赎去获得自由，他最终运用聪明的大脑，不但成功地逃离了监狱，还将监狱长的丑行提供给警方并导致他自杀。

《飞越疯人院》

类别：人类电影　　　　　　　　　　　**地区**：美国

导演：米洛斯·福曼（Milos Forman）　　**年代**：1975 年

简介

麦克·墨菲为了逃避监狱里的强制劳动，装作精神异常，被送进了精神病院，他的到来，给死气沉沉的精神病院带来了剧烈的冲击。麦克要求看棒球比赛的电视转播，挑战了医院严格的管理制度，受到护士长瑞秋的百般阻挠；麦克带领病人出海捕鱼，振奋了他们的精神，却让院方头痛不已。院方为了惩处麦克胆大妄为、屡犯院规，决定将他永远留在疯人院。生性自由的麦克再也无法忍受疯人院的生活，他联合病友，高大的印第安人"酋长"，开始自己的计划：飞越疯人院。但院方给他做了额叶切除手术，将他彻底变成了"白痴"。"酋长"忍痛闷死了麦克，逃离了疯人院。

《辛德勒的名单》

类别：人类电影　　　　　　　　　　　**地区**：美国

导演：史蒂文·斯皮尔伯格　　　　　　**年代**：1993 年

（Steven Spielberg）

简介

1939 年，波兰在纳粹德国的统治下，党卫军对犹太人进行了隔离统治。德国商人奥斯卡·辛德勒来到德军统治下的克拉科夫，开设了一间搪瓷厂，生产军需用品。凭着出众的社交能力和大量的金钱，辛德勒和德军建立了良好的关系，他的工厂雇佣犹太人工作，大发战争财。

1943 年，克拉科夫的犹太人遭到了惨绝人寰的大屠杀，辛德勒目睹这一切，受到了极大的震撼，他贿赂军官，让自己的工厂成为集中营的附属劳役营，在那些疯狂屠杀的日子里，他的工厂也成了犹太人的避难所。

1944 年，德国战败前夕，屠杀犹太人的行动越发疯狂，辛德勒向德军军官开出了 1200 人的名单，倾家荡产买下了这些犹太人的生命。在那些暗无天日的岁月里，拯救一个人，就是拯救全世界。

《阿甘正传》

类别：人类电影   **地区**：美国
导演：罗伯特·泽米吉斯   **年代**：1993 年
（Robert Zemeckis）

简介

阿甘是个智商只有 75 的低能儿。在学校里为了躲避别的孩子的欺侮，听从朋友珍妮的话而开始"跑"。他就这样被破格录取，一直跑进了大学并成了橄榄球巨星，受到了肯尼迪总统的接见。在大学毕业后，阿甘又应征入伍去了越南。这时，珍妮参加了美国国内如火如荼的反越战活动。阿甘一直爱着珍妮，但珍妮却不爱他。在战争结束后，阿甘作为英雄受到了约翰逊总统的接见。在"说到就要做到"这一信条的指引下，阿甘最终闯出了一片属于自己的天空。在他的生活中，他结识了许多美国的名人并经历了世界风云变幻的各个历史时期，但无论何时，无论何处，无论和谁在一起，他都依然如故，纯朴而善良。

在隐居生活中，他时常思念珍妮。终于有一天，珍妮回来了，她和阿甘共同生活了一段日子，然后有一天又悄然离去。醒来的阿甘木然坐在门前的长椅上，然后突然开始奔跑。他跑步横越了美国，又一次成了名人。在奔跑了许久之后，阿甘停了下来，开始回自己的故乡。这时的珍妮已经得了一种不治之症。阿甘和珍妮带着儿子一同回到了家乡，一起度过了一段幸福的时光。

珍妮过世了，他们的儿子也已到了上学的年龄。阿甘送儿子上了校车，坐在公共汽车站的长椅上，回忆起了他一生的经历。

《魔戒》（又名《指环王》）

类别：人类电影　　　　　　　　　**地区**：美国

导演：彼得·杰克逊（Peter Jackson）　　**年代**：2001—2003 年

简介

在古老的中世纪，生活着一群身材矮小的霍比特人。作为哈比族一员的弗罗多·巴金斯，从他叔叔比尔伯·巴金斯那里继承了一枚戒指，这是一枚充满魔力的戒指，拥有无穷的神秘力量，是能够奴役全世界的力量。这只戒指原属暗君王索伦所有，最终却落到了弗罗多手里。邪恶的黑暗魔君索伦知道了这个消息。他准备以大军夺取魔戒，并且征服全世界。

为了不让魔戒落入索伦之手，弗罗多和他的朋友们决定摧毁魔戒。要摧毁魔戒，必须将它投入原先铸造它的烈焰中，也就是位于索伦老巢的末日山脉。于是，弗罗多在忠实的伙伴山姆、梅利和皮平的陪伴下，踏上了毁灭魔戒的征程。征程并不是坦途，一路上他们不断遇到索伦的爪牙——黑骑士（戒灵），以及其他可怕力量的袭击。幸而有侠客阿拉冈、精灵公主亚玟、人类战士伯罗迈尔龄、精灵女王格兰瑞尔，以及精灵莱古稚拉斯、矮人金利和甘道夫巫师等正义力量的保护和帮助，弗罗多他们才一次又一次地化险为夷。

除此之外，弗罗多等一群人还必须对抗戒指中的邪恶力量，这股力量让人产生难以抵挡的欲望，考验每一个接触戒指者的意志力。

《拯救大兵瑞恩》

类别：人类电影　　　　　　　　　**地区**：美国

导演：斯蒂文·斯皮尔伯格　　　　　**年代**：1997 年
　　　　　（Steven Spielberg）

简介

第二次世界大战期间，当百万大军登陆诺曼底海滩时，一小队由约翰·米勒上尉率领的美军士兵却深入敌区，冒着生命危险拯救士兵詹姆斯·瑞恩。詹姆斯·瑞恩是家中四兄弟的老幺，他的三名兄长都在这次战役中相继阵亡。美国作战总指挥部的将领为了不让这位不幸的母亲再承受丧子之痛，决定派一支特别小分队，将她仅存的儿子安全地救出战区。

当小分队的士兵们陷入敌区，面对随时降临的各种危险，他们逐渐怀疑这项任务的合理性：为什么这个士兵，就值得让八名士兵去冒死拯救？瑞恩的一条命为何比他们的生命更有价值？但是，尽管他们心存疑惑，还是坚决执行上级的命令。

《黑客帝国》（三部曲）

类别：人类电影	**地区**：美国
导演：安迪·沃卓斯基(Andy Wachowski)	**年代**：1999—2003 年
拉里·沃卓斯基(Larry Wachowski)	

简介

在矩阵中生活的电脑黑客尼欧，总觉得世界一切都不对劲，却说不出个所以然来。在梦中、在电脑中常会有个声音跟他说话，让他的生活似梦非梦，也让他混淆真实与梦境的界限。在崔妮蒂的带领下，尼欧来到一个地下自由门士的组织，他们由莫斐斯率领，个个身怀绝技。他们的目的是要对抗控制全人类的强大电脑。电脑魔王以虚拟实境的手法塑造出一个假象世界，把人类置于其中，如奴隶般的幽灵警察，扫荡知道真相的人。尼欧身负着重大使命，必须武艺高超，才能将全人类自电脑的牢笼中释放出来。

《大话西游》（由《月光宝盒》与《仙履奇缘》组成）

类别：人类电影	**地区**：中国香港
导演：刘镇伟	**年代**：1995 年

简介

话说孙悟空护送唐三藏去西天取经，半路却和牛魔王合谋要杀害唐三藏，并偷走月光宝盒。观音大士闻讯赶到，欲除掉孙悟空免得危害苍生。唐三藏慈悲为怀，愿以命相换，观音遂令悟空五百年后投胎做人，赎其罪孽。

五百年后，孙悟空投胎为强盗头头至尊宝。不巧撞见预谋吃唐僧肉的妖怪姐妹——蜘蛛精春三十娘和白骨精白晶晶。原来，五百年前孙悟空和白晶晶曾有一段恋情，因而白晶晶与至尊宝一见钟情。此时，菩提老祖将二人的妖怪身份告诉了至尊宝，并同强盗们一起与二妖展开周旋。白晶晶为了救至尊宝打伤了春三十娘，却中毒受伤。至尊宝为了白晶晶来找春三十娘，却遭晶晶误会。白晶晶绝望自杀。至尊宝用月光宝盒使时光倒流却倒流回五百年前得到了真相。（以上是《月光宝盒》部分）

至尊宝被月光宝盒带回到五百年前，恰巧遇到紫霞仙子。紫霞仙子曾有一誓言，只要谁能拔出她手中的紫青宝剑，就是她的意中人。不想宝剑被至尊宝拔出，紫霞决定以身相许，却遭至尊宝拒绝。紫霞迷失在沙漠，为牛魔王所救。牛魔王逼紫霞与之成婚。关键时刻，至尊宝转世成为齐天大圣孙悟空，踏着五彩祥云来救紫霞。打斗中，悟空为救师父而放弃了紫霞，紫霞为牛魔王所杀，孙悟空则踏上了西天取经之路。（以上是《仙履奇缘》部分）

《美丽人生》

类别：人类电影　　　　　　　　　**地区**：意大利
导演：罗伯托·贝尼尼（Roberto Benigni）　　　**年代**：1997 年

简介

1939 年春天，战争的阴霾笼罩着欧洲大地，憨厚而乐观的犹太青年基度来到了意大利阿雷佐的斯坎小镇准备开一家书店。途中邂逅了年轻美丽的女子多拉，基度认定多拉是他心中的公主，于是他凭着超人的幽默感和机智勇敢，最终赢得多拉的爱情。几年后有了可爱的儿子乔舒亚，同时基度也实现了一生中最大的梦想即拥有一家自己的书店，一家三口过着祥和安宁的幸福生活。

然而随着战争的升级这一切都在顷刻间化为乌有，在反犹太政策下德军在意大利开始疯狂迫害犹太人，在儿子乔舒亚五岁生日这天，纳粹分子抓走了有犹太血统的基度父子，把他们送往集中营。没有犹太血统的多拉坚持同行，被关在女牢里。基度不愿意让儿子幼小的心灵蒙上悲惨的阴影，在惨无人道的集中营里，基度一方面千方百计找机会和女监里的妻子取得联系，向多拉报平安，一方面又要保护和照顾幼小的乔舒亚。他哄骗儿子这是在玩一场游戏，只要他能遵守"游戏规则"，积满1000分的总数，就能得到一辆真正的坦克作为奖励。天真好奇的儿子对基度的话信以为真，强忍了饥饿、恐惧、寂寞和一切恶劣的环境。

二战接近尾声，德国战败的事实已无法掩盖。集中营的纳粹们开始仓皇逃窜。基度在最后关头把儿子藏匿好，叮嘱他在游戏结束时，要确定四周没人之后再从藏身处走出来，但他自己却被发现并遭到枪决。第二天上午，乔舒亚从藏身的铁箱子里走了出来，站在院子里。这时，身后传来了隆隆的履带滚动声——一辆真的美国兵的坦克车隆隆地开到他的面前。

《霸王别姬》

类别：人类电影　　　　　　　　　　**地区**：中国
导演：陈凯歌　　　　　　　　　　　**年代**：1993 年

简介

程蝶衣自少被卖到京戏班学唱青衣，对自己的身份是男是女产生了混淆之感。师兄段小楼跟他感情甚佳，段唱花脸，程唱青衣。两人因合演《霸王别姬》而成为名角，在京城红极一时。不料小楼娶妓女菊仙为妻在先，在"文革"时期兄弟俩又互相出卖之后，使蝶衣对毕生的艺术追求感到失落，终于在再次跟小楼排演《霸王别姬》时自刎于台上。

《楚门的世界》

类别：人类电影　　　　　　　　　　**地区**：美国
导演：彼得·威尔（Peter Weir）　　　**年代**：1998 年

简介

30 年前奥姆尼康电视制作公司收养了一名婴儿，他们刻意培养他使其成为全球最受欢迎的纪实性肥皂剧《楚门的世界》中的主人公，公司为此取得了巨大的成功。然而这一切却只有一人全然不知，他就是该剧的唯一主角——楚门。

楚门从小到大一直生活在一座叫桃源岛的小城（实际上是一座巨大的摄影棚），他是这座小城里的一家保险公司的经纪人，楚门看上去似乎过着与常人完全相同的生活，但他却不知道生活中的每一秒钟都有上千部摄像机在对着他，每时每刻全世界都在注视着他，更不知道身边包括妻子和朋友在内的所有人都是《楚门的世界》的演员。

然而这一切却使一位既是《楚门的世界》的忠实观众又是该节目群众演员的年轻姑娘玛丽十分同情楚门，她给了楚门一些善意的暗示，使他不得不开始重新认识自己的生活。他决定不惜一切代价逃出这个令他噤若寒蝉的小城，去寻找属于自己真正的生活和真正爱他的人。经过几次逃脱的努力失败后，楚门决定从海上离开这座小城，然而他却绝望地发现他面前的大海和天空竟然也是这个巨大摄影棚的一部分，这时克里斯托弗走了出来，他向楚门讲述了事情的来龙去脉，并告诉楚门他如今已经是世界上最受欢迎的明星，他今天所取得的一切是常人无法想象的，如果他愿留在这里就可继续明星生活，楚门不为所动，毅然走向远方的自由之路。

解析优秀电影

一部优秀的电影就是一部好书,具备丰富的主题以及大量富有意味的细节。以上推荐的儿童电影、教育电影及人类电影,旨在以影像的方式,让大家感受儿童、教育以及人类生活。因此对优秀的电影进行深度解读,也是专业发展的重要组成部分。以下对推荐电影的主题略作提示,以期引起大家更深入的思考。

一 儿童电影:永远讲不完的故事

优秀的儿童电影非常多,除了经典的《猫和老鼠》与《米老鼠和唐老鸭》系列之外,《玩具总动员》、《海底总动员》、《怪物史莱克》、《美女与野兽》、《花木兰》、《宝莲灯》、《ET外星人》、《虫虫特工队》、《查理和巧克力工厂》、《侏罗纪公园》、《小鬼当家》、《料理鼠王》、《阿拉丁》、《冰河世纪》、《马达加斯加》、《功夫熊猫》之类也火爆一时,更不用说正在风行的《哈利·波特》系列了,总之这个长长的名单可以一直列下去。

我们无意于提供一份完整的供儿童娱乐的电影目录,这些通过网络搜索可以迅速找到。我们所提供的,是列出最有意味的那一部分电影给读者,读者可以通过这些电影更深刻地理解儿童,理解童年,理解教育。另外,这些影片也可以用于教学,并与学生进行讨论。所谓有意味,是指推荐的数部电影并非单纯意义上的"大片",而是能够从一定程度上切入儿童成长的深处,切中儿童问题,或者切中与儿童相关的重大心理及伦理主题的影片,在这些影片中,最大限度地揭示了儿童的秘密,体现了人类对儿童的洞察及关怀。

《狮子王》

《狮子王》是一个成长故事。在西方文化背景下,一个男人的成长牵动着多方面微妙的元素,这其中最重要的,是对人生责任、生命意义、爱以及勇气的思考与实践，而这一切，均需要经由生与死（对现实生活中的儿童来讲，这种"死而复生"的经验是一种心理感受而非外在事实）的考验方能完成。因此在辛巴身上，我们看到了人的成长中各种力量的冲突牵扯：童年的无忧无虑（在爱与信任、父亲的严格要求与母亲的细心照料下成长），开始长大时的探险（走出父母怀抱，开始探索外面世界并经历最初的磨难）。最精彩的部分是与父亲之间的隐秘的冲突与和解，因为辛巴的探索，导致了父亲的死亡，在现实世界中，这种死亡是一种精神上的死亡，是潜在的俄狄浦斯情结的流露，也是辛巴成长过程中对现实的反抗与挣脱。在独立成长期，丁满和彭彭代表了成长过程中的另一种力量与声音，即面对世界时退缩的一面，退化回童年，无忧无虑，没有过去也没有未来，更不需要担负责任，只要过好当下每一天就可以了。这其实是另一种必要的考验，在这种考验中，辛巴受到了两种力量的激励，一种力量来自传统，一种力量来自父亲，父亲冥冥之中的教导与引领，既代表了辛巴与父亲的和解，也代表了父亲力量的内化。于是，辛巴长大了，内心充满了力量，战胜邪恶拯救母亲赢得爱情，并且成为自我力量的真正主宰——任何一个成熟的男人身上，都应该有王者的形象。而影片的丰富性不止于此，对星空的仰望，对周而复始生生不息的生命的沉思，成为辛巴成长的背景和力量源泉，也给观众以极大的启发。这部电影，也因此成为儿童成长过程中营养丰富的影像面包，并为与儿童讨论成长、责任、爱、生命意义等问题提供了极好的材料。

《小鞋子》

与《狮子王》的英雄气质相比，《小鞋子》则体现出了人性当中非常温情的一面。这部影片描写了贫穷，揭示了伊朗深刻的社会问题，但影片显然不是为了描写贫穷，而是描写即便在贫穷压抑之下，人性中也存在着的不可遏止的光芒。哈里和妹妹的身上，既体现了在困境中的人类最美好最纯净的东西：对父母的体谅体贴，在学习上的刻苦努力自强不息，兄妹之间的相互照料相互扶持。更重要的是，影片诠释了"梦想"的含义，表现了于困境中，一个普通儿童是如何以自己的方式去实现梦想的全过程。从这种实现方式中你可以看到儿童的挣扎，但是看不到卑微与算计，而是一种纯净、倔强与激情。问题是，如果仅仅这样解释，这部电影便成了普通的励志电影，比这些抽取出来的主题更为重要的，是整部电影中弥漫出来的气息。这种气息可能包括：导演对主人公的尊重呵护或者说人文关怀，哈里那双眼睛中透露出来的忧郁、纯净与梦想，在不断奔跑过程中所蕴含的那种不懈与激情，以及整部电影中弥漫的文化气息和对这种文化的虔诚……所有这一切，以一种非常简单、温暖、纯净、诗意、平静的方式融汇在一起，给人以强烈的震撼。我们都可能是在艰难的人生中穿行的孩子，也可能曾经丢失、正在丢失或者将会丢失属于我们自己的"小鞋子"——人性中的温暖、纯净、坚持、梦想等等，问题在于，我们是否能够像哈里那样有足够的勇气与激情相互扶持，去寻找属于我们自己的"小鞋子"？我们能否一直奔跑在梦想的路上？这部影片，尤其对那些身处各种各样人生困境（物质的和精神的）中的孩子特别有益。

《极地特快》

《极地特快》是一部有着梦幻般色彩、极受孩子们喜爱的影片，是一部关于信任的故事。这部电影的核心，也是教师必须考虑的核心是：圣诞老人是否真的存在？其实真正影响儿童成长的，主要不是他经历的事实本身，而是他对事实的看法。更进一步地讲，究竟何谓事实，在成人世界里，还是一个纠缠不清没有定论的哲学问题。重要的不是从科学主义意义上讲圣诞老人是否存在是否能够被科学方法所证实，而是儿童是否相信它。一个不相信圣诞老人的儿童是可悲甚至可怕的，它是儿童必经的一个阶段（当然圣诞老人是西方意义上的概念，我们此处是在符号意义上使用它）。哪怕是从科学的角度讲，儿童从小长大，对周围事物也经历了一个客观化的过程。比如他会相信花草都是有生命的，动物能够听懂他的声音，但当他自我逐渐形成之后，他才渐渐懂得将自身与他人以及客观世界区分开来。因此儿童最初的信任，是建立在对母亲的信任的基础之上。没有这一基础，儿童可能终生也无法学会信任。因此，儿童将经历信任圣诞老人这一阶段，并逐渐使这种信任内化，使圣诞老人变成自身的一部分，从而学会信任他人，信任自己。圣诞老人对孩子们来说，是一个象征，是对美好的信任，是对童话的信任。或者说，这是一种圣诞精神。那辆列车的象征意义则在于：乘上那辆列车，就是乘上了一辆童年的列车。因为那个孩子一开始是犹豫的，在列车开动的那一刻，他才决定上车的。也就是那一刻，有多少孩子错过了？教师能否与儿童正确讨论这部电影，讨论信任这个主题，也取决于教师对圣诞老人是否存在的看法与理解。有趣的是，越来越多的中高年级孩子会指出，圣诞老人根本不存在，这压根就是骗小孩的，老师如何回应并与儿童讨论，能不能带着孩子乘上这列童年列车，是一个挑战与考验。这部电影的缺陷是缺乏足够的丰富性，一些地方有教化的痕迹。

《草房子》

《草房子》是中国式的诗化电影，浪漫、伤感、温情、纯真、纯朴，讲一群六年级孩子的成长故事。这些孩子中，有天真好奇、嫉妒心强的桑桑，家道中落、自强不息的杜小康，备受嘲笑、自尊心强的陆鹤，纤弱文雅、善解人意的纸月等等。这部电影的丰富性表现在，它既像一个美丽的梦境，表现了这群孩子在这样纯美的环境下的自然成长，又描绘了他们所遭遇到的成长的残酷，以及在成长过程中人与人之间的美好情感。同时，影片虽然是写一群孩子的成长，但又穿插着对成人世界的描述，如桑乔、秦大奶奶，特别是蒋老师和白雀的爱情，既美丽又哀伤，以一种偷窥的方式娓娓道来，可以感受到它对即将步入青春期的桑桑心灵的影响。从某种意义上讲，这部电影提供了若干原型，桑桑、杜小康、陆鹤、细马、纸月……这些性格各异，经历不同的孩子的影子，在一代代儿童身上都能够看到，儿童在看这些电影的时候，常常能够深深地被打动，并可能从他们中某个人身上认出自己的原型从而涌现出一种悲悯，并经由移情作用而获得升华。作为教师，也可以从这部电影中获得最好的教育资源，从而更深刻地理解儿童。以陆鹤为例，他的心灵创伤，他在被嘲笑被羞辱的处境中的反击以及最终的超越，难道不会给教师们以巨大的震撼，让我们反思那些坐在教室里被侮辱和被损害的"秃鹤"们吗？因此这些资源，也构成了班级讨论的材料——针对班级不同问题。

《夏洛的网》

《夏洛的网》的主题是友谊与生命。什么是友谊？在原作中，夏洛说："我为你结网，因为我喜欢你，再说，生命到底是什么啊？我们出生，我们活上一阵子，我们死去。一只蜘蛛，一生只忙着捕捉和吃苍蝇是毫无意义的，通过帮助你，也许可以提升一点我生命的价值，谁都知道人活着该做一点有意义的事情。"这实际上超越了日常意义上对友谊的理解。也就是说，友谊并不能够单纯地理解为奉献、牺牲，更不能理解为一种交换，我们帮助朋友，其实也是赋予和提升自身生命意义的过程。而夏洛为威尔伯所织出的文字是耐人寻味的："王牌猪"、"了不起"、"光彩照人"、"谦卑"。这些字的意义，已经超出了拯救威尔伯的生命本身，它同时是赋予威尔伯的生命以意义，是肉体生命与精神生命的双重拯救。而这些字并非一种外在的强加，而是一种深刻的揭示，用泰戈尔的话来表达就是："我的存在，对我是一个永久的神奇，这就是生活。"（《飞鸟集》第22则）因此关于本片的讨论，还可以引导学生更进一步地理解自己存在的价值，从而形成崇高的自我镜像。而影片的意义不止于此，例如关于坦普尔顿的讨论，便极有意思。在许多人眼里，坦普尔顿是一个讨厌的形象，但假如真正进入我们的内心，会发现大多数人都是坦普尔顿，当我们从坦普尔顿身上认出自己的时候，我们才真正有可能成为夏洛。影片极好的动画制作，假如与深刻的主题讨论结合起来，便能够真正对学生的心灵产生影响——其实首先影响的，难道不是教师的心灵？

《小飞侠彼得·潘》

《小飞侠彼得·潘》的主题是成长，或者说是"不愿长大"。因为这部电影，现代人骨子里不愿长大（对复杂多变日渐冷漠的世界的无意识逃避）也常常被视为彼得·潘情结。与成人世界的理性逻辑相对应的，儿童世界常常是非理性和想象的，这既是心理上的事实，也是认知科学上的事实。因此，简单地把这个故事视为虚构是不对的，那是因为我们已经丧失了用儿童的眼睛看世界的能力。它的全球流行，正说明它反映了人类的某些真相。虎克船长就是用儿童眼睛看到的成人形象，倘若换为成人视角，难道虎克船长不是另外一种形象？比如一个在现代社会里搏杀（寻宝）并不断取得成功的文明人形象？他着装的考究，良好的修养，不正是现代教育的成功产品？梦幻岛上儿童眼中他的邪恶形象，主要源于成人与儿童价值观的差异。从某种意义上讲，彼得·潘总有一天要长成虎克船长，在社会的汪洋大海中乘风破浪，去寻找被埋藏起来的宝贝（功名、利益等）。既然如此，彼得·潘的意义何在？对成人来说，彼得·潘其实是爱、勇气以及创造力的源泉，是心灵庇护所。那么，对学生呢？或许可以通过不断地追问与学生讨论：你和彼得·潘是什么关系？如果你是彼得·潘，你的梦幻岛和永无乡会在哪里？你能让哪个世界因你的存在而生机勃勃？你相信有彼得·潘吗？相信有小仙女吗？其实当孩子们相信时，它们就存活在那里；当孩子们不相信时，它们就在孩子的内心死亡——这也是孩子自身某一部分的死亡。因此最终，孩子们必须相信它们的存在，因为孩子们需要它们丰富自身的生命，无论是否选择长大。所以关于这部电影的恰当的讨论，将有可能让彼得·潘和梦幻岛永远地在学生的生命中打上印记，甚至影响他们的一生。有趣的是，在为《小飞侠彼得·潘》写的续篇或者续拍的电影中，彼得·潘终于长大，一度还变成了虎克船长。但最终（在《重返梦幻岛》中）又重新回到了童年，这难道不是代表了一代代人永恒的隐秘的愿望？

《听见天堂》

《听见天堂》是根据真实故事改编的，这是一个关于梦想、勇气与创造力的励志电影。这部影片放弃了那种好莱坞式的煽情手法，将一个双目失明的儿童的内心世界，他所经历的痛苦、挣扎、失败、屈辱、自卑、寻找、尝试、交往、创造、超越……一层一层地揭示出来。对那些习惯了看大片的眼睛来说，这部电影需要安静地渗入心灵，慢慢地体会那些容易被忽略掉的东西。这其中给教师的震撼是，那些我们在正常儿童身上习焉不察的东西，通过一个有缺陷的儿童清晰地呈现出来——理解和观察儿童有多么重要！而在许多时候，儿童精神世界里的这许多黑暗、暧昧以及亮光，很难被教师捕捉到，因为这需要用心灵去捕捉。而这部电影给儿童的启迪，或者说对所有人的启迪是，不要被偏见（包括自我见障以及流行意见）所束缚，人永远拥有多种可能性。主人公失去了视力，他在听力方面的可能性却因此得到了巨大的发展。我们必须因此意识到：我们都是残疾人。与鸟儿相比，我们缺少了翅膀；与狮子相比，我们缺少了力量；与骆驼相比，我们缺乏耐力；与羚羊相比，我们缺乏速度……"残疾"是人的一种限制与匮乏，但是"残疾"同时意味着超越的可能，因此人类没有翅膀，却可以遨游太空，比鸟儿飞得更远；人类缺乏狮子的气力，但却发明了工具，可以在天地之间"乾坤大挪移"，让一座座城市迅速崛起；人类没有骆驼的耐力，但却能够建立更大更多的粮仓；人类没有羚羊的速度，却创造了汽车、火车、轮船、飞机，可以比羚羊快无数倍地穿越陆地、天空以及海洋。再考虑长远一些，人永远是有限性的存在，因此人类中最优秀者，永远在寻求一种永生的超越之道，有人通过创造不朽的业绩，例如成吉思汗或者亚历山大大帝；有人通过艺术，比如那些伟大的文学家、艺术家等等。因此生命的意义，其实就是对人有限性的超越。无论是身体有残疾的儿童，还是心理或道德有残疾的儿童，都可能在另外的方面获得发展，甚至于，残疾本身会成为在另外方面发展的有利条件。所以通过这部电影的讨论，仍然要让儿童去逐渐体验那种对生命本身的可能性的绝对信任，这是梦想、勇气和创造力的基础。

这七部电影中，其实已经包含了儿童成长过程中的主要元素，并且是相对集中相对突出地表现了这些元素对儿童的影响，并构成了经典。而更多的影片，基本上是对这些元素的更简单地重复，或者将之流行化庸俗化。因此我认为，这些影片，可以视为儿童电影中的基本影片并成为儿童电影课程的核心。只是给儿童播放这些电影并布置写简单的影评，是对优秀电影的浪费。电影课程的含义是指教师与儿童共同穿越这些电影，或者说让这些电影穿越师生的生命，在与儿童生命的共鸣中化为儿童生命的一部分。这需要教师进行主题提炼，没有这种提炼，便无法完成对生命的更深刻的刻写。这里只提供一些参照，对最主要的主题进行点评。而这些电影中的任何一部分，其实都包含了更为丰富的主题和细节，可以转化为课程资源。

其他

另外，有些电影的编排是有序列的，例如，二年级不要错过《极地特快》，否则，错过了就永远错过了。三年级之后，如果再告诉孩子有圣诞老人，他将永远不会相信。但是，一二年级看，圣诞老人就成为他生命的一部分了。三、四年级不要错过《小飞侠彼得·潘》，长大还是不长大，这是这个年龄段最着迷的一个话题。五年级，应该看看续集《重返梦幻岛》。有没有小仙子？有没有圣诞老人？我们是怎么由彼得·潘变成虎克船长的？这部电影，让孩子们明白了，圣诞老人是一种精神，就像小仙子一样。我们都要长大，但是，只要我们拥有创造力，永远快乐，我们就永远地拥有了彼得·潘精神。

如果孩子再长得大一些，他们将进入一个更加充满冲突的时期——青春期，极端的残酷与极端的理想化，渗入骨髓的浪漫与不招而至的忧郁交织在一起。这是一个革命的时期，要么一切，要么全无，在革命中，儿童将经历一个认识和重新构筑自我的过程，并通过不断地学习和思考走向成熟。这一时期，类似《十七岁的单车》、《关于莉莉周的一切》、《牯岭街少年杀人事件》、《阳光灿烂的日子》、《魔戒》三部曲等影片能够帮助儿童更好地理解青春，而更多的人类电影，如《十二怒汉》、《肖申克的救赎》、《飞越疯人院》等，将给予儿童以深沉的理性和坚定的信念，不过这已经是另一个话题了。

二 教育电影：把非生命的一切都击溃

无论怎么讲，电影已经成为理解教育的一个重要通道。一部好的教育电影，不亚于一本好的教育书。这里选择的，是七部可以与学生进行讨论，并且无论对教师还是学生，都可能产生重大影响的教育电影。这些电影中通常可能出现下述主题：师生关系（职业认同）、课程以及教育观念的冲突。

《死亡诗社》

《死亡诗社》是一部存在主义教育电影，它反映的是年轻叛逆的生命与保守僵化的教育之间的剧烈冲突。一群原本就对学校教育非常不满的学生，在同样反传统的基丁老师的鼓励下，潜藏在皮肤之下的激情与叛逆逐渐爆发，最终造成了与校方以及家长的冲突并导致了尼尔的死亡。电影中的这几句诗，激励了许多处于叛逆期的青年学子，甚至包括许多尚有激情的教师：

> 我步入丛林，
> 因为我希望生活得有意义，
> 我希望活得深刻，
> 汲取生命中所有的精华，
> 把非生命的一切都击溃，
> 以免让我在生命终结时，
> 发现自己从来没有活过。

　　这部电影之所以震撼人心，是因为它触及了教育中永恒的冲突：理性与激情、传统与反叛。学校从来是保守主义思想的堡垒，但学校里活动的，又往往是充满荷尔蒙的学生。青春期的少年所拥有的对平庸生活的拒绝、希望主宰自己命运并因此确认自我的愿望以及冲破一切罗网的决心，往往既是创造力的源泉，是社会变革的动力，同时又容易导向破坏以及自我毁灭。因此，在教室里放这部电影是非常危险的事情，特别是在应试教育日益剧烈的今天，极易点燃学生压抑在内心深处的青春能量，引发强烈的共鸣。但这部电影又是很值得与学生讨论，并唤醒许多已经被应试教育所麻木的心灵的。因此关键之处是如何讨论这部电影。许多教师误解了这部电影，也义愤填膺地和学生一起陷入对现行教育的讨伐之中，没有充分意识到这部电影的复杂之处。在影片中，无论是尼尔之死，或者学生中的意见不一致，其实都意味着电影本身隐含的倾向：它提出了问题，但是并没有给出答案。影片中的尖锐对立，广泛地存在于当下中国教育的现场之中。重要的不是重新点燃学生的荷尔蒙，而是通过讨论，走出二元对立的逻辑，以更为理性成熟的态度面对学校生活本身。

《放牛班的春天》

　　《放牛班的春天》描述了一群问题学生与一个落魄的音乐教师的故事。自私而贪婪的校长哈桑的治校方案就是所谓的"行动—反应"原则，这是基于行为主义的一种教育方式，而行为主义是基于对动物的研究，因此这群问题学生也就表现出"动物本性"，无休无止地破坏纪律，源源不断的生命能量成为一股破坏性的力量。马修老师的意义并不仅仅体现在一种真正的热爱，更体现在基于爱对心灵的耐心倾听与强烈关切。他第一次将这群孩子当成迷途的羔羊，并用音乐点燃他们的心灵，使他们沉睡麻木的心一天天地苏醒。马修老师或许并不懂得什么建构主义人本主义，但是他确实从一定程度上把握了教育的真谛，那就是用爱与信任，引着孩子一直向上，直到他们走到生命最深处。如果仅仅用爱来诠释本片，是远远不够的，因为生活中的许多训诫也是基于爱——那是割裂彼此的爱。重要的是基于信任相互支持，无限信任学生的生命，一点一点地扩大他们内心的光明，让他们逐渐恢复自尊，恢复信任，走出绝望和颓废，重新获得生命的意义。马修老师最终被迫离开了学校，或许在世俗意义上他是一个失败者，但何谓成功，何谓失败？或许真正重要的不是世俗的认可，而是倾听自己内心的声音，那是一个教师的职业良心所在，也是生命意义所归。将这部电影运用于教学之中，也具有唤醒或者说恢复生命中希望之光的功能，并且影片中的音乐也一如天籁，主人公天使般的嗓音，似乎可以将观众的心灵引向生命深处。

《蒙娜丽莎的微笑》

《蒙娜丽莎的微笑》被称为女性版的《死亡诗社》。卫斯理学院里生活着一群聪明但找不到生活意义的学生，她们被教导最重要的是找一个好丈夫，这是成功与否的关键。凯瑟琳老师的出现，逐渐让她们领悟生命的意义，发现并珍视自己内心的梦想，将自己从男权社会的魔咒中解放出来。无疑，这是一个反传统的教师，她挑战学校的许多做法，鼓励学生发展兴趣，同样也为此付出了代价，最终离开了学校。有意思的是她的课程，她第一次上艺术史时就遭遇尴尬，因为这群聪明的学生早将艺术史中那些俗套的见解背得滚瓜烂熟。后来她调整了教学，这时候，不再有标准答案，也不再只是考查专家观点，每个人都必须用自己的生命去感受和思考艺术并做出自己的判断。在这时候，真正的教学发生了！因此这部电影带来的，是教育和教学上的双重启发。一切教育教学，都不能将人当成容器，或者当成附属品，而应该有助于觉察、恢复和提升人的自由与尊严。只有在楔入生命的教育教学中，学生才能够真正形成健康的自我。影片中最令人震撼的是开始时的开学仪式：

（教堂式的大厅大门紧闭，教师们身着礼服肃立于前方的两边，正中站着校长。一个女生走到紧闭的大门前，打开木盒，取出锤子敲击大门。）

　　校长问：是谁在敲求知的大门？

　　女生答：我代表每一个女性。

　　校长问：你要寻找什么？

　　女生答：通过辛勤工作，唤醒我的心灵。并将我的生命，贡献给知识。

　　校长说：欢迎您，那些和她追求相同理想的人都可以进来。

　　（于是，学生们拥进了会场。）

　　校长说：现在我宣布，新学年开始了——

　　（钟楼上的钟声响起来了，被惊动的鸽子，扑棱棱地飞向了天空……）

《生命因你而动听》

　　《生命因你而动听》与其他影片不同的是，它几乎是流水账似的写了一个音乐教师霍兰的一生。

　　和许多初登讲台的教师一样，霍兰先生的梦想是成为音乐家，为了在养家糊口的同时有更多时间作曲，他选择了每年有两个长假的教师职业，每天最后一个到校，让学生日复一日地在他的枯燥的音乐理论中昏昏欲睡，最早一个离开，带着误人子弟的心情，成绩也惨不忍睹。

　　后来霍兰先生决心改变，他在古典音乐与摇滚乐之间找到了关联，学生逐渐体验到了音乐的奇妙。里面有一个吹萨克斯的女孩，总吹不好，他每天都指出她的种种问题，直到有一天他突然明白了，然后在练习课上问这个女孩：

　　你最喜欢自己身体的哪个部位？

　　女孩很吃惊，还是回答：头发，我爸爸说，看到我的头发的时候，就像看到夕阳一样美……

　　好的，他说，闭上眼睛，想象夕阳的美，全心全意……

　　于是，练习很久的曲子，居然一气呵成地过去。

　　通过这些感人至深的细节，霍兰先生一天天地真正明白了教学的含义，也明白了音乐的含义。渐渐的，霍兰先生老了，在这个过程中，他先天耳聋的儿子渐渐长大，他自己也经历过一次与女学生之间的情感波澜，他依然没有成为音乐家，早先的梦想渐渐破灭，他已经与教学融为一体了，直到快退休的时候，学校因教育经费紧张裁掉了他的课，他行将失业，回想自己的一生，觉得很失败。这时候，一场为他精心安排的音乐会，仿佛最后的点睛之笔，让垂头丧气的他，意识到了此生的意义，意识到了他对整个社区的影响：那些深受他影响的学生，就是他一生书写的真正伟大的乐章。

我坚信这部影片会感动许多教师，因为我们许多人也与霍兰先生一样，曾经心怀梦想，但被命运抛入了教师这个职业中，并在低薪、琐屑、忙碌中度过一生。所不同的是，霍兰先生最终意识到了生命的意义，而我们中许多人，还一如职业生涯之初的霍兰先生，投入的只是时间，而不是生命，从而感觉到自己的一生其实一无所获。

不但如此，这部电影还将霍兰先生的一生置于变幻不居的社会背景之下，更增添了影片的深度、历史感和沧桑感。

《心灵捕手》

《心灵捕手》写天才青年与教授以及心理医生之间的故事，深入探讨了包括知识、爱情、人生、亲情等一系列话题，揭示了主人公心灵受创的自我揭露与重建的过程，并且几个主角都没有能够逃脱这种心灵拷问。天才青年威尔博学多闻，但心理医生尚恩的这段话，深深地击中了他：

如果你和我谈及艺术，你会滔滔不绝地讲每一本写艺术的书。

就说米开朗琪罗，你一定知道很多关于他的事情，他的生平，与教皇的关系，他的政治抱负和性活动。对吗？

可你绝对不能告诉我在西斯廷教堂里会闻到什么气息，你从来没有站在那美丽的天花板下抬头仰视。

如果我和你谈及女人，你会给我列举你喜欢的女人的样子，也许你还和她们睡过几次觉，但你却不能告诉我满怀欣喜地叫醒你身边的女人时的心情。

你很强壮，如果我和你提起战争，你也许会和我说莎士比亚，亲爱的朋友，和我一起再赴战场。可你从来没有参加过一场战争，当你的朋友将头枕在你的大腿上，那求助的眼神最后的呼吸，你却未曾感觉。

我和你讨论爱情，你会给我背上一首诗，但你从来没有看到过一个真正需要帮助的女人，仅仅是那样一个眼神，让你理解，爱情的真谛。

那时你会感到上帝，只是为了你才将天使降于人间，救你脱离生命中的苦难。

你也不会知道做一个女人的守护天使，那是怎样的一种感觉，你不知道，让爱永远停留在她身边，那种爱会穿越一切阻碍，癌症也无法使之分离。

你也不知道整整两个月在医院床前守候的滋味，仅仅握着她的手，医生不会将你赶开，因为她知道探视时间一词对你毫无意义。

你更不会知道，失去的意义，因为只有当你失去了比你自己还重要的感情时，你才会心有所动。

我想你恐怕不敢这样去爱别人，当我看着你的时候，我看到的并不是一个机智的男人，自信的男人，而是一个讨厌的毛孩子，不懂事理的毛孩子，一个没用的男人。

你的确是个天才，这一点没人否认，也许没有一个人真正理解你，对吧？

可你仅仅凭我画的一幅画，就对我的人生指手画脚。你是一个孤儿对吧？你以为我怎么知道的？

你过去的生平，你的性格，你的感情，你读过《雾都孤儿》吗？那个人是你的缩影，开始我对此没有兴趣，因为我不愿意读那种书，我从你那里学不到任何东西。

之所以不吝篇幅，摘录这些对白，是因为这不仅仅是知识的秘密、爱情的秘密，更是人之为人的秘密，这里面包含的知识观、人生观，恐怕厚厚几大本书也未必讲得清楚。因此这部电影，既可以帮教师理解师生关系，理解知识观，理解课程，也可以帮助教师学会与那些同样受过创伤的学生开展真正的对话与疗治。

《街头日记》

《街头日记》里的 203 教室也是典型的黑房间，送到这里的学生都是被断定没有希望的人，要么是罪犯、瘾君子、黑帮成员，要么亲人父母在坐牢，他们没有未来，并且内部充满着派系斗争。艾琳老师满怀热情，但是从第一节课开始就备受挫折，并且在校长及同事的歧视中教学。但她始终没有放弃，而是逐渐走进一个个受伤的心灵，并最终通过阅读以及写作，让他们认识自己的处境，并重新开始生活，曾经分裂的班级也因此团结起来。

在艾琳老师这里，我们看到了出色的课程。这种疗救性的课程以学生自身生活及生命为核心，围绕着种族问题以及大屠杀，通过共读共写，通过参观采访等一系列活动，最终给学生以重大影响，让他们借以反思自己的生活方式和态度，从而在穿越课程的过程中，心灵获得了真正的解放。通过课程，艾琳老师生动地说明了写作的意义，学生通过写作反思和探寻自身生活，表达自己从来不敢表达的感觉，对自身的历史进行了梳理观照，有勇气突破外在偏见造成的隔离，并找到宣泄的渠道，又通过书写重新构筑了自己的未来。而且他们也学会了与同学、老师分享日记，因为他们知道无论自己的过去是如何不堪，在这间教室里，他们都会被理解、接纳，因而不再是一个人辛苦地挣扎。

比课程更重要的，是艾琳老师对职业的态度。因为学校里不愿借书给这些贫穷而容易毁坏图书的学生，艾琳老师只好又兼职两份工作，赚钱给学生买书籍以及日记本。最后学生也行动起来，大家一起筹款用于参观以及邀请大屠杀幸存者。这种疯狂的工作态度让艾琳的丈夫，一个缺乏成就感的建筑师感觉到无法容忍并最终离婚。某种意义上，能否取得教育的成功，取决于教师的职业认同，取决于是否以教育本身为信仰。在这一点上，艾琳堪称榜样，并且，她也从这群学生身上看到了自身的价值。

《热血教师》

《热血教师》描写的是另一位明星教师克拉克的形象，他面对的，也是一间崩溃的教室和一群打架的赌博的跳舞的化妆的干什么的都有的小学生。克拉克的风格是严厉，但不是用训诫的方式，相反，他始终用正面、鼓励和引导性的话语告诉或者暗示学生：我们是一家人。他的规则很细致，但一条条逐步落实。例如他要求学生去餐厅时要排队，如果有学生插队并且不承认，那么全班陪着一起挨饿，直到承认为止，因为"这个班级是一个大家庭"。

克拉克不是居高临下的命令者，他努力将自己融入班级之中，要求学生做到的，自己首先做到。比如他花了许多时间跟学生学跳绳，让学生明白，学习虽然艰难，但终会克服困难走向成功。

这群学生的起点毕竟太低了！为了吸引学生能够安静地听课，他甚至承诺，只要学生安静地听，每过15秒钟，他就喝下一瓶酸奶。为了看老师出丑（呕吐），也为了好奇，学生真的安静地听老师讲课。为了让学生记住美国的总统和历史事件，老师自编了说唱，配上音乐，边跳边唱，这种教学方法带来了神奇的变化。

只能用疯狂来形容克拉克老师，他牺牲了周末，约上爱赌博的孩子到咖啡馆，给他买了午饭，和他玩赌博的游戏，使他学会数学。他晚上到莎美卡家里调查她家庭作业没有做好的原因，为她繁重的家务（要照顾 3 个孩子，要做晚饭）所震惊，主动帮助，却被孩子家长误解，告到学校要开除他。这位老师坚定地告诉莎美卡的家长，莎美卡是一个优秀的有领导才能的孩子。最终，他影响了家长。为了提高学生的考试成绩，他疯狂教学以至于晕倒在讲台上，即使在不能上课的时候，也在家里录制好录像在教室里播放。最终，这些孩子在考试中取得优异的成绩。

这几部影片，绝大多数是根据真实的事情改编而成的。这些优秀的教师，用他们的聪明才智诠释了多姿多彩的课程，让我们感受到课程背后全新的教育教学理念。更重要的是，他们对学生的真正的热爱，以及在困境中坚持不懈始终如一的教学勇气，将会使越来越多真正心存理想的教师从中汲取力量。

三 人类电影：我是谁？

这里选择的一组电影，有意无意的，以影像的手段，探讨了人类若干重大主题：爱、希望、人性、民主、存在、道德。一部真正含蕴丰富的电影，或许需要许多专业知识来进行阐释甚至阐释不尽。因此，这些电影在娱乐之外，也就具有了另外的严肃的功能：思考和探询人类的深度。这些电影，也都很适合做成课程，给学生以丰富的精神滋养。

《罗生门》

《罗生门》有多方面主题，它描写了人性中阴暗丑陋的一面，揭露了人性深处的不可信任以及难以捉摸，甚至可以说表达了对人性的绝望，虽然有一个光明但苍白的尾巴。

《罗生门》的主题当然同样也可以是叙事学意义的，但对教师而言，更重要的是，它探讨了一个很重要的问题：何谓真相？所有对真相的描述，都用了理性做伪装，而真相的背后，则是每个人的私欲。更进一步的，是因为每个人的立场、视角不同，因此真相才扑朔迷离。这有点类似于盲人摸象，每个人都只摸到了象的一部分，但都将自己的那一部分视为全象。所不同的是，盲人摸象故事中，大家都力图客观地描述出自己认识的大象，对真相的歪曲是不自知的，或者说是局限于自己的主观认识。而在《罗生门》中，对真相的歪曲则是有意的，是为了逃避责任。这样的电影与高中学生进行讨论，会为他们打开另一扇窗户，不但能够引导他们反思对话交流的问题，还能够由此讨论哲学上的若干问题。

《十二怒汉》

《十二怒汉》是一部精彩绝伦的影片，导演在极其逼仄的环境中（主要场景在一个很小的房间里）表现出了丰富的主题内容，对教育者而言，有一个主题特别应该注意，就是"对话"，这是一个表现如何通过对话达成共识的电影文本范例。

电影中描写的陪审团的辩论将决定一个被指控谋杀父亲的男孩的生死，决定生死不取决于某个天才的大脑，而取决于一群来自各行各业互不相识的普通人所达成的共识。在反复的对话中，真相逐渐浮出水面，而对话的真谛，也在讨论中展现得淋漓尽致。这里面所体现出来的对话精神，可简略概括如下：

1. 每一条意见都是平等的。无论是开始时的 11:1，还是快结束时的 1:11，少数派的意见都要受到充分的尊重和聆听。

2. 对话不是简单的投票，不是少数服从多数，对话是彼此坦诚以待，在沟通中达成共识的过程。因此讨论与辩诘，是对话中必不可少的。

3. 对话有规则，每个人都应该遵守规则，比如要倾听别人的意见，不能无理由地攻击别人，每个人都有权提出合理的要求例如要求投票等等。在影片中，这个规则每一次被破坏时，便有人挺身而出进行维护。

因为规则深入人心，所以在这场讨论中，尽管也表现出了人性中的脆弱、阴暗和自私的一面（没有人是完人），但最终当一群人在一起决定一件事情时，人性中的正义与良知就充分发挥了作用，这样就将每个人可能犯的错误降到了最低。越是民主的社会，这种对话就越成熟，越容易体现出社会正义。因此这部影片，不但能够帮我们理解对话，理解民主的真义，而且对理解如何组织课堂上的对话沟通，也很有意义。

《肖申克的救赎》

《肖申克的救赎》是一部关于希望的电影，并且极具有寓言性质。人生本来就是一座监狱，每个人都在这牢狱中日渐衰老，最终离不开它并丧失了希望。正如瑞德所说："这些墙很有趣。刚入狱的时候，你痛恨周围的高墙；慢慢，你习惯了生活在其中；最终你会发现自己不得不依靠它而生存。这就叫体制化。"正如卢梭所言：人生而自由，但又无时不在枷锁之中。每一个人或许都经历过被社会型塑的过程，现代社会尤其如此。一如克尔凯郭尔所预言的，现代社会日渐趋向群众社会，生活日益集体化和外在化，个人逐渐死掉了。于是，每个人都在忙，有的忙着生，有的忙着死，那么，你的上帝在哪里？你靠什么来救赎？因此，这部电影带有强烈的寓言以及批判性质。

肖申克监狱是一个微型社会，种种黑暗、不公、交易充斥其中，与其说是揭露美国司法制度的黑暗，不如说是对美国社会乃至人类社会的批判。在这种背景之下，主人公安迪成了爱、友谊、自由以及希望的象征。因此，这部电影不但照亮了我们的人生境遇，更让人振奋，让人看到了超越庸常生活的可能性与希望。

《飞越疯人院》

和《肖申克的救赎》类似，《飞越疯人院》也是一部深刻的政治寓言片。哲学家福柯曾研究过自 17 世纪以来疯癫和精神病现象的形成及对现代人的意义，指出："现代精神病院是文明社会的重要权力机构。"因此疯人院具有强烈的隐喻性质。表面上看，疯人院是一个秩序井然，充满关怀的机构。病人们的生活是被规定好的，可以打牌抽烟，进行规定的体育锻炼，连吃药治疗时，都放着轻柔的音乐。护士长每天还会在固定的时间与病人谈天，一切都是温情脉脉的。为了逃避监狱生活而装成疯子的麦克·墨菲是一个正常人，他的到来，使原有的程序都受到了质疑。他戳破了疯人院里虚伪的"民主"，带领病人们反思自己的生活并进行尝试，直到鼓动他们逃离疯人院。

疯人院里的一套制度、仪式，可以视为整个现代社会的写照，现代社会逐渐发展起来的一整套政治制度、经济制度以及法律制度，正在对现代人的身体和精神进行全面而深入的训诫。在这种训诫之下，现代人正在不知不觉地经历一个机械化或者说病化的过程，日益像疯人院中的病人们一样，可怜、怯弱、麻木，失去了灵性、主动性、创造力以及自由感，乃至于失去了失望。而类似麦克·墨菲的这样的正常人，反倒被视为异类，视为疯人院里的"不正常者"，并最终被撕下面具的疯人院的权力机构粗暴地通过手术训诫，成了真正的病人。这是现代社会的悲剧，是影片对现代社会压抑人性、束缚自由的潜在现实的揭露与批判。

其实从某种意义上讲，应试教育背景下的学校难道不也是一座疯人院？从管理到课程，难道不是对学生身体和精神的双重规训？我们既生活在规训之中，意识到规训的积极意义，同时也要保持足够的警惕，以防止精神的矮化与创造力的萎缩，这难道不是我们教师所面临的两难境遇？这样的影片，能够让我们更为深刻地洞察我们的生存环境，从而有可能获得超越。

《辛德勒的名单》

《辛德勒的名单》是一部揭露二战期间，德国纳粹屠杀犹太人的惨剧，透过主人公辛德勒的眼睛，重现了那段不堪回首的历史，也深入表现了在没有人性的时代中人性的微弱光芒。这部电影的主题很明确，因此影片的价值不在于抽象的主题，而是在于影片通过画面、音乐表现出来的全部东西。而这部电影，导演是怀着一种虔诚的姿态来拍摄的，简洁、凝重，将灵魂深处的东西烘托出来了。

《阿甘正传》

《阿甘正传》也是非常有意思的电影，它用阿甘这样一个傻子透视几十年美国的社会变迁，3K党、摇滚、越战、肯尼迪、尼克松纷纷亮相，不但展示了美国历史，也展示了美国生活的方方面面。在此背景下，塑造了阿甘这样一个反主流反传统的英雄形象。现代美国社会（当然不仅仅是美国社会）所宣扬的英雄，往往是在政界、商界、娱乐界等大获成功名利双收的明星形象，对这些英雄而言，一些美德只是手段或者点缀，极少是英雄之所以成为英雄的核心。而按这些标准来衡量阿甘，就觉得他傻得厉害。他诚实守信，做事认真，勇敢无畏，就连爱情，也傻乎乎地对珍妮这样堕落的女人忠贞不渝。阿甘有许多发财成名的机会，但对他而言，那些所谓的"运气"都只是额外的奖赏，他所始终坚守的，是美德本身，甚至这些美德也并非修炼而来，而是从一开始就与他的生命融为一体，并成为他的生活方式的。这样，阿甘便成了变动不居的时代中一道不变的景观，他善良、坚定、始终如一，一次次地赢得了生存与发展。这一方面是一种反讽，不但是对社会现状、人的异化的反讽，更是对流行价值观的反讽。无论时代如何变化，阿甘身上所具有的这些美好品质，才是健康社会的真正基石。

影片中阿甘奔跑的意象也耐人寻味令人感动。人生就是一场奔跑，在虚无蔓延，大家都热衷于投机，拼命攫取成功的今天，谁能够像阿甘那样不为外在的潮流所动，始终坚持人性中最美好的东西，然后以奔跑的姿势始终向前？正因为如此，阿甘始终掌握着自己的命运，反讽的是那些跟着阿甘奔跑的人，当阿甘突然停下来之际，他们就陷入了迷茫：我们怎么办？

《魔戒》（三部曲）

《魔戒》三部曲，是西方版的"西游记"，一个典型的取经故事。所不同的是，东方版的取经故事是等级分明的师徒团队去虔诚地求取经书教化世人，而西方版的取经故事则是一个典型的共同体去摧毁能够勾起人性之恶的权力之戒。这部影片气势恢宏，是真正意义上的神话、史诗、传奇。何谓神话？就是说影片中充分展示了人性在多层面的内涵：高尚与卑鄙、忠诚与背叛、善良与丑陋……而且多以极端的方式表现出来。极端的爱与恨，极端的美与丑，从而让影片充满了悲剧感和力量感，并塑造了一批伟大的英雄群像。这些英雄形象中有神的影子，或者说像古希腊传说中的英雄一样，是神的后裔或者是按照神的影子塑造的。影片在一种极端的情境中，将人性中的崇高伟大发掘得淋漓尽致，给人以强烈的审美震撼。

不但如此，影片内涵非常丰富，咕噜身上体现的人性当中的贪欲与绝望，森林的有灵化与半兽人的批量制造所体现出的自然与工业的对立中包含的意蕴，霍比特人的那种开朗乐观，都给人留下了极深的印象。里面感人至深的当然离不开爱情，精灵公主亚玟不愿意跟着精灵们一起离开凡间，而选择了留下来跟随她深爱着的阿拉冈，这不仅让她失去了长生不老的力量，更可能随时面临死亡。这不仅仅是爱情的力量，更是自由的力量，或者更直接一点，是对"平静的绝望"的恐惧。你能够想象精灵们的生活吗？每天在林子里走来走去，既然没有死亡，时间也就不存在了，这样的生活平静而安详，一眼可以望到头，但是令人绝望。亚玟公主选择了跟随阿拉冈，等于将她的生活抛掷到了一个不确定的世界中去，她随时可能面临死亡、背叛，一觉醒来，不知道今天会遭遇什么。但是，生活也因此波澜起伏，有了爱情，也有了创造与自由。我们都是大地上的精灵，像梭罗所说的，"大部分人生活在平静的绝望之中"。走在校园中，看到那些白发飘飘的年老的教师，或麻木或慈祥，循规蹈矩，在制度与责任之下度过了一生，然后拿着一份能够糊口的退休金，安详地等待死亡。每逢此时，难道你不会打一个寒噤？现在这个充满青春活力的你，难道不会从这些老教师的身上，看到自己未来的命运？

因此你可以从许多个主题去理解电影：人性、英雄、友谊、爱情、时间，正因为如此，这个系列的电影才成了真正的经典。

《拯救大兵瑞恩》

《拯救大兵瑞恩》是一部地地道道的美国大片。这部电影制作得非常逼真，以至于许多二战老兵称之为"最真实反映二战的影片"，特别是片中全长26分钟的重现诺曼底登陆的壮观场面，令人惊心动魄叹为观止。这部电影提出的一个核心问题是：派八名士兵冒死拯救一个士兵瑞恩，是否值得？

这是一个人道主义难题（关于这个问题，有两种截然相反的观点，分别以龙应台和梁晓声为代表，可参看）。不必规定一个标准答案，虽然在电影中，八名士兵一开始只是接受一个政治任务，后来逐渐理解并自觉承担，但在讨论中，不妨让答案在空中飘荡，重要的是在寻求答案的过程中，大家进一步地理解了战争中的人性、正义与道德。

《黑客帝国》（三部曲）

《黑客帝国》三部曲是一个迷宫，一个引人破解，但至今仍然众说纷纭的迷宫。世界是一个坚实的真实的世界，还是只不过是游戏屏幕上的幻影？生命是一段程序，还是真真实实的爱恨与抉择？里面从人名到地名甚至车牌号，含有重重隐喻。影片融神话、宗教、哲学、历史、现在、未来于一体，构筑了一部分关于人类的大历史。善与恶、毁灭与拯救、对立与统一，使此片显得极有张力。

因此这既可以看作是好莱坞的娱乐大片，也可以看成是关于人类未来的预言。更有意思的是，它还是一部宗教哲学片，涉及基督教、佛教、印度教等多种教派中的启蒙、涅槃、重生、救赎、因果报应等一系列概念。同时还就存在与时间、自由意志、物质与精神、理念论与实在论等重大哲学问题进行了探讨，特别是涉及许多关于认识论的问题，隐约可以看到柏拉图、笛卡尔等一批哲学家的影子。而诸如耶稣、先知等一组圣经人物，也在书中化为人物形象次第出现。不仅如此，影片中甚至涉及许多数学、物理、程序设计等多方面的知识。它的丰富性，使它成为人类历史上伟大的电影之一。

《大话西游》

《大话西游》同样是一座迷宫，一部后现代的经典。与其他经典包括《黑客帝国》不同的是，这部电影直到开拍时也没有详细的剧本，只是一个大概的构思而已，这本身就极具象征意义，或者说极具后现代特征。因此，电影文本向观众无限开放，不同经历、性格以及爱好的人，都可以从中看出不同的主题来。

这是唯一让我看了数十遍的电影，开始是为了索解其中的时空问题及人物关系，后来却被深深地击中并卷入。至尊宝的命运，难道不是后现代荒原上你我他的命运？从一个无法无天年轻气盛的少年，一个充满了梦想与憧憬的少年，一个可以翻天覆地推翻秩序的少年，一个在充满欺诈的社会中寻求爱情的少年，到像一条狗一样地皈依一个虚幻的目标，这其中充满了多少绝妙的讽刺。我们的身上流淌着山贼、盖世英雄、情人的血液，最终却只能无奈地长大。曾经爱过的绝世女子，却也不过是庸俗的豆腐西施，只有在夕阳武士的身上，还可以看到最后一丝亮光。《西游记》中的诸多人物，都在这里被解构戏讽不断组合，人性中的许多彼此对立的元素充分被演绎出来，化为碎片，化为许多经典的台词、动作，影响你，并在某个时刻融入你。但奇妙的是，这部由碎片组成的绝望的变形金刚中，偏偏注入了一股温暖的力量，就像夕阳余晖中的一抹红晕，不经意间成了底色。那是什么？爱，抑或梦想？答案在风中飘荡。

《美丽人生》

《美丽人生》是一个相当温暖的故事，描写纳粹时期一个犹太家庭的命运。但真正出色的是，纳粹对犹太人的迫害，在这部影片中退居后台，只是这一家生活的背景。而在前台呈现出来的，不是纳粹迫害下一家人的悲惨生活，而是在本来悲惨的生活中，一家人（尤其是父亲）身上所体现出来的爱与乐观。

影片中的父亲生性幽默乐观，他会偷别人的帽子，吹牛，跟漂亮姑娘搭讪，那种幽默从一开始似乎就一刻不停，渗透在每一个动作每一句话中，让人无法喘息。如果说这时候我们看到的只是一个幽默达观的犹太人，那么在纳粹集中营里，这位父亲在危险、磨难以及死亡面前所表现出来的幽默乐观，就意味着对家人尤其是儿子的爱、责任，这时候的父亲，是一个真正的勇士。

当人性面对残酷的迫害，这种乐观是人类最有力的武器之一。而只要人类存在一天，战争以及形形色色的丑陋的东西就会必然存在，即使在最绝望的时刻，我们也要永远热爱生活并永不放弃。

《霸王别姬》

戛纳电影节评委对《霸王别姬》的评论是"深刻挖掘中国文化历史及人性，影像华丽，剧情细腻"，这是很恰如其分的。这部影片最大的特征，是高密度地集合了"中国元素"，将"中国元素"放置于数十年动荡不安的社会变迁中，并通过最能代表中国精神的京剧细致入微地表现出来。

小豆子的一生，是一个不断皈依并寻得精神归宿，却也不断被抛弃乃至轧碎的过程。母亲砍掉了他多余的手指，是他人生中的第一次化雄为雌的阉割，而更深刻的阉割是伴随而来的精神阉割，小豆子不但从意识及潜意识层面完成了自己作为旦角的女性性别认同，更完成了对于个人必须归属于集体的文化认同，这种认同沉淀在京剧中，也是中国文化之根。虽然这种文化虚伪残暴的一面在许多方面都有体现，但是一旦被文化体制化，小豆子便逃不出"姬"的逻辑——一种丧失自我的既怨且爱的臣妾逻辑。这种逻辑在随后到来的"文革"中达到顶峰并撕碎了小豆子，他从身体到灵魂已经完完全全地被文化所训诫，无法挣脱，只能以身相殉。

这部影片的复杂性在于，它包含了多重声音多重悖论，数十年沧桑与文化之纠葛，人性、情感在大时代中的风雨飘摇，人生如戏戏如人生真真假假假假真真的道不清道不明，亦苦亦乐亦喜亦悲亦怨亦爱一齐扑面而来，让人不知身在何地。在这种杂色中，既包含了对文化的检讨批判，又包含了对文化的欣赏与依恋，更不用说交织其中的爱恨情仇了。因此与其说这部电影有一个鲜明的主题，莫如说它所呈现的，是凝聚了"中国元素"的中国人的历史存在。

《楚门的世界》

《楚门的世界》是一出荒诞无稽的人生寓言和黑色喜剧。这部影片有多重寓意。一方面，在一个媒体万能的时代里，是电视创造了世界，割断了我们与真实世界的联系，（随之而来的网络，以及整个影像世界，难道不是如此?）控制了不仅仅是"楚门"的喜怒哀乐，也是所有观众的喜怒哀乐或者整个生活。另一方面，影片中的导演，难道不是上帝的化身? 我们都是楚门，在茫然之中快乐或者忧伤，而看不清楚自己的命运，更无法窥到那只上帝之手。

这也是一部关于希望与焦虑的影片。我们都是"笼中鸟"，这笼子，可能是媒体或唯利是图的现代社会，可能是人的有限之身甚至存在本身，那么，我们的希望在哪里? 生命的意义在哪里? 我们如何能够摆脱被摆布的命运，从而达到真正的自由之境?

其他

同样值得一看的中国影片还有《鬼子来了》、《活着》，均可圈可点。

或许我们无法尽数罗列人类历史中的堪称伟大的电影，但是至少我们知道，任何艺术到了最高阶段，其实都突破了艺术门类的限制，而进入了对人类存在的基本问题的追问与思索。好的电影，与其说是一种表现，不如说是一种提问，一种对于存在本身的深刻的发问，正是这种发问，把我们从被庸常生活湮没的境遇中突然唤醒，让我们在那几个小时中面对自身。而所有关于存在的主题，难道不是教育的主题? 这也是我们将之纳入教师专业阅读之中的原因所在。